Patricia Küll / Jörg B. Kühnapfel

Kopf zerbrechen oder dem Herzen folgen?

Wie Sie gute Entscheidungen treffen

Patricia Küll
Jörg B. Kühnapfel

Kopf zerbrechen oder dem Herzen folgen?

Wie Sie gute Entscheidungen treffen

Am Beispiel von 10 wichtigen Lebenssituationen

GABAL

Bibliografische Information der Deutschen Nationalbibliothek

Die Deutsche Nationalbibliothek verzeichnet diese Publikation in der Deutschen Nationalbibliografie; detaillierte bibliografische Daten sind im Internet über http://dnb.d-nb.de abrufbar.

ISBN 978-3-86936-971-6

Lektorat: Anja Hilgarth, Herzogenaurach
Umschlaggestaltung: Stephanie Böhme,
Strategische Konzeption und Design, Neuwied
Titelabbildung: Roman Sotola/Shutterstock
Autorenfotos: privat
Satz und Layout: Lohse Design, Heppenheim | www.lohse-design.de
Druck und Bindung: Salzland Druck, Staßfurt

Wir drucken in Deutschland.

www.gabal-verlag.de
www.facebook.com/Gabalbuecher
www.twitter.com/gabalbuecher
www.instagram.com/gabalbuecher

PEFC
PEFC/04-31-2251

PEFC zertifiziert
Dieses Produkt stammt aus nachhaltig bewirtschafteten Wäldern und kontrollierten Quellen.

www.pefc.de

Inhalt

Warum dieses Buch?

Wir leben in einer Welt der grenzenlosen Möglichkeiten. Wir können heiraten oder es sein lassen, Kinder kriegen oder nicht, sie adoptieren oder in Pflege nehmen. Wir können Karriere machen oder uns auf anderem Gebiet selbst verwirklichen, eine Ausbildung, eine duale Ausbildung oder Abitur machen und dann zwischen 19.000 Studienfächern wählen. Wir können ins Ausland gehen, dort studieren oder arbeiten oder einfach nur reisen. Uns steht die ganze Welt offen. Wie toll ist das denn? Auf den ersten Blick ist das wunderbar. Doch die Freiheit der Wahl hat einen Preis: Wenn die Wahlmöglichkeiten so unübersichtlich groß sind, droht das Gefühl, sich doch nicht für das Optimale entschieden zu haben. Denn woher soll man wissen, welches die beste Wahl ist? Vielleicht ist es ja auch die bessere Entscheidung, vorsichtshalber gar nichts zu entscheiden.

Zu zögern, zu zaudern, erst einmal nicht zu entscheiden, muss kein Fehler sein: Vielleicht wehrt sich etwas, das wir noch nicht greifen und in Worte kleiden können. Dann ist die Frage: Was ist zu tun, damit es weitergeht? Wie kommen wir zu einer Entscheidung? Was hilft? Falsch wäre ganz sicherlich, nicht zu entscheiden, weil man sich vor den Folgen der Entscheidung fürchtet. Denn dann geben Sie die Regie in Ihrem Leben ab, an andere Menschen oder an »die Umstände«. Doch wenn Sie die Regie abgeben, dürfen Sie sich nicht wundern, wenn der Film des Lebens am Ende anders aussieht, als Sie es sich gewünscht haben.

Entscheidungen zu treffen ist unerlässlich, um ein glückliches, zufriedenes Leben zu gestalten. Natürlich können wir nie wissen, welches letztendlich die richtige Entscheidung gewesen wäre. Wir können nicht in die Zukunft schauen. Mit dieser Unsicherheit müssen wir leben. Aber wäre unser Leben besser, wenn wir stets im Voraus wüssten, was nach einer Entscheidung auf uns zukommt? Würden wir uns nicht vor Mühen und Anstrengungen drücken und damit zugleich auf wertvolle Erfahrungen verzichten? Vielleicht ist es gut eingerichtet, dass wir keine Hellseher sind. Wir müssen mit dieser Unsicherheit leben und wir müssen letztlich entscheiden. Doch wie? Gibt es Möglichkeiten, unsere Entscheidungen zu optimieren? Wie schaffen wir es, zu einer Entscheidung zu kommen, die sich später als die bestmögliche herausstellt? Wir, die Autoren, kennen drei Ansätze:

1. **Denken Sie nach!**
Dazu müssen Sie wissen, wie man nachdenkt. Grübeln ist sicherlich nicht die Lösung. Zum Glück gibt es für alle Entscheidungssituationen »Rezepte«, wie man »richtig« nachdenkt und so seine Entscheidung verbessern kann.

2. **Hören Sie auf Ihren Bauch/Ihr Herz!**
Dazu müssen Sie natürlich eine gute Beziehung zu Ihren Gefühlen haben. Haben Sie die?

3. **Lesen Sie dieses Buch!**
Denn hier finden Sie mehr als 20 Werkzeuge, um Entscheidungen herbeizuführen. Kombinieren Sie Denken und Fühlen, Kopf und Bauch, Methodik und Intuition und kommen Sie so zu optimalen Entscheidungen.

Die Entscheidungstools, die wir Ihnen hier an die Hand geben, sind universell. Wir haben exemplarisch Lebenssituationen herausgesucht, die den Nutzen der Tools verdeutlichen. Aber selbstverständlich können Sie diese auch bei anderen Herausforderungen und Problemstellungen einsetzen. Grundsätzlich sind viele Tools für ganz unterschiedliche Entscheidungen anwendbar. Und wir beantworten im Fazit eines jeden Kapitels auch die spannende Frage, wem Sie bei Ihren Entscheidungen trauen dürfen: Ihrem Kopf – oder Ihrem Herzen – oder beiden zugleich? Die Trennung zwischen Kopf und Herz war für uns Autoren ein leichtes Spiel: Prof. Dr. Jörg Kühnapfel, Wirtschaftswissenschaftler an der Hochschule für Wirtschaft und Gesellschaft Ludwigshafen, erläutert die kopfgesteuerten Lösungstools, Patricia Küll, LebensWandlerin, systemische Coach und Trainerin für Stressmanagement, die Tools, bei denen Intuition dominiert.

Sie müssen sich selbst übrigens nicht entscheiden, ob Sie Kopf- oder Bauchentscheidungen herbeiführen wollen. Auch als Kopf-Mensch können Sie die Entscheidungstools aus »Was rät das Herz?« nutzen. Und andersherum. Stöbern Sie einfach in diesem Buch, probieren Sie die unterschiedlichen Tools aus und entscheiden Sie sich. Manchmal werden Sie Mut brauchen, um eine Entscheidung zu fällen. Manchmal werden Sie für eine Entscheidung nicht geliebt werden. Dann denken Sie daran: Es ist Ihr Leben, also sollten auch *Sie* so weit wie möglich die Richtung vorgeben. Dann sieht am Ende der Film Ihres Lebens auch so aus, wie Sie ihn sich vorgestellt haben.

Allzeit die richtigen Entscheidungen wünschen
Patricia Küll und Jörg B. Kühnapfel

Was ist ein »Herz-Mensch«?

Um es an dieser Stelle gleich vorwegzunehmen: Herz, Bauch, Gefühle, Intuition – das ist für mich nicht dasselbe, aber doch das Gleiche. Es ist alles das, was nicht aus dem Kopf kommt. Ob es aus den Gefühlen, dem Bauch, dem Herzen oder dem kleinen Finger kommt (ja, auch dort können wir manchmal spüren, ob der Weg, den wir einschlagen wollen, der richtige ist), macht für mich keinen Unterschied.

Was ist ein »Kopf-Mensch« und was ein »Herz-« bzw. »Bauch-Mensch«? Und was sind Sie? Ich selbst war lange ein sogenannter »Kopf-Mensch«, habe Entscheidungen danach getroffen, ob sie gut für den Lebenslauf sind, ob ich damit andere beeindrucken oder ihre Erwartungen erfüllen kann, ob ich damit Geld verdienen kann. Die Frage, ob mich die Entscheidung glücklich macht, stellte ich mir lange nicht. Das kann man so machen, keine Frage, aber wirklich zufrieden wurde ich in meinem Leben erst, als ich gelernt hatte, auf meinen Bauch zu hören. Mein Coach-Ausbilder Dr. Klaus Biedermann sagte einmal während der Ausbildung: »Der Kopf ist ein guter Ratgeber, wenn es darum geht, Rechnungen zu bezahlen. Ansonsten hört ihr besser auf euren Bauch.« Denn unserem Bauch geht es nicht ums Geldverdienen oder um Prestige, ihm geht es darum, dass sich eine Entscheidung gut anfühlt. Denn wenn sie das tut, dann wird uns das Ergebnis auch zufrieden machen.

Gerade haben mein Kopf und mein Bauch wieder ein kleines Geplänkel geführt. Ich habe seit einigen Jahren einen Lehrauftrag an der Hochschule in Koblenz. Das bringt nicht viel Geld, aber Renommee und Freude. Ich darf den Studierenden zeigen, wie man Texte schreibt, die zum Vortragen gedacht sind, und wie man diese dann präsentiert. Das hat mir lange wahnsinnig viel Spaß gemacht. Nun merke ich in diesem Semester, dass mir die Fahrt von Mainz nach Koblenz lästig wird und insgesamt meine Freude auf der Strecke bleibt. Das passiert mir manchmal, wenn etwas keine Herausforderung mehr ist, sondern zur Routine wird. Also sagte mein Bauch: »Dann lass es bleiben und such dir eine andere Herausforderung.« Mein Kopf hielt sofort dagegen mit den Argumenten, dass ein Lehrauftrag schon etwas Besonderes sei, dass es genügend Menschen in meinem Umfeld gäbe, die gern einen hätten, und schließlich bringe ein Lehrauftrag auch ausreichend Anerkennung mit sich. Früher hätte ich mich den Kopfargumenten ganz bestimmt gebeugt und mit wenig Freude weitergemacht. Heute verstehe ich es besser, mich selbst glücklich zu machen. Nach zwei Tagen, an denen ich mit lieben Menschen und vor allem mit mir selbst darüber diskutiert hatte, kündigte ich den Job. Und es fühlte sich so erleichternd an. Klar, die Argumente meines Kopfes stimmen alle, aber das Bauchargument, dass ich ohne diesen Lehrauftrag zufriedener bin, wiegt viel schwerer.

Ich bin also ein überzeugter »Aus dem Bauch«-Entscheider – in beruflichen Dingen, in Liebesangelegenheiten und zum Teil sogar bei finanziellen Fragen. Ich wünschte, ich hätte in finanziellen Dingen auch schon früher auf meinen Bauch gehört, dann hätte ich mir den Kauf der T-Aktie nämlich erspart. In dem Moment, in dem ich den Kaufvertrag bei meiner Bank unterschrieb, zogen in meinem Bauch dicke Gewitterwolken auf und es gab ein Donnerwetter, das man nicht überhören konnte. Ich hörte und fühlte es auch, aber ich war damals noch ein Kopf-Mensch – und unterschrieb. Das hat mich eine Stange Geld gekostet. Prof. Kühnapfel wird an dieser Stelle vermutlich verzweifelt den Kopf schütteln, denn er als Kopf-Mensch und Wirtschaftswissenschaftler wird vermutlich nie, wirklich niemals finanzielle Angelegenheiten aus dem Bauch heraus entscheiden. Damit ist er in guter Gesellschaft. Bei einer repräsentativen Umfrage der GfK Marktforschung Nürnberg im Auftrag der »Apotheken Umschau« (zitiert im Focus 47/2018, S. 86) gaben 81 % der Befragten an, sich bei wirklich wichtigen Entscheidungen bewusst auf den Verstand zu verlassen und nicht aus dem Bauch heraus zu entscheiden. »Nur« in Liebesdingen oder bei der Partnerwahl treffen 87 % derselben Befragten ihre Entscheidungen aus dem Bauch heraus.

Die Intuition – jeder hat sie, nur wenige erkennen sie

Ein Großteil der Menschen glaubt also, weitgehend rationale Entscheidungen zu treffen. Ich schreibe bewusst »glauben«, denn in Wirklichkeit ist es nicht ganz so. Dazu gleich mehr. Aber vor diesem Hintergrund haben es überzeugte »Bauch-Entscheider« schwer in dieser von Vernunft bestimmten Welt. Man wird oft nicht für voll genommen. Gerade im Business-Kontext. Wenn bei uns einer seinen gut dotierten Job aufgibt, um seinem Herzenswunsch zu folgen, reagiert das Umfeld oft mit Unverständnis. Ob man sich über die Folgen bewusst sei? Und was denn eigentlich dahinterstecke? Ein (großer) Teil der Bevölkerung sieht einen radikalen Berufswechsel als Niederlage oder Scheitern an. Der (kleinere) Teil seufzt und beneidet die, die sich getraut haben, ihrem Bauch zu folgen.

Dabei kann das jeder: seinem Bauch und seinen Gefühlen folgen. In ganz vielen Fällen tun wir das ohnehin – ohne viel darüber nachzudenken. Seriöse Wissenschaftler schätzen, dass wir jeden Tag ungefähr 20.000 Entscheidungen treffen. Wenn wir über jede einzelne nachdächten, würden wir bald wahnsinnig werden und kämen zu nichts mehr. Und so treffen wir ohnehin von morgens bis abends unbewusste Entscheidungen: Brötchen oder Müsli? Weißes oder blaues Hemd? An der Ampel halten oder doch noch Gas geben? Viele dieser Blitzentscheidungen treffen wir unbewusst und ganz nebenbei. Komplizierter wird es bei Entscheidungen, die bedeutende Folgen mit sich bringen. Welchen Beruf ergreift man? Wen erwählt man zu seinem Lebenspartner? Wo lässt man sich häuslich nieder? Solche Entscheidungen schüttelt man nicht aus dem Handgelenk. Die wollen – wie der Volksmund so schön sagt – wohl *überlegt* sein. Und genau an diesem Punkt machen sich viele unglücklich. Weil sie *überlegen*, welcher Job der richtige für sie wäre. Eine Kopfentscheidung, die viele andere Kopfentscheidungen nach sich zieht. Dort, wo man in diesem Beruf einen Job bekommt, dort schlägt man Wurzeln. Ob man den Menschenschlag dort mag oder nicht. Ob einen die Landschaft deprimiert oder nicht. Ob man sich dort wohlfühlt oder nicht. Da darf man sich nicht wundern, wenn die Lebensfreude und Zufriedenheit irgendwann einmal ausziehen.

Gerade in den wichtigsten Fragen unseres Lebens sollte man vor allem darauf achten, wie sich die Entscheidung anfühlt. Nicht, welchen Nutzen wir davon haben, sondern ob sich ein Lächeln auf unsere Lippen schleicht, ob sich Erleichterung breitmacht, ob unser Herz vor positiver Aufregung hüpft, ob es sich in unserem Inneren so anfühlt, als hätten wir gerade nach ein paar Fastentagen unser Lieblingsgericht vorgesetzt bekommen. Genau das sind die Signale, auf die Sie achten sollten. Denn tatsächlich gibt uns unser Körper eindeutige Hinweise darauf, ob uns die Entscheidung zufrieden machen wird oder nicht.

Leider haben viele Erwachsene keinen guten Draht zu ihrer Intuition. Kinder haben es von Natur aus, viele verlernen es aber im Laufe der Jahrzehnte. Doch nur weil etwas einmal weg ist, heißt es nicht, dass man die Kommunikation damit nicht wieder aufnehmen kann. Dafür bedarf es etwas Achtsamkeit. Sie könnten bei kleineren Entscheidungen mit dem Üben beginnen, indem Sie den leisen Tönen Ihres Körpers Beachtung schenken. Anfangs ist das nicht einfach, weil bei Kopf-Menschen die Gedanken überlaut sind. Ich habe es geschafft, indem ich abends im Bett die einzelnen Entscheidungen des Tages noch einmal habe Revue passieren lassen. Und dabei nachgefühlt habe, was mein Körper in diesem Moment signalisiert hatte. Und er hatte immer Signale gesendet. Einmal ein paar Blitzer im Bauch. Ein anderes Mal weiche Knie. Oder Herzrasen. Die Kunst ist es, diesen Signalen Beachtung zu schenken. Indem ich abends im Bett diesen Botschaftern nachfühlte, konnte ich sie nach und nach auch tagsüber besser spüren.

Der inneren Stimme Gehör schenken

Es gibt noch eine andere Möglichkeit, seine innere Stimme besser hörbar zu machen: das *Focusing*. Diese Methode wurde von Prof. Eugene Gendlin an der Universität von Chicago entwickelt. Es gibt Coaches, die einem das Focusing näherbringen, und Bücher, die einen Schritt für Schritt dazu anleiten. Die innere Stimme (wieder) laut werden zu lassen, bedarf etwas Übung, ist aber kein unmögliches Unterfangen. Im Gegenteil. Und es lohnt sich. Denn die »innere Stimme«, die Intuition, das Bauchgefühl ist in uns allen angelegt. Auch bei den Menschen, die

»glauben«, sie würden vor allem rational entscheiden. Dabei hat das Bewusstsein bei vielen Entscheidungen viel weniger zu sagen als das Unbewusste. Diese Erkenntnis ist nicht unbedingt neu, auch wenn sich die Gehirnforschung in den letzten Jahren verstärkt mit dem Thema beschäftigt. Doch schon der Vater der Psychoanalyse, Sigmund Freud, wies darauf hin, dass wir Menschen nicht allein vom Bewusstsein gesteuert werden. Unsere Entscheidungen und damit auch unser Handeln würden – so Freud – sehr stark vom Unbewussten beeinflusst. Freud lehnte sich mit dieser These zu seiner Zeit weit aus dem Fenster, denn das Ideal der westlichen Welt war seit der Aufklärung im 18. Jahrhundert ein anderes: Demnach war der Mensch ein Verstandeswesen. Anders als ein Tier verfügte der Mensch über Bewusstsein und einen freien Willen. Zu Freuds Zeiten waren seine Thesen noch nicht messbar, mittlerweile sieht das anders aus. Die Gehirnforschung kann heute das Gehirn sozusagen beim Denken beobachten. Heute weiß man, dass tatsächlich nur ein kleiner Teil aller Vorgänge im Gehirn ins Bewusstsein vordringt. Das meiste, das uns beschäftigt, regelt das Gehirn über unbewusste Vorgänge. Laienhaft (ich bin nun mal leider kein Neurowissenschaftler) gesagt, passiert bei einer anstehenden Entscheidung Folgendes: Die Entscheidung wird unbewusst eingeschätzt. Dafür ist das limbische System zuständig. Das limbische System ist ein Teil des Gehirns, das an unseren emotionalen Vorgängen beteiligt ist und in dem die Erfahrungen, die jeder Einzelne im Laufe seines Lebens gemacht hat, abgespeichert sind. Dieser Teil – unser emotionales Erfahrungsgedächtnis – wird bei Entscheidungen aktiv, indem es in Millisekunden unbewusst abgleicht, ob wir schon einmal ähnliche Entscheidungen gefällt haben. Ähnliche Fälle aus der Vergangenheit werden dann daraufhin untersucht, ob die gemachten Erfahrungen positiv oder negativ waren. An dieser Stelle fällt das Unbewusste eine Entscheidung, und erst an diesem Punkt kommt das Frontalhirn mit seinen geistigen Fähigkeiten wie Analysieren, Denken, Planen ins Spiel. Nun kommt es zum Austausch zwischen den emotionalen und rationalen Hirnregionen, wobei der unbewusste, emotionale Teil – laut Wissenschaft – dominanter sein soll. Das wird selbst ernannten Kopf-Menschen nicht gefallen, aber in der Tat ist es wohl so, dass wir die allermeisten Entscheidungen aus dem Bauch heraus fällen und sie anschließend mit rationalen Erklärungen untermauern.

So gesehen sind wir alle Bauch- und zugleich Kopf-Menschen. Aber uns unterscheidet, dass die einen einfach zu ihrer Intuition stehen und den Kampf zwischen Bauch und Kopf nicht (mehr) führen, die anderen immer wieder die umständlichen Umwege über den Kopf gehen. Was uns eint, sind die Bestrebungen, gute Entscheidungen fällen zu wollen, und das Unvermögen, jederzeit den richtigen Weg zu finden. Glücklicherweise gibt es viele Wege zu Ihrer inneren Stimme. In diesem Buch habe ich einige aufgewiesen. Immer mit dem Hintergedanken, dass uns unsere Entscheidungen in allererster Linie glücklich machen sollen. Probieren Sie es aus. Auch als Kopf-Mensch. Vertrauen Sie Ihrer Intuition. Oder den Worten des Direktors des Harding-Zentrums für Risikokompetenz am Max-Planck-Institut für Bildungsforschung in Berlin, Gerd Gigerenzer: »Ein Bauchgefühl ist weder eine Laune noch ein sechster Sinn noch Hellseherei. Es ist eine Form von unbewusster Intelligenz. Die Annahme, Intelligenz sei notwendigerweise bewusst und überlegt, ist ein Riesenirrtum« (»Kopf oder Bauch«, Focus 47/2018, S. 84).

Was ist ein »Kopf-Mensch«?

Sind Sie ein »Kopf-Mensch«? Ich bin einer, und das ist gut so. Wenn Sie sich so wie ich dazu bekennen, werden Sie vielleicht ähnliche Erfahrungen gemacht haben: Kopf-Mensch zu sein gilt als … wie drücke ich es aus … »schwierig«. Wir finden uns in einer Schublade wieder, auf der »verkopft« steht, und gelten als behindert: Es fehle uns der Zugang zum Herzen, wir seien unfähig, unsere Gefühle zu spüren, und Empathie sei für uns ein Fremdwort. Kopf-Mensch zu sein wird als Problem dargestellt, aber auf jeden Fall als weniger erstrebenswert, als ein Herz-Mensch zu sein.

Kopf-Mensch zu sein erfordert Selbstbewusstsein. Den Herz-Menschen gehört die Bühne. Sie sind die Helden im Zirkus der romantisierten, von Sehnsüchten und inneren Schmachtvideos verzerrten

Scheinwirklichkeit. Selten bekommt ein Kopf-Mensch Applaus, schon gar nicht in den Möchtegernrealitäten, die uns RTL II, Frau im Spiegel oder Parship verkaufen. Kopf-Mensch zu sein wird dann mit einem Gefühlsnotstand assoziiert, so als müsse man sich zwischen Kopf oder Herz/Bauch entscheiden.

Selbstredend sind solcherlei stereotype Charaktereinteilungen Unsinn. Kopfgesteuerte Menschen haben vermutlich den gleichen Zugang zu ihrer Gefühlswelt wie alle anderen. Wie gut dieser Zugang funktioniert, wird normal verteilt sein: Manche Kopf-Menschen leben tatsächlich ohne Fähigkeit zu fühlen, was wir als Krankheitsbild einstufen müssen, aber die allermeisten werden die gleichen emotionalen Fähigkeiten haben wie die sogenannten Herz-Menschen.

Aber es gibt einen Unterschied, und auf den kommt es an: Kopf-Menschen besitzen tendenziell eher die Fähigkeit, selbst in emotionalen Situationen analytisch zu denken, und so eben auch in schwierigen Entscheidungssituationen. Sie sind in der Lage, trotz einer spontanen, intuitiven und damit blitzschnellen Eingebung einen Schritt zurückzutreten, um dem analytischen Denken etwas Zeit zu geben, zu wirken. Wenn das gelingt, schaffen es Kopf-Menschen, beide Aspekte, Verstand und Herz, an einer Entscheidung teilhaben zu lassen. Die Wahrscheinlichkeit, eine gute und richtige Entscheidung zu treffen, steigt. So betrachtet ist es ein Gewinn, den Kopf walten zu lassen, anstatt lediglich »auf seinen Bauch zu hören«.

Ich halte die mediale Dominanz der Herz-Menschen für ein temporäres Phänomen. Nach den Nachkriegsjahren, den Jahrzehnten des Wachstums, des Dinge-Anschaffens und des Primats des Konsums (ist diese Zeit eigentlich schon vorbei?) wenden wir uns nun der Welt der Emotionen zu: Gefühle werden nicht nur hoffähig, sie zu haben wird zum Zeichen persönlicher Entwicklung, zu einem Signal nach außen: »Ich bin weiter als ihr!« Das ist als Gesellschaftstrend erfreulich, es wirkt wie eine Befreiung, und vermutlich müssen wir eine Übertreibung akzeptieren. Doch am Ende wird sich das richtige Maß durchsetzen. Dann werden wir ganzheitliche Entscheidungsmuster beherrschen, mindestens aber das Zusammenspiel beider Wege zu schätzen gelernt haben.

Denken ist nicht einfach nur »nachdenken«

Aber da sind wir noch nicht. Darum möchte ich mich an einer Beschreibung des kopfgesteuerten Entscheiders versuchen. Das ist nicht so schwer, geht aber über die plumpe Vermutung, dass der Kopf-Mensch einfach nur »nachdenkt«, weit hinaus. Wichtig scheint mir im Vorfeld anzumerken, dass es bei keiner der nachfolgend beschriebenen Charaktereigenschaften und Fähigkeiten ein Ja oder Nein gibt, sondern dass sie immer graduell erscheinen: ein bisschen hiervon, etwas mehr davon. Es sind Tendenzen, so wie es immer Luftfeuchte und immer Wärme gibt, am Südpol sehr wenig von beidem, in Wuppertal etwas mehr und im Amazonasbecken sehr viel.

»Kopfgesteuert« zu sein heißt in der Tat, nachzudenken. Aber eben differenziert. Was heißt das im Einzelnen?

1. Denken als Automatismus
Stellt sich ein Entscheidungsproblem, springt das Gehirn an. Natürlich gibt es auch Emotionen, aber dann stellt sich die Frage: »Und nun? Wie gehe ich mit dem Problem um?« Es ist die Fähigkeit des Kopf-Menschen, sich die Zeit zu geben, nachzudenken, zu analysieren, abzuwägen, Bewusstheit und Methodik zuzulassen.

2. Denkmuster statt Zufälligkeiten
Das Erfassen einer Aufgabe (hier: eine Entscheidung zu treffen) führt zu der Überlegung, wie sie gelöst werden kann.
Der bewussten Erkenntnis folgt die Analytik und dieser folgt die Methodik. Dann ist es eine Frage des Intellekts und der Methodenkenntnis, eine prima Entscheidung zu treffen.

3. Denken in den Kategorien »Nutzen« und »Kosten«
Klar, dieser Punkt ist *das* Einfallstor für Kritik am Kopf-Menschen: »Muss denn alles nützlich sein?« »Muss alles einen Preis haben?«
Die Antwort auf beide Fragen ist: Ja! Es gibt keine Ausnahme!
Ein Gepard jagt die Gazelle nur, wenn es ihm nützlich erscheint.
Er hat auch nur für wenige Verfolgungen Kraft, also muss er

abwägen. Macht er das bewusst, als Entscheidung nach einem analytischen Gedankenprozess? Vermutlich nicht, weil er Erfahrung hat. Er hat schon viele Jagden erlebt, erfolgreiche wie nicht erfolgreiche, aber trotzdem wird sein Entscheidungssystem in den Kategorien »Kosten« (Aufwand der Verfolgung) und »Nutzen« arbeiten.

4. Denken als Suche nach Ursache-Wirkungs-Beziehungen
Kopf-Menschen überlegen, welche Handlung/Unterlassung welche Wirkung hat. Ein »es findet sich« ist für sie unbefriedigend und nur akzeptabel, wenn sich keine Wirkketten finden lassen. Das ist nicht tragisch, es ist eine Konsequenz, die sich z. B. aus einer arg komplexen Zukunft ergeben kann. Doch eine Selbstverständlichkeit, nachgerade ein Automatismus, ist die Frage: Was passiert, wenn ...?

5. Denken, um etablierte Methoden zu nutzen
Jede Entscheidung benötigt eine Prognose. Immer müssen wir einen Blick in die Zukunft werfen, um abschätzen zu können, welche Folgen unsere Entscheidung haben kann. Jedenfalls immer dann, wenn uns die Folgen interessieren. Wenn nicht, dürfen wir würfeln oder andere an unserer Stelle entscheiden lassen. So ein Blick in die Zukunft ist schwierig. Intuition hilft selten weiter. Was wir benötigen, ist ein Rezept, eine Anleitung, eine Methode, die uns hilft, mit möglichst hoher Wahrscheinlichkeit die Auswirkung unserer Entscheidung in der Zukunft abschätzen zu können. Je mehr Methoden wir kennen, desto besser. Mehr Methoden zu beherrschen heißt, auf mehr Herausforderungen reagieren zu können. Kopf-Menschen stehen auf Methoden. Sie schätzen die Struktur und die bewährte Klarheit der Abläufe, die ihnen helfen, nichts zu vergessen, sich vor kognitiven Verzerrungen und vor Manipulationen zu schützen.

6. Denken, um bewusst mit Intuition umzugehen
Intuition ist eine feine Sache. Sie ist schnell, sie hilft in Zeiten der Unsicherheit und bei mangelnden Informationen. Intuition muss aber Wurzeln haben. Zwei Voraussetzungen machen eine

Intuition zu einem belastbaren Ratgeber: Erfahrung und eine stabile Umwelt. Der Gepard vertraut seiner Intuition (in diesem Falle nicht von Instinkt zu unterscheiden), denn er hat schon viele Gazellen gejagt und die Savanne ist immer die gleiche, aber der unsterblich verliebte Teenie sollte seiner Intuition misstrauen, auch wenn sich die erste Liebe anfühlt wie die eine, die ein Leben lang hält, denn er hat keine Beziehungserfahrung und die Umwelt erscheint rosarot, ist aber ganz gewiss nicht stabil. Das Hinterfragen von Intuition und das Prüfen ihrer Substanz bewahrt den Kopf-Menschen davor, falschen Vorstellungen nachzulaufen.

7. Denken, um bewusst mit Wahrnehmungsverzerrungen umzugehen

In den letzten Jahren gab es eine Renaissance der Erkenntnis, dass die Wahrnehmung von Wirklichkeit den persönlichen und individuellen Kognitionsfilter passieren muss. Zahlreiche Mechanismen verfälschen, was uns wie Wirklichkeit erscheint. Wir hören nur das, was wir hören wollen, überschätzen uns selbst, blicken überoptimistisch in die Zukunft und halten uns selbst für objektive Beobachter. Das Wissen darüber, wie trügerisch unsere Wahrnehmung ist, ist alt, aber wir mögen es nicht. In letzter Konsequenz bedeutet es, dass wir uns selbst nicht trauen dürfen, aber wem denn dann? Kopf-Menschen akzeptieren, dass ihre Wahrnehmung fehlerhaft ist. Zumindest sollten sie sich der Gefahr bewusst sein und sich sagen: »Es könnte alles auch anders sein.« Interessanterweise ist aber zu beobachten, dass ein wenig Kenntnis der Materie den Verzerrungseffekt eher befeuert: Lediglich Kahnemans wunderbares Buch »Schnelles Denken, langsames Denken« gelesen zu haben, führt dann dazu, von sich selbst anzunehmen, ein besserer Mensch und gegen die Gefahren kognitiver Verzerrungen gewappnet zu sein. Das ist Unsinn. Ich selbst beschäftige mich seit vielen Jahren mit dieser Materie. Und immer wieder muss ich über mich selbst den Kopf schütteln, wenn ich schon wieder in eine dieser Wahrnehmungsfallen getappt bin.

8. Denken, um bewusst mit Manipulation umzugehen
Dieser Aspekt ist dem obigen ähnlich. Manipulationen sind gewünschte Beeinflussungen unter der Bedingung, dass der Beeinflusste die Ursache seiner Entscheidung nicht erkennt. Gute Manipulationen spielen sich auf einer tiefenpsychologischen Ebene ab und werden als solche nicht erkannt (Experten mögen mir diese unpräzise Definition verzeihen). Es bedarf einer Art Checkliste, um sie detektieren zu können. Es bedarf Übung und Fachkenntnisse, Muster zu erkennen, die auf Manipulation hindeuten. Bei einer Entscheidung zunächst einmal nachzudenken, also den Kopf einzuschalten, ist die Voraussetzung dafür, denn das Herz ist Einflüsterungen schutzlos ausgeliefert.

Diese Muster scheinen sehr überzeugend zu sein. Aber was ist dann mit Emotionen? Wie passen Aspekte in dieses Bild, die uns Menschen von einem Computer oder einem Tier unterscheiden? Was ist z. B. mit »Mitgefühl«, einer wichtigen Fähigkeit, die Sozialgemeinschaften ermöglicht? Was ist mit Liebe, mit Trauer, mit Hoffnung? Wir wissen, dass auch Tiere zu solchen Gefühlen fähig sind. Nein, eigentlich wissen wir das nicht, denn wir können nur beobachten, und dann erleben wir das Verhalten oder Handeln von Tieren so, wie auch wir nach gleichartigen Erlebnissen handeln oder uns verhalten würden. Die Analogie begründet die Annahme emotionaler Kohärenz. Aber ist die Trauer des Hundes um seinen verstorbenen Herren nicht auch die Trauer um ein bekanntes Lebensumfeld, um die Gewissheit eines regelmäßig gefüllten Fressnapfes oder um die Sicherheit des Dominanzgefüges? Dann wäre Trauer Ausdruck eines erlittenen Verlustes. Kosten eben.

Kopf-Menschen erleben das wie alle anderen Menschen auch. Kopf-Menschen fühlen wie alle anderen. »Verkopft« zu sein bedeutet jedoch, andere Bewertungs- und Entscheidungsmuster zu haben: Erst nachdenken. Was soll daran verkehrt sein?

In den folgenden Kapiteln, in denen wir Menschen mit Entscheidungssituationen konfrontieren, werde ich die oben dargestellten Aspekte immer wieder anführen. So wird für jedes Entscheidungsproblem mindestens eine Methode vorgestellt, die im Kontext der jeweiligen Herausforderung die Qualität der Entscheidung verbessern kann.

Die 10 wichtigsten Entscheidungen des Lebens

1. Entscheidung

Die Berufswahl

Finn (18) hat gerade ein sehr gutes Abitur gemacht. Sein Vater ist Notar mit eigener, gut gehender Kanzlei. Er wünscht sich, dass Finn diese eines Tages übernimmt. Doch Finn ist unsicher. Auf der einen Seite hat er sich an den gewissen Wohlstand, mit dem er groß geworden ist, gewöhnt. Auf der anderen Seite schlägt sein Herz für soziale Projekte. So engagiert sich der 18-Jährige in der Flüchtlingshilfe. Soll Finn Jura studieren, um seinen Vater nicht zu enttäuschen und um sich seinen gehobenen Lebensstil auch zukünftig finanzieren zu können, oder soll Finn seine sozialen Interessen zum Beruf machen und Sozialwissenschaften studieren?

Wie kommt Finn zu einer Entscheidung?
Welchen Weg soll er einschlagen?

Was rät der Kopf?

Die Wahl des Berufs ist vielleicht die erste große Lebensentscheidung junger Menschen. Sie steht am Anfang des 40, 50 Jahre dauernden Erwerbslebens. Sie ist elementar wichtig, denn sie ist mitentscheidend für das Lebensglück, die persönliche und soziale Entwicklung und nicht zuletzt für das Einkommen. Es ist eine Entscheidung, die auf den Träumen der Jugend fußt, ohne nennenswerte Lebenserfahrung, aber mit dem Blick auf ein Leben, das sich noch hinter einem Spiegel verbirgt. So nimmt es nicht wunder, dass sich Berufswünsche mit dem Erwachsenwerden ändern: von »Prinzessin« über »Tierärztin« zu »irgendetwas mit Menschen« – und der Prozess endet dann häufig bei »Verwaltungsfachangestellte im mittleren Dienst«. Wo gehen sie hin, unsere Träume?

Erfreulich ist, dass der alleinige Zweck eines Berufs schon lange nicht mehr ist, Geld für die Familie anzuschaffen. Er darf nun auch Spaß machen und darf dem Leben einen Sinn geben. Damit haben alte Modelle an Bedeutung verloren, die ohne Rücksicht auf Talente und Interessen den zuverlässigen Broterwerb in den Mittelpunkt rückten. Ich spiele natürlich mit Blick auf Finns Situation auf den traditionellen Mechanismus der Berufsnachfolge an: Dem Vater folgt der Sohn. Dem Steiger folgt der Sohn in den Stollen und dem Herrn Notar folgt der Sohn in die Kanzlei.

Gänzlich ausgedient hat dieses Muster aber nicht. Zuweilen ist eine Weitergabe des Berufs an die Kinder sinnvoll. Insbesondere bei kapitalintensiver Geschäftsausstattung eines Familienbetriebs oder bei langfristigem Aufbau eines Kundenstamms kann es ökonomisch nützlich sein, den Eltern beruflich zu folgen. Manchmal reden wir dann despektierlich davon, dass sich der Nachfolger »ins gemachte Nest setzt«, aber er folgt einem vernünftigen Kalkül. Wäre Finns Entscheidung also ausschließlich von dem Ziel bestimmt, gut und sicher Geld zu verdienen, wäre klar, dass er Jura studieren und den Klientenstamm seines Vaters übernehmen sollte.

Aber so einfach ist es hier nicht. Finn ist »zerrissen« von seinem Herzenswunsch einerseits und der empfundenen Verpflichtung seiner Familie, speziell seinem Vater gegenüber, andererseits.

Raus auf die grüne Wiese gehen

Aus dieser von Emotionen dominierten Lage muss Finn erst einmal raus. Er muss auf die »grüne Wiese«. So nennen wir Ökonomen einen virtuellen leeren Entscheidungsraum, aus dem Vorbelastungen, Erwartungen und Ängste ausgekehrt sind. Dann kann Finn eine unbelastete Berufswahl treffen, dann wird sein Blick frei sein für die »üblichen« Aspekte. Ich habe mich einmal an einer – zugegeben noch unvollständigen – Sammlung dieser Aspekte versucht:

- Verdienstmöglichkeiten, vor allem nach einigen wenigen Berufsjahren, wenn die Phase des Familienaufbaus beginnt
- persönliches Talent und intellektuelles Potenzial
- vermuteter »Spaß« an der Arbeit, was immer das auch sei
- regionale Flexibilität, sodass der Beruf auch an anderen Orten ausgeübt werden kann
- Unabhängigkeit von einem Arbeitgeber vor Ort (Minenbetrieb, ortsansässiger Großarbeitgeber)
- Flexibilität hinsichtlich der Spezialisierung während und nach der Ausbildung
- vermuteter zukünftiger Bedarf an Personen der betreffenden Berufsgruppe und damit Schutz vor Arbeitslosigkeit
- Weiterbildungsmöglichkeiten
- körperliche Beanspruchung
- Arbeitszeiten

Diese Aspekte im Blick, wird jeder – nicht nur Finn – schnell zu einer »Shortlist« infrage kommender Berufe gelangen; ein Berufsberater hilft.

Den Zielkonflikt lösen: Geld oder Spaß?

Doch irgendwann tauchen Zielkonflikte auf. Der wichtigste:

Darf man einen Beruf wählen, der zwar Spaß macht,
aber wenig einbringt?

Davon gibt es sehr viele: Mediendesigner, Erzieher, Altenpfleger, Zahnarzthelfer, alles ehrenwerte und wichtige Berufe, deren Gehalt aber kaum ausreicht, um eine Familie zu ernähren. Doch das ist nicht Finns Problem. Für ihn stellt sich möglicherweise die umgekehrte Frage:

Darf man einen Beruf wählen, der viel einbringt,
aber wenig Spaß verspricht?

Möglicherweise! Tatsächlich wissen wir nicht, ob Finn den Beruf des Juristen unterhaltsam findet oder nicht, und sollten auch nicht mit Unterstellungen arbeiten. Was wissen wir überhaupt über Finn?

Über seinen Intellekt wissen wir nichts. Unterstellen wir, dass er ein schlaues Kerlchen ist und das Zeug hätte, sowohl ein guter Jurist als auch ein guter Sozialarbeiter zu werden.

Finanziell ist die Familie gut aufgestellt. Ein Studium zu finanzieren wäre wohl kein Problem. Allerdings kennt Finn nicht die Ausgabebereitschaft seines Vaters, wenn er nicht Jura, sondern Sozialwissenschaft studierte.

Finn mag einen Weltverbesserungsantrieb haben, aber ein Träumer wird er nicht sein. Ihm ist wohl klar, dass er als Jurist später mehr Geld verdienen könnte. Und er hat sich an den Wohlstand gewöhnt. Inwiefern er ihn für eine Selbstverständlichkeit hält und darum die Mühen, ihn zu erhalten, unterschätzt, wissen wir nicht. Aber mit Flüchtlingen umzugehen, dürfte ihn erden. Trauen wir ihm zu, dass er den Nutzen von Geld kennt und dass ihm bewusst ist, später als Sozialarbeiter auf Dinge verzichten zu müssen, die heute in seiner Familie selbstverständlich sind.

Nun wäre es leicht, Finn zuzuraten, seinen Interessen nachzugehen und das zu tun, wovon er glaubt, dass es sein Leben erfüllt. Denn ist das nicht der Punkt, auf den es ankommt? Wir verbringen einen Großteil unseres Lebens mit Erwerbsarbeit und gesegnet ist derjenige, dem seine Arbeit Freude macht. Was gibt es hier zu überlegen? Ist die Entscheidung, Sozialwissenschaft zu studieren, keine Selbstverständlichkeit? Nein, denn die Krux ist: Keine Arbeit der Welt macht immer Freude! Zwei Dynamiken wirken, die der Arbeit und die unserer Einstellung zu dieser.

Einen Blick in die Zukunft werfen

Fangen wir bei der ersten an: Arbeit verändert sich. Die Umfeldbedingungen, die Gestaltungsmöglichkeiten, das Kollegenumfeld, die Maschinerie oder die Bedingungen, alles ist im Fluss. Das gilt auch für Sozialarbeiter: Sie sind abhängig von Ressourcen, die ihnen zur Verfügung gestellt werden. Menschen zu helfen wird dann zu einer Budgetfrage. Ihre Arbeitgeber legen die Schwerpunkte und Ziele fest, und das oft nach unklaren, für die Sozialarbeiter »an der Front« nicht nachvollziehbaren Kriterien. Desillusionierung und Enttäuschung ob der Ausstattung des Arbeitsumfelds werden zum Alltag, der Mangel nagt an der Motivation.

Hier kommen wir zur zweiten Dynamik: Sozialarbeit ist ein gnadenloser Job. Erfolgserlebnisse sind selten, Fortschritte spärlich. Die Gefahr ist, vor den wie Termiten im Gebälk ständig nagenden Frustrationen des Arbeitsalltags zu kapitulieren, den Enthusiasmus und den Glauben daran, etwas verändern zu können, zu verlieren – nicht plötzlich, sondern jeden Tag ein klein wenig mehr. Zunächst fühlt sich das nach zunehmender Professionalität an: Wachsende Distanz und Abgeklärtheit ist zu entschuldigen, ja, wird sogar als Notwendigkeit gesehen (»Man darf nicht alles an sich ranlassen.«). Aber irgendwann wird die Entemotionalisierung zur Normalität. Kapitulation auf Raten. Die 60-jährige Lehrerin leidet dann an Burn-out, der Streetworker geht in den Innendienst und der Pfarrer lädt sich seine Predigten aus dem Web herunter. Wie ändert sich unsere Einstellung zu unserem Beruf? Wird das, was uns heute erstrebenswert erscheint, auch morgen noch unser Antrieb sein?

Was heißt das für Finn? Er benötigt eine Art Prognose der Entwicklung seiner Lebenssituation, bestenfalls bis zum Eintritt ins Rentenalter. Natürlich ist das unmöglich, aber die Gedankengänge hierfür sind bereits nützlich. Wenn sich Finn damit auseinandersetzt, bekommt er einen besseren Blick dafür, den Nutzen (Geld, Zufriedenheit) und die Kosten (Frustration, Verzicht) der jeweiligen zukünftigen Erwerbsarbeit abzuschätzen. Eine Prognose (Wohin gehen wir?) muss her und jeder Blick nach vorne beginnt beim Status quo: Woher kommen wir?

Finn hat erste Erfahrungen mit sozialdienstähnlichen Aufgaben gesammelt. Vermutlich war dies ein ehrenamtliches Engagement, beseelt von dem Wunsch, Menschen in Not zu helfen, und gepusht durch den Teamgeist einer Gruppe Freiwilliger. Was er da tut, hat bei Licht betrachtet mit dem Berufsspektrum eines Sozialarbeiters aber nur wenig zu tun. Mit den Hunden aus der Nachbarschaft Gassi zu gehen erlaubt ja auch keine Einblicke in den Arbeitsalltag eines Tierpflegers. Finns Bild ist geprägt von seinen schmalbandigen Erfahrungen, die wiederum den Wunsch nähren, es möge ein Leben lang so sein, wie er es erlebt hat.

Den Job als Juristen kann er vermeintlich besser beurteilen – sein Vater lebt ihn vor. Das heißt aber auch, dass Finn den Beruf durch einen Filter in Gestalt seines Vaters erlebt. Dieser wird am Esstisch Erlebnisse und Anekdoten zum Besten geben und vielleicht über seine Alltagsprobleme sprechen. Was aber den Vater aufblühen lässt, muss Finn noch lange nicht packen. So könnte Finn möglicherweise die Vielschichtigkeit des Berufs eines Juristen unterschätzen: Denn auch wenn sein Vater nicht viel davon erzählt, kann es ja sein, dass die Jurisprudenz mehr mit Sozialarbeit und mit zwischenmenschlicher Interaktion zu tun hat, als Finn bewusst ist. Vielleicht ließe der Beruf als Jurist Spielraum für Finn, seine soziale Ader auszuleben, indem er Unterprivilegierten hilft. Finn kennt den Beruf des Juristen vielleicht doch nicht so gut, wie wir vermeintlich unterstellen.

Ergo: Finn kennt die Sozialarbeit durch sein Engagement und die Vaterversion der Juristenarbeit. Beides ist für Finn mehr oder weniger repräsentativ zur Einschätzung seines zukünftigen Erwerbslebens. Doch es sind nur ganz schmale Ausschnitte der Wirklichkeit. Und so kommen wir zum dritten Ratschlag für Finn:

Das Wissen ergänzen

»Sprich mit anderen Juristen und Sozialarbeitern! Ergänze dein Bild!« Es gilt, ein breiteres, vollständigeres Bild der Berufsalltage zu zeichnen, mehr Facetten kennenzulernen, denn diese alle könnten in Finns Zukunft eine Rolle spielen. Die Prognose seines Berufslebens wird belastbarer für eine Entscheidung.

Allerdings bleibt eine Frage immer noch offen: Wird Finn »Spaß« an dem gewählten Job haben? Freude bei und an etwas zu haben, ist vor allem von unserer Einstellung dazu abhängig. Diese Einstellung bestimmt wiederum unser Verhalten - und umgekehrt. Klingt ebenso nachvollziehbar wie einfach, denn können wir unser Verhalten und unsere Einstellung nicht am besten selbst einschätzen? Die Antwort ist: Nein! Es ist ein Irrglaube, dass wir Experten darin seien, unser eigenes zukünftiges Verhalten zu kennen. Die renommierten Sozialpsychologen D. Dunning und N. Epley haben in umfangreichen Forschungen gezeigt, dass stattdessen Freunde und gute Bekannte unser zukünftiges Verhalten viel besser beurteilen können als wir selbst. Dies gilt insbesondere in von Emotionen geprägten Situationen. Überoptimismus, selektive Wahrnehmung, die Überlagerung von Zukunftsbildern durch Wunschvorstellungen und somit die Gefahr der Romantisierung werden so eliminiert. Was Finn also tun sollte, ist, seinen Onkel, seine Großmutter oder andere vertraute Personen zu fragen, wie diese Finns zukünftiges Verhalten einschätzen.

Den Nettonutzen erkennen

Tut er dies, wird er hinterher klarer sehen, welchen Nutzen ihm die jeweiligen Berufe bringen (Spaß, Freude, Erfüllung, Einkommen usw.) und welche Kosten damit verbunden sind (Arbeitszeit, Frustration, Risiken usw.). Die Differenz nennen wir Ökonomen den »Nettonutzen«. Das ist hier natürlich keine Zahl, sondern eine vage Einschätzung mit vielen Unsicherheiten. Um den jeweiligen Nettonutzen zu realisieren, muss Finn in eine Ausbildung investieren. Wären die Ausbildungskosten höher als der lebenslange Nettonutzen des Berufs, wäre von der Wahl abzuraten. Auch könnte es sein, dass ein Beruf sich als bessere

Perspektive herausstellt, der zwar einen etwas niedrigeren Nettonutzen erbringt, aber sehr viel geringere Ausbildungskosten verursacht. Und an dieser Stelle möchte ich gleich noch einmal betonen, dass es hier nicht um Berechnungen im engeren Sinne geht, sondern um bewusste Einschätzungen. Die betriebswirtschaftliche Terminologie führt hier zu keinem Algorithmus, sondern zu einem geführten gedanklichen Ansatz. Und darin liegt der Nutzen: Es gilt, sich Gedanken zu machen, die Waagschalen zu füllen, Aspekte zu identifizieren und einzubeziehen.

Die Opportunitätskosten berücksichtigen

Wie sieht das für Finn aus? Die Ausbildungskosten des Jurastudiums sind recht leicht zu berechnen. Haken dran. Aber damit sind die Kosten nicht vollständig beschrieben: Das Jurastudium kostet Finn den Verzicht auf das Studium der Sozialwissenschaft! Vielleicht empfindet er dies wie die Aufgabe eines Traums. Dies hat auch Auswirkungen auf die Motivation, das Jurastudium anzugehen. Es erscheint ihm wie eine ungeliebte zweite Wahl. Ökonomen nennen diese Kosten »Opportunitätskosten«. Finn sollte sich den Verzicht bewusst machen und ggf. darüber nachdenken, ob er sich kompensieren ließe (soziales Engagement als Jurist usw.).

Das Sozialwissenschaftsstudium verursacht vermutlich ähnliche Ausgaben wie das Jurastudium. Aber auch dieses kostet - gefühlt - noch mehr: die Enttäuschung des Vaters! »Na und«, werden Sie einwenden! Aber unterschätzen Sie nicht die Kraft der Bindung der Kinder an ihre Eltern, jedenfalls in funktionierenden Familien! Dem Vater würde vielleicht ein Stück Lebenssinn genommen und Finn spürt das. Aber wie hoch sind die Kosten, die mit der Enttäuschung des Vaters verbunden sind? Vermutlich werden sie umso höher sein, je mehr der Vater darauf drängt/hofft, dass Finn sein Nachfolger wird. Der Alltag liefert Anhaltspunkte dafür, die Höhe der Kosten zu bewerten: Sollte der Vater z. B. immer wieder betonen, dass »er alles nur für seinen Sohn macht« und »wie stolz er sei, dass Finn ihm nachfolgt«, dürften die empfundenen Enttäuschungskosten hoch sein. Auch hier ist es unmöglich, eine Zahl hinter die Opportunitätskosten zu schreiben, und auch hier ist die Empfehlung an Finn, sie sich bewusst zu machen und über eine Kompensation nachzudenken (Einbeziehung des Vaters usw.).

Die Umkehrkosten berücksichtigen

Ein weiterer Faktor, übrigens jeder Entscheidung, sind die Kosten der Umkehr. Ist es möglich, einen anderen Weg einzuschlagen, wenn sich die ursprüngliche Entscheidung als falsch herausstellt? Im Falle von Finns Entscheidung - Jura oder Sozialarbeit - sind die Kosten nicht gleich hoch: Wenn Finn Sozialwissenschaften studiert, ist ihm der Beruf des Juristen verwehrt. Er wird dann nicht über die fachlichen und Formalqualifikationen verfügen, Vaters Kanzlei zu übernehmen. Er müsste, wenn er dies wollte, noch einmal (Jura) studieren. Studiert er aber Jura, ist ihm die Tätigkeit in einem sozialen Beruf möglich. Vermutlich würde er keine Stelle als Streetworker finden, aber es gäbe andere Optionen und eine Weiterbildung wäre sehr viel weniger aufwendig als ein Zweitstudium.

Bei den Recherchen zu diesem Kapitel sagten mir einige Gesprächspartner, Finn »solle es herausfinden«. Er sei noch jung und könne sich einen Fehler zeitlich erlauben. Warum also nicht zunächst Sozialwissenschaften studieren und sich den Plan B erhalten, später umzuschwenken? Meiner Meinung nach ist dies grundsätzlich eine gute Idee. Ausprobieren! Finn macht das ja schon, zumindest mit der Sozialarbeit. Der Nachteil: Es kostet Zeit, vor allem jene Zeit, in der Gleichaltrige ihre Ausbildung machen und in den Beruf starten. Mit 25 noch einmal von vorne anzufangen, vor allem im Fach Jura, ist möglich, aber ungewöhnlich und sicherlich davon abhängig, ob der Vater mitzieht (Geld).

Finn sollte in mehreren Schritten vorgehen. Im ersten sollte er sich mit den zwei Berufsbildern, die ihm vorschweben, auseinandersetzen. Sein derzeitiges Interesse gilt der sozialen Arbeit. Hierin sieht er seine Berufung. Mehr Informationen über die Berufsbilder und die Wirkung der zwei beschriebenen Dynamiken machen seine Entscheidung sicherer.

Im zweiten Schritt sollte er mit Menschen sprechen, die den Weg bereits gegangen sind. Ferner sollte er Freunde und Bekannte fragen, wie diese Finns Fähigkeit einschätzen, Sozialarbeit zu leisten oder Jurist zu sein.

Der dritte Schritt betrifft die Frage, wie er seine mögliche Entscheidung, Sozialwissenschaft zu studieren, seinem Vater verkaufen kann. Solange er hierfür keinen Plan hat, besteht die Gefahr, dass er nur Jura studiert, weil er seinen Vater nicht verletzen und/oder dessen Zahlungsbereitschaft gefährden möchte. Hier hilft vermutlich nur, rechtzeitig das Thema anzusprechen, dem Vater die Chance zu geben, das zu verdauen, und anschließend auch die finanziellen Aspekte zu diskutieren.

Letztendlich wäre Finn zu raten, sich mit dem unberechenbareren und zehrenden Beruf des Sozialarbeiters besser vertraut zu machen. Er könnte z.B. ein soziales Jahr machen und dieses nutzen, den Alltag kennenzulernen. Das dürfte dann auch Finns Vater überzeugen.

Was rät das Herz?

Auch ich sehe es so: Die Berufswahl ist die erste große Entscheidung, die ein Mensch treffen muss. Alles vorher war nichts im Vergleich dazu. Welche Wahlpflichtfächer fürs Abitur? Wohin das erste Mal mit Freunden in den Urlaub? Einen anderen seelisch und körperlich näher an sich rankommen lassen? Alles nur Fingerübungen im Vergleich zu der Entscheidung, die die Berufswahl mit sich bringt. Zwar kann man das Studium immer noch ändern, man kann auch den Beruf komplett wechseln, aber wenn es irgendwie geht, sollte man es vermeiden. Denn man erspart sich damit viel Frust.

Gerade bei der Berufswahl stehen sich Kopf und Herz bzw. Bauch klassischerweise wie zwei Cowboys mit gezückten Colts gegenüber. Der Kopf (oder die Eltern) hält oft die Fahne mit den Schlagworten »finanzielle Sicherheit«, »zukunftsfähig« oder »Risikominimierung« hoch, während der Bauch und das Herz »Erfüllung«, »Freude« oder »Lebenssinn« dagegenschreien.

Gute Entscheidungen aus dem Bauch heraus treffen kann man am besten dann, wenn man bereits Erfahrungen in diesem Bereich gemacht hat. Dann kann man auf das »Bauchgedächtnis« zurückgreifen und in wenigen Millisekunden abgleichen, ob diese Erfahrungen gut oder eher schlecht waren. Ob man sie wiederholen oder besser die Finger davon lassen sollte. Das Ganze passiert unbewusst, doch unser Bauch signalisiert eindeutig, welche Entscheidung die bessere wäre. Dummerweise haben junge Menschen beim Thema »Berufswahl« noch keine Erfahrungen gemacht und können daher nicht auf ihr Bauchgedächtnis zurückgreifen. Das ist fast schon ein wenig tragisch, denn die Berufswahl ist mit die wichtigste, die wir in unserem Leben fällen müssen. Schließlich verbringen wir die meiste Zeit unseres aktiven Erwachsenenlebens im Job.

Die Entscheidung, was man »den Rest seines Lebens nun tun wolle«, war schon immer schwer. Doch sie wurde in den vergangenen Jahrzehnten durch die unglaubliche Auswahl zusätzlich erschwert. Zu meiner Zeit machte man eine Lehre als Bankkaufmann/-frau, Versicherungskaufmann/-frau oder Rechtsanwaltsgehilfe. Wer studierte, wurde Arzt, Jurist oder Wirtschaftswissenschaftler. Mit meiner Wahl, Radioredakteurin zu werden, war ich schon fast eine Exotin. Heute haben die jungen Menschen die Wahl zwischen 326 Ausbildungsberufen und ungefähr 19.000 Studiengängen. Wie kann man bei dieser Auswahl eine Entscheidung treffen?

Wählen ja – quälen nein

Eigentlich müsste man erst einmal alle existierenden Berufe dieser Welt kennenlernen, um dann im limbischen System – das ist ein Hirnareal, das an emotionalen Erfahrungen beteiligt ist – abzugleichen, welche Arbeit am meisten Zufriedenheit gebracht hat. Aber das ist leider unmöglich.

Auf der einen Seite ist es toll, dass jungen Menschen heute die Welt viel weiter offensteht als früheren Generationen. Auf der anderen Seite schafft dieses »Alles ist möglich«-Denken auch enormen Druck, denn man hat ständig das Gefühl, etwas zu verpassen. Einfach nur Abi und danach Studium und danach Arbeiten ist heute nicht mehr angesagt. Man könnte dazwischen noch die Welt bereisen, im Ausland ein Praktikum oder ein soziales Jahr machen oder gleich im Ausland studieren oder, oder, oder. Man darf nur keine Zeit vertrödeln. Ich habe in meinen Seminaren an der Hochschule Studierende, die schon mit Mitte 20 von einem Burn-out bedroht sind, weil der Druck, den sie fühlen, enorm ist. So gesehen hatten wir es früher einfacher. Schon allein deswegen, weil die Auswahl geringer war. Doch die klügeren Entscheidungen haben wir deshalb nicht unbedingt gefällt.

Mein Schulfreund Lenz hat BWL studiert. Auf Wunsch seines Vaters. Der war Steuerberater. Er ging ganz in seinem Beruf auf, liebte Zahlen mehr als seine Familie und hatte es so zu einem ansehnlichen Vermögen gebracht. Er hatte richtig Geld gemacht und wünschte sich seinen Sohn als Nachfolger. Da Lenz keine anderen Pläne hatte, studierte auch er brav BWL. Leider liebt Lenz Zahlen und Paragrafen nicht so sehr wie sein Vater und fiel prompt durch die Prüfungen. Durch alle wichtigen Prüfungen. Nach zehn Jahren Studium ging er schließlich ohne Abschluss von der Uni ab. Sein beruflicher Werdegang ist seitdem gepflastert mit Jobs im unteren Management. Bei Banken und Versicherungen. Zufriedenheit und Erfüllung hat er bis heute in keiner der Positionen gefunden. Und so gab es in den vergangenen Jahren so manche Abende, an denen er sich nach dem dritten oder vierten Bier bitter beklagte, wie sehr er eine sinnhafte Tätigkeit vermisse.

Für Finn soll es mal besser laufen im Beruf. Er soll ein erfülltes Leben leben. Das wünscht sich sicherlich auch sein Vater. Doch wo findet

Finn dauerhaft Erfüllung? Ist es in der Kanzlei des Vaters, in sozialen Projekten oder ist es vielleicht etwas ganz anderes?

Eine Bekannte hat mir unlängst eine schöne Geschichte erzählt. Einer ihrer Klienten wollte ein Haus bauen. Nachdem er das Grundstück gekauft hatte, bestellte er aber nicht gleich einen Architekten ein. Nein, er mietete sich ein Wohnmobil, das er auf das Grundstück stellte. Zwei Wochen verbrachte er so viel Zeit wie möglich darin. Ihnen ist es vermutlich längst klar, was er dort machte. Er beobachtete. Den Sonnenaufgang und -untergang. Wie die Bäume Schatten warfen und welche Blickachsen die schönsten waren. Danach konnte er dem Architekten genau sagen, was er wollte.

Der Intuition Futter geben

Auch Finn könnte leicht überprüfen, wie in den beiden Bereichen, die ihn am meisten interessieren, »die Sonne auf- und untergeht«, indem er Praktika macht. Mindestens vier Wochen, besser noch drei Monate. Und am besten nicht in der Kanzlei des Vaters, denn dort wäre er zu sehr »Sohn des Chefs«. In der täglichen Arbeit kann er am besten spüren, wie ihm die Arbeit zusagt. Natürlich ist so ein Praktikum nicht zu vergleichen mit der wirklichen Arbeit, aber man kann schon einen Eindruck gewinnen, womit man sich in einer solchen Aufgabe den ganzen Tag beschäftigt.

Vielleicht spürt Finn in einem Praktikum bereits, ob die Arbeit als Notar etwas für ihn ist. Vielleicht macht er danach ein weiteres Praktikum im sozialen Bereich. Dann hat er in beiden Bereichen bessere Einblicke, wie sein Berufsalltag aussehen könnte. Vielleicht stellt Finn aber auch fest, dass sich weder das eine noch das andere richtig anfühlt. Was dann?

Vor einer Weggabelung zu stehen und sich nicht entscheiden zu können, welches der bessere Weg ist, hört sich nach einem klassischen Dilemma an. Dabei ist Finn in einer tollen Situation: Er kann ganz aktiv sein Leben gestalten. Oft ist es ja so, dass wir nicht agieren, sondern reagieren. Wir nehmen die Lehrstelle an, die nah am Wohnort liegt. Für die Traumlehrstelle müsste man eine eigene Wohnung in einer anderen Stadt mieten und das könnte man sich gar nicht leisten. Oder man studiert das Fach, für das man mit seinem Notendurchschnitt zugelassen wurde – das Traumstudium bleibt ein Traum. Oder man hat schon immer gewusst, dass man Kinder haben will – findet aber den passenden Partner/die passende Partnerin nicht. Oft genug geben wir Träume auf, weil die Hürden auf unserem Weg zu hoch erscheinen oder weil es das Schicksal wirklich gerade nicht gut meint. Oft geben wir Träume aber auch auf, weil wir uns keine oder zu wenige Gedanken darüber machen, welche Folgen unsere Entscheidungen mit sich bringen. Wenn man also wie Finn jetzt an einer solchen Weggabelung steht, dann sollte man sich die Zeit nehmen und den Aufwand in Kauf nehmen, die bestmögliche Entscheidung für sich und seine Zukunft zu fällen. Wie sagte Steve Jobs mal so schön: »Ihre Zeit ist begrenzt! Vergeuden Sie nicht Ihre Zeit damit, dass Sie das Leben eines anderen leben.«

Mit IKIGAI das Bauchgefühl erkunden

Es geht also um *Ihr* Leben und das, was *Sie* glücklich macht. Es geht um den »Sinn *Ihres* Lebens«. In Japan gibt es für diese Sinnsuche sogar eine Philosophie namens IKIGAI. Was das Wort genau bedeutet, darüber gibt es unterschiedliche Meinungen. Die einen sagen, dass eine wörtliche Übersetzung nicht möglich sei, aber man davon ausgehe, dass es eine Kombination sei aus den Wörtern »IKIRU« für »Leben« und »KAI«, was so viel bedeute wie »die Umsetzung dessen, worauf eine Person hofft«. Andere übersetzen es mit »Lebenswert« (»iki« für »Leben« und »gai« für »Wert«). Fest steht, dass es das ist, wofür es sich zu leben lohnt oder – salopper formuliert – das, wofür es sich lohnt, morgens aufzustehen. Wer sein IKIGAI kennt, soll den Schlüssel für ein langes, erfülltes Leben in der Hand haben, und so wird IKIGAI in Japan vornehmlich bei der Suche nach dem richtigen Beruf eingesetzt.

Um sein IKIGAI zu finden, muss man sich etwas Zeit nehmen, um sich selbst auf die Schliche zu kommen. Das geht durch Fragen aus vier Themenbereichen, die man sich in aller Ruhe und ohne Zeitdruck beantworten soll:

1. Was lieben Sie besonders?
2. Was braucht die Welt von Ihnen am meisten?
3. Wofür werden Sie bezahlt?
4. Worin sind Sie besonders gut?

Diese Fragen sollen helfen, herauszufinden, was Ihnen Freude bereitet, was die Welt von Ihnen braucht, wofür man Sie bezahlen würde und worin Ihr Können besteht.

Am einfachsten schreiben Sie sich die Fragen und Antworten in eine Kreis-Übersicht:

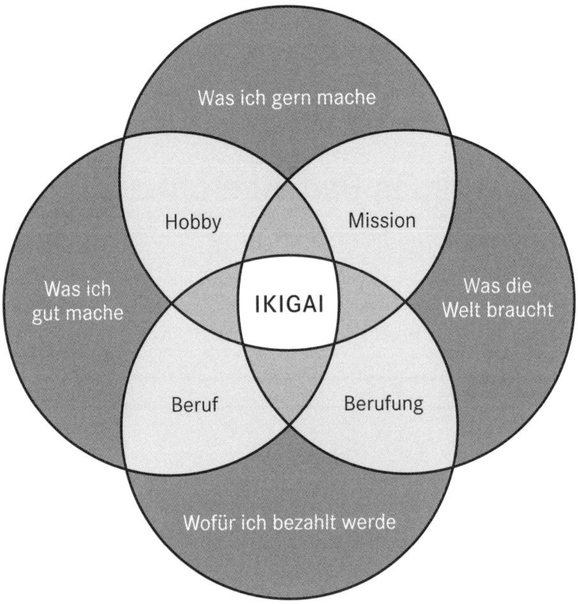

Finn gehört mit seinen 18 Jahren zu einer Generation, die besser als ihre Elterngeneration gelernt hat, sich selbst glücklich zu machen. Die heutigen 40- bis 60-Jährigen tun sich vermutlich schwerer mit der Beantwortung der vier Fragen. Aber ganz so leicht wird wohl auch er die Antworten nicht finden. Die folgenden unterstützenden und detaillierteren Fragen können ihm und Ihnen dabei helfen:

1. Die Leidenschaft – Was lieben Sie besonders?
Was daran lieben Sie genau? Sind Sie davon geradezu begeistert? Haben Sie es vielleicht schon als Kind getan? Reden Sie gerne darüber und können Sie andere mit Ihrer Begeisterung anstecken? Verlieren Sie dabei die Zeit aus den Augen? Können Sie sich vorstellen, das den ganzen Tag zu tun – am besten, ohne zu ermüden?

Hier ist es sinnvoll, sich die Tätigkeiten im Einzelnen vorzustellen, denn nur so kann man nachspüren, was genau es ist, das man mag. Ich zum Beispiel träume immer wieder davon, ein Café zu eröffnen. Warum ich es nicht tue? Weil mich nicht der Betrieb eines Cafés reizt, sondern nur der kreative Weg, ein Gastronomiekonzept zu entwerfen und auf die Beine zu stellen. Mit einem eigenen Café würde ich also nicht glücklich werden. Finn könnte hier auch Tätigkeiten wie »den ganzen Tag chillen« aufschreiben. Es geht um das, was man gerne tut – ohne Bewertung. Bei diesen scheinbar »unsinnigen« Tätigkeiten steckt manchmal ein anderer Wunsch dahinter, den man gesondert entdecken kann.

2. Die Aufgabe – Was braucht die Welt von Ihnen am meisten?
Was von dem, was Sie privat oder in Ihrem Arbeitsalltag tun, hat für andere den größten Nutzen? Würde es fehlen, wenn Sie einmal eine Zeit lang nicht da wären, um es zu tun? Wo und was genau würde fehlen? Was erfüllt Sie mit Sinn?

Hier geht es um die eigenen Ideale. Die einen engagieren sich bereits ehrenamtlich für den Naturschutz, den Tierschutz oder wie Finn in der Flüchtlingshilfe. Andere müssen ihr Thema erst noch finden. Hier werden sicherlich weniger Antworten aufgeschrieben werden können als im 1. Punkt.

3. Der Beruf – Wofür werden Sie bezahlt?
Hier lauten wichtige Detail-Fragen: *Ist es Ihr Beruf? Haben Sie noch weitere Einnahmequellen? Wofür könnten Sie in Zukunft bezahlt werden?*

Bei IGIKAI spielt Geld zwar eine untergeordnete Rolle; es geht hier also nicht darum, möglichst viel Geld zu verdienen. Aber natürlich soll der künftige Beruf einen auch ernähren können.

4. Die Berufung – Worin sind Sie besonders gut?
Fragen Sie sich bei Ihren Antworten: *Sind Sie hierin besser als viele andere? Haben Sie vielleicht eine Aus- oder Fortbildung in diesem Bereich? Haben vielleicht auch andere dieses Talent bei Ihnen entdeckt? Haben Sie noch andere, ungewöhnliche Fähigkeiten?*

Notieren Sie alles – auch scheinbar Unwichtiges. Selbstkritische Geister fragen am besten Freunde nach ihren Fähigkeiten. Die kennen diese nämlich meist sehr gut. Voraussetzung ist hier, dass die Freunde seriöse Antworten geben und nicht nur nett gemeinte Komplimente. Ich war zum Beispiel immer der Meinung, dass ich eigentlich nichts wirklich gut kann. Bis mir dank eines Freundes klar wurde, dass ich ein Generalist bin. Ich kann zwar nichts in der Tiefe, aber vieles in der Breite. Von vielem ein bisschen Ahnung zu haben, ist also auch ein Talent, das ich in meinem Beruf als Journalistin sogar sehr gut gebrauchen kann.

Wenn es zwischen Beruf und Berufung eine große Schnittmenge gibt, wenn wir das, was wir tun, gerne tun, dann hat das Glück einen guten Nährboden. Und wenn wir etwas Besonders gern tun, tun wir es oft auch gut. Und wenn wir etwas besonders gut tun, können wir dafür oft auch Geld verlangen. Am Ende dieser Kausalkette stehen die Menschen, die ihr Hobby zum Beruf gemacht haben und damit oft sehr erfolgreich sind.

Der Idealzustand des IKIGAI ist übrigens erreicht, wenn Sie etwas finden, bei dem sich alle vier Bereiche treffen. Sie brennen für etwas, was Sie gut können, was die Welt brauchen kann und wofür Sie jemand bezahlt.

Bewusst Lebensfreude und Zufriedenheit finden

Mit jeder Antwort, die Finn findet, wird sich sein persönliches IKIGAI herauskristallisieren. Das wird sicherlich nicht auf die Schnelle gehen, vielleicht muss Finn die Fragen auch mehrfach an verschiedenen Tagen und in unterschiedlichen Stimmungslagen durchgehen. Wichtig ist, dass er sich Zeit lässt und alle Stichworte dabei schriftlich festhält. Vermutlich werden ihm viele Antworten »so nebenbei« im Alltag einfallen. Er wird deutlicher spüren, woran er Freude hat, und mehr darauf achten, was er »der Welt« geben kann. So kann er auch feststellen, was er wirklich liebt, aber vielleicht noch nicht gut genug kann. Dann kann er ganz gezielt Weiterbildungen besuchen. Jede Antwort wird ihn näher an sein persönliches IKIGAI bringen und er wird immer deutlicher spüren, was ihn wirklich glücklich macht.

Vielleicht sind es die Feinheiten und Spitzfindigkeiten, das Jonglieren mit Paragrafen, die die Arbeit als Notar mit sich bringt. Dann wird er viel Freude als Nachfolger seines Vaters haben und kann den gewissen Luxus, den er gewohnt ist, auch weiterhin genießen. Vielleicht fühlt er aber auch, dass er Menschen auf andere Weise unterstützen möchte, dass ihm die Welt der Paragrafen zu spröde ist, dass er der Welt etwas anderes geben kann. In diesem Fall würde er als Nachfolger seines Vaters vermutlich nicht sehr glücklich werden – unabhängig von dem hohen Einkommen, das er als Notar erzielen könnte.

Nicht umsonst spielt Geld beim IKIGAI keine große Rolle. Den alten Spruch »Geld allein macht nicht glücklich« haben Wissenschaftler mit Untersuchungen untermauert. US-amerikanische Forscher rund um den Wissenschaftler Andrew T. Jebb von der Purdue University in Indiana haben das ideale Einkommen für ein glückliches Leben errechnet. Demnach gibt es zwei Zufriedenheitsstufen. Für die eine – den perfekten Lebensstil – benötigen Europäer ein jährliches Einkommen von 81.000 Euro. Für die andere Zufriedenheitsstufe – den glücklichen Lebensstil, also das emotionale Wohlergehen im Alltag – sind 49.000 Euro nötig. Andrew T. Jebb meinte abschließend zu seinen Untersuchungen: »Geld ist nur ein Teil dessen, was uns wirklich glücklich macht.«

Sein persönliches IKIGAI zu finden, bedarf Zeit und ehrlicher Antworten. Vielleicht kennen Sie jemanden, mit dem zusammen Sie Ihr IKIGAI finden. Jemand, der mit Empathie und Interesse nachfragt und gegebenenfalls nachhakt. Es sollte aber niemand sein, der ein eigenes Interesse daran hat, welche Weggabelung Sie nehmen. Im Fall von Finn wäre der Vater also der falsche Gesprächspartner.

Wofür brenne ich? Was kann ich gut? Was braucht die Welt von mir? Und wird mich jemand dafür bezahlen? Wenn Sie diese Fragen beantworten, wenn Sie Ihr persönliches IKIGAI finden, haben Lebensfreude und innere Zufriedenheit gute Chancen, Dauergäste in Ihrem Leben zu werden.

Herz oder Kopf?

An dieser Stelle verraten wir Ihnen, wie die Kapitel zustande gekommen sind: Wir haben uns fast nie abgestimmt! Wir haben vollkommen losgelöst voneinander recherchiert, konzipiert und aufgeschrieben. Wir haben die Kapitel in unterschiedlicher Reihenfolge geschrieben – jeder so, wie er wollte. So vorzugehen, war eine glückliche Wahl. Hätten wir uns ständig mit der Herangehensweise des jeweils anderen beschäftigt, wäre dieses Buch eine hitzige, vermutlich unsinnige Diskussion über die Vor- und Nachteile des einen oder anderen Vorgehens geworden. So aber sind erstaunliche Dinge passiert, mit denen wir selbst nicht gerechnet hatten.

Zum Beispiel Finns Entscheidungsproblem: Auch wenn wir uns unterschiedlich ausdrücken, so ist das jeweils empfohlene Vorgehen doch das gleiche! Finn sollte sich mit den zwei Berufsbildern auseinandersetzen. Wir beide betonen den Wert von Erfahrung, und da er kaum eigene besitzt, soll er die Erfahrungen anderer nutzen. Es ist ein Luxus, die Qualität einer Entscheidung in der Zukunft dadurch bewerten zu können, dass andere den gleichen Weg bereits gegangen sind. Finn muss sich nicht selbst durch den Dschungel kämpfen, er kann einem Pfad folgen.

Aber uns reicht das nicht. Uns ist wichtig, dass sich Finn mit sich selbst und seinen Motiven beschäftigt. Sein Talent, seine Interessen oder seine Vorlieben machen den Unterschied aus: Der Pfad ist eben doch nicht immer derselbe. Es ist bei dieser Art von Entscheidungsproblem von Bedeutung, Individualität zu erkennen und dann zu überlegen, ob diese Individualität bedeutet, dass der eigene Weg vom Pfad der Vielen abweicht. Zwar ist Finn noch zu jung, um all das einschätzen zu können, aber es gibt Methoden, die ihm helfen. Für diese Methoden sollte er sich Zeit nehmen. Wir beide betonen das ausdrücklich! Die bis dahin wichtigste Entscheidung des Lebens sollte nicht übers Knie gebrochen werden. Der Kopf übernimmt bei dieser Art von Entscheidung die Führung: Er leitet an und gibt methodisches Denken vor, z. B. führt er durch die Mechanik des IKIGAI-Ansatzes. Doch die Informationen kommen oft aus dem Bauch. Gefühle sind ebenso wichtige »Daten« wie Einschätzungen von Freunden oder Statistiken der Berufsverbände. Erst die ganzheitliche Sichtweise ermöglicht Finn eine Berufswahl, die er dann hoffentlich nicht bereuen muss. Drücken wir ihm die Daumen.

2. Entscheidung

Karriere oder nicht?

Rosetta (28) studierte Betriebswirtschaft und hat seit einigen Jahren einen Job bei einer Versicherung. Dort macht sie gehobene Sachbearbeitung. Seit sechs Jahren ist sie mit ihrem Freund zusammen, vor einem Jahr sind sie zusammengezogen. Kinder waren bislang kein Thema. Nun wird ihr eine Führungsposition angeboten (Talentförderprogramm). Doch dafür muss sie in einer anderen Stadt arbeiten. Ihr Freund hingegen ist beruflich gebunden und könnte nicht mitziehen.

Soll sie Karriere machen, dafür umziehen und eine Wochenendbeziehung in Kauf nehmen oder nicht?

Was rät das Herz?

Auf die Frage »Karriere oder nicht?« möchte ich Rosetta spontan und doch ein wenig kopfgesteuert zurufen: »Natürlich machst du Karriere. Wofür hast du studiert? Mach Karriere und verdien gutes Geld. Damit machst du dich unabhängig von einem Mann und sorgst selbst für deinen Lebensunterhalt und deine Rente.« Doch so einfach ist die Sache nicht. Weil wir Menschen unterschiedlich ticken, weil wir verschiedene Werte haben, weil uns unterschiedliche Dinge motivieren, antreiben und glücklich machen. Und genau das macht die Sache mit den Entscheidungen so schwer. Wir können auf keine Referenzentscheidungen zurückgreifen, weil kein Fall eines anderen zu hundert Prozent auf unsere Situation passt. Im Chinarestaurant kann man vielleicht der »Intelligenz der Masse« vertrauen und das Gericht wählen, das am häufigsten bestellt wird. Aber bei allen anderen Entscheidungen kann jeder immer nur auf seinen eigenen Bauch hören.

Und deswegen bringt es auch wenig, die beste Freundin, den Bruder oder einen Mentor zu fragen, was er oder sie tun würde. Andere Menschen haben andere Motive und gestalten deswegen ihr Leben auch anders. Es bringt einen viel weiter, wenn man weiß, worin der Sinn des eigenen Lebens liegt. Prof. Kühnapfel stellt weiter unten im Buch die These auf, der Sinn des Lebens liege für jeden Menschen darin, glücklich zu werden. Darin gebe ich ihm ohne Einwände recht. Doch die große Frage ist: Was macht mich glücklich? Je besser ich das für mich selbst weiß, desto besser kann ich Entscheidungen fällen, die mich wirklich zufrieden machen.

Herausfinden, was uns glücklich macht

Doch das mit dem »sich selbst zufrieden machen« ist oft gar nicht so einfach. Weil wir gar nicht mehr wissen, was uns eigentlich glücklich macht. Viele von uns haben sich im Laufe des Lebens gewaltig von sich selbst entfernt. Die neuen Fitnesstracker sind ein deutliches Zeichen dafür. Letztens erzählte mir eine Kollegin ganz stolz, dass ihre Uhr sogar merke, wenn sie Stress habe, und sie zeige dann an, dass sie atmen solle. Das finde ich sehr bedenklich. Müssen wir uns von einer Uhr sagen lassen, dass wir gestresst sind? Das sollten wir selbst spüren, und wer einen guten Draht zu sich hat, tut das auch. Doch wenn wir nicht einmal mehr Stress bei uns selbst spüren, sind wir natürlich für viel wichtigere Gefühle wie »Was macht mich glücklich und was nicht?« gar nicht mehr empfänglich.

Für viele ist bereits die Ausgangslage schwierig. Wir sind von anderen mit deren Lebensmotiven sozialisiert worden und haben unbewusst viel übernommen. In Familiensystemen streben die »Jungen« in der Regel danach, den »Alten« ähnlich zu sein (ausgenommen sind hier Teenager). Und deswegen übernimmt man Verhaltensstrukturen und Ziele, die eigentlich nicht die eigenen sind. Man hatte nie die Chance, sich selbst wirklich kennenzulernen. Das irgendwann einmal zu erkennen und zu verändern, ist nicht einfach. Aber möglich.

Für Rosetta wäre es wichtig, herauszufinden, was ihr wirklich wichtig ist. Will sie Karriere machen oder macht sie ihr Privatleben mit einem engen Kontakt zu ihrem Freund und dem Freundeskreis in ihrer Heimatstadt glücklicher? Je nachdem, welche Erfahrungen Rosetta mit ihren Vorbildern gemacht hat, kann ihre Entscheidung ganz unterschiedlich ausfallen.

- Nehmen wir einmal an, Rosetta hat ein enges Verhältnis zu ihrem Vater und der ist beruflich sehr erfolgreich. Dann wird Rosetta ihm nacheifern wollen.
- Sollte sie aber beruflich erfolgreiche Eltern haben, die immer nur gearbeitet haben und daher in Rosettas Kindheit zu wenig Zeit für die Tochter hatten, wird Rosetta das vermutlich nicht als erstrebenswert ansehen und sich gegen eine Karriere entscheiden. Unabhängig davon, ob Rosetta eine eigene Karriere nicht doch sehr glücklich machen würde.
- Es kann natürlich auch sein, dass Rosettas Vater beruflich sehr wenig engagiert war, dann könnte sich Rosetta gegen eine Karriere entscheiden, um nicht besser zu werden als ihr Vater.

- Oder sie entscheidet sich für Karriere, weil sie ihrem erfolglosen Vater eben nicht ähnlich werden will. Das wäre so, wenn das Vater-Tochter-Verhältnis eher schlecht war bzw. ist.

Sie sehen: Unsere Erfahrungen prägen uns und fließen in all unsere Entscheidungen mit ein. Doch die Hauptfrage ist immer: Was will *ich* wirklich? Was ist *meine* Motivation? Was macht *mich* glücklich?

Diese Frage treibt die Menschen nicht erst in diesen Tagen, in denen die Wahlmöglichkeiten immer größer werden, an. Schon die alten Griechen suchten nach ihrem wahren Ich. »Erkenne dich selbst!« stand bereits über dem Apollotempel von Delphi. Ein Motto, das heutzutage jede Frauenzeitschrift aufgreift und uns mit kurzen Persönlichkeitstests suggeriert, uns damit leichter kennenlernen zu können. Ich mache diese Tests auch gerne mit. Das ist so ähnlich wie Horoskope lesen. Vielleicht ist ein guter Impuls dabei, vor allem aber ist es unterhaltsam. Wirklich Grundlegendes über sich und seine Lebensmotive kann man daraus nicht lernen.

Mit Steven Reiss Motive erforschen

Neben den kostenlosen Tests gibt es Persönlichkeitstests, die einem tatsächlich dabei helfen, sich selbst und seine Lebensmotive zu erkennen. Wenn wir wissen, was uns wirklich wichtig ist – Erfolg, Familie, Reichtum oder Freizeit –, können wir die Entscheidungen fällen, die uns am Ende glücklich machen. Unabhängig von den Entscheidungen, die unsere Vorbilder getroffen haben. Leider sind gute Persönlichkeitstests wie zum Beispiel das Reiss-Profil teuer. Der US-amerikanische Psychologe Prof. Steven Reiss entwickelte eine wissenschaftlich fundierte Möglichkeit, herauszufinden, was Menschen antreibt und motiviert. Er identifizierte 16 grundlegende Bedürfnisse, die bei jedem Menschen unterschiedlich ausgeprägt sind. Eigentlich handelt es sich dabei nicht um einen klassischen Persönlichkeitstest. Durch das Reiss-Profil wird eher herausgefunden, nach welchen Kriterien der Einzelne seine Entscheidungen trifft. Ich selbst habe diesen Test vor einigen Jahren gemacht und er hat mir verdeutlicht, warum ich mich verhalte, wie ich mich verhalte. Oft laufen Entscheidungen unbewusst ab. Nun kenne ich meine Motive und muss nicht mehr einem Bild von mir hinterherrennen, das mir eigentlich gar nicht entspricht, von dem ich aber aufgrund meiner Sozialisation dachte, dass ich so sein müsse. Der Vorteil des Reiss-Profils: In wenigen Stunden erfährt man eine Menge über sich und seine Motive. Der Nachteil: Der Test und die Auswertung sind teuer. Das Profil kostet mehrere Hundert Euro.

Den »Sinn des Lebens« erfühlen

Eine deutlich günstigere Alternative ist es, öfter mal mit sich selbst zu reden und ehrlich zu antworten. Hier bezahlen Sie mit Ihrer Zeit, denn sich selbst kennenzulernen geht nicht von heute auf morgen. Aber da Sie sich selbst ein Leben lang begleiten, ist diese Zeit in meinen Augen gut genutzt. In »Selbst-Gesprächen« kann man sehr gut mehr über den eigenen »Sinn des Lebens« erfahren.

Wenn man sich im Freundes- oder Bekanntenkreis umhört, fühlen sich viele mit der Frage nach dem »Sinn des Lebens« überfordert. Der »Sinn des Lebens« ist für viele zu groß, zu wichtig, zu gewaltig, als dass sie darauf eine Antwort finden könnten. Ja, wenn man so wäre wie Mutter Teresa, die ihr ganzes Leben in den Dienst der Armen gestellt hat, das wäre ein guter »Sinn des Lebens«. Aber so sei man eben nicht, und deswegen täte man sich schwer mit der Sinnsuche.

Ich möchte die Aussage von Prof. Kühnapfel noch erweitern. Nicht nur »glücklich zu sein« ist ein perfekter Sinn des Lebens, sondern »sich selbst glücklich zu machen«. Denn wenn wir uns selbst glücklich machen, können wir auch andere glücklich machen. Dann müssen wir nicht mehr neidisch auf das Leben anderer blicken, weil wir selbst genau das haben, was wir wollen. Und wir müssen nicht mehr darauf warten, dass uns ein anderer – der Partner, der Chef oder die Freunde – glücklich macht. Und damit sind wir wieder bei den zentralen Fragen: Was will *ich* wirklich? Was macht *mich* glücklich?

Rosetta hat vielleicht gerade schlaflose Nächte, weil sie ihre Entscheidung nicht einfach so fällen kann. Was tun, wenn man bereits mehrfach Pro-und-Kontra-Listen geschrieben hat, sich aber trotzdem keine Entscheidung fällen lässt? Was tun, wenn man glaubt, in einer Sackgasse zu stecken?

Auf individuelle Zeitreise gehen

In solchen Fällen kommt man mit scheinbar ungewöhnlichen Methoden weiter. Hier lassen wir Rosetta in die Zukunft reisen, was glücklicherweise weniger aufwendig ist, als es sich anhört. Alles was Rosetta braucht, um eine »Zeitmaschine« nutzen zu können, sind zwei bzw. drei Stühle. Jeder Stuhl steht für einen Zeitpunkt. Oft reichen bei einer Zeitreise zwei Stühle. Der eine steht für die Gegenwart, der andere für den Zeitpunkt, an dem man kurz vor Ende des Berufslebens steht. Da Rosetta noch so jung ist, würde ich einen dritten Stuhl empfehlen, der die Zeit »mittendrin«, wenn Rosetta also Mitte 40 ist, markiert.

Am Anfang ihrer Zeitreise setzt sich Rosetta auf ihren Gegenwartsstuhl. Hier kann sie für sich ihr Anliegen noch einmal formulieren. Das kann sie in Gedanken machen. Sie kann ihre Frage aber auch laut verbalisieren oder niederschreiben. Soll sie das Talentförderprogramm machen? Soll sie sich damit für Karriere entscheiden und in Kauf nehmen, dass sie die Stadt wechseln muss und aus ihrer Beziehung eine Wochenendbeziehung wird? Das sind die offensichtlichen Fragen.

Doch oft stehen hinter den Ausgangsfragen viel tiefer gehende Fragen. Oft treffen nämlich unterschiedliche Werte aufeinander und innere Konflikte sind die Ursache dafür, dass man keine Lösung findet. Bei Rosetta könnten hintergründig ganz andere Fragen eine Rolle spielen. Nämlich: Bringt der Umzug am Ende eine Trennung vom Freund mit sich, weil sich die beiden auseinanderleben werden? Das wäre nicht ganz unwahrscheinlich. Möchte sie das in Kauf nehmen? Daran hängt noch eine andere Frage: Wenn sie diese Beziehung aufs Spiel setzt, wird sie dann noch »rechtzeitig« einen anderen Mann finden, mit dem sie Kinder haben möchte? Und möchte sie überhaupt Kinder?

Hier ist es wichtig, dass sich Rosetta der Fragen, die »dahinter« stehen, bewusst wird. Am besten fragt sie sich selbst wiederholt, was der Karrieresprung und der damit notwendige Umzug noch bedeuten könnten.

Wenn Rosetta ihre Fragen – laut, leise oder schriftlich – formuliert hat, steht sie auf und setzt sich auf den mittleren Stuhl, der für das Jahr 2036 steht (wir schreiben gerade das Jahr 2019). Innerhalb von wenigen Sekunden kann sie Jahre in die Zukunft reisen. Dann ist Rosetta 45 Jahre alt und steht mitten im Leben.

Wenn Rosetta auf ihrem Zukunftsstuhl Platz genommen hat, geht es darum, sich einzufühlen. Das geht oft mit geschlossenen Augen am besten. Wie ist das im Jahr 2036 mit 45 Jahren? Rosetta soll sich vorstellen, sie hätte es geschafft. Vieles ist in ihrem Leben so gelaufen, wie sie es sich gewünscht hat. Und nun soll sie sich umschauen in ihrem Leben. Wie lebt sie im Jahr 2036? Wohnt sie in einem Haus oder in einer Wohnung? Ist es ihre Heimatstadt oder eine andere Stadt? Welche Menschen sieht sie um sich? Menschen, die sie schon aus ihrer Jugend kennt? Sieht sie Kinder? Was ist ihr im Alter von 45 Jahren wichtig? Sieht sie sich eher im beruflichen Umfeld stark eingespannt oder dominieren private Themen?

An dieser Stelle ist es wichtig, alles, was kommt, einfach einmal zuzulassen. Oft begrenzen wir uns selbst und stoppen Wünsche schon im Ansatz, weil wir sie für völlig unrealistisch halten. Lassen Sie hier alle Bilder hochkommen, die erscheinen wollen. Sie sehen sich als CEO eines internationalen Unternehmens? Dann malen Sie sich genau aus, wie dieses Leben aussieht. Vielleicht haben Sie aber auch die Vision eines großen Hauses voller Kinder. Dann lassen Sie dieses Bild zu. Natürlich können wir die Zukunft nicht komplett vorbestimmen, aber wenn wir wissen, was wir wollen und was uns glücklich macht, können wir zumindest die richtige Richtung einschlagen.

Nachdem sich Rosetta in das Jahr 2036 eingefühlt hat, wechselt sie den Stuhl noch einmal. Der dritte Stuhl steht für das Jahr 2051. Dann ist Rosetta 60 Jahre alt und steht kurz vor dem Ausscheiden aus dem Berufsleben. Auch hier soll sie sich einfühlen und sich in ihrem Leben umschauen: Wie lebt sie und was ist ihr wichtig? Abschließend soll sie aus dem Jahr 2051 noch einmal zurückblicken auf das Jahr

2019. Damals hat sie als junge Frau mit der Entscheidung gerungen, ob sie das Talentförderprogramm mit all den möglichen Konsequenzen annehmen soll oder nicht. Wie betrachtet sie als 60-Jährige diese Entscheidungsphase? Wie beurteilt sie als Ältere die Gedanken, die sie sich als Jüngere gemacht hat?

Für Ihre individuelle Zeitreise können Sie auch andere Zeitpunkte wählen – je nachdem, welche Stationen im Leben für das Thema wichtig sind. Manchmal ist es sinnvoll, als ganz alter Mensch – kurz vor dem eigenen Tod – zurückzublicken.

Nachdem sich Rosetta in ihre jeweilige Zukunft gefühlt und notiert hat, was ihr zu diesen Zeitpunkten wichtig ist, setzt sie sich wieder auf ihren Gegenwartsstuhl. All ihr Wissen aus der Zukunftsreise nimmt sie mit in die Jetzt-Zeit. Nun soll sie auf dem Gegenwartsstuhl ihre Erkenntnisse, die sie in der Zukunft gewonnen hat, formulieren. Rosetta dürfte an diesem Punkt recht genau wissen, wie sie sich ihre Zukunft vorstellt. Vorausgesetzt, sie ließ ihre Visionen auf den Zukunftsstühlen ungefiltert zu. Wenn wir es schaffen, den Kopf-Filter auszuschalten und hellhörig für die Wünsche des Bauches zu sein, dann können wir vor unserem inneren Auge genau das sehen, was wir gerne machen und was uns glücklich macht. Natürlich ist das kein Bild, das sich 1:1 umsetzen lassen wird, denn wir wissen nicht, welchen Job oder welche Begegnungen mit Menschen uns das Schicksal schenkt, aber ein Trend lässt sich durch eine Zukunftsreise schon erkennen. Rosetta wird nach ihrem kleinen Ausflug tendenziell wissen, ob sie das Talentförderprogramm machen möchte. Wie es im Einzelnen in ihrem Leben weitergeht, wird die Zukunft bringen. Wichtig ist, dass sie für sich selbst herausfinden konnte, wie sie sich ihr Leben vorstellt.

Wenn Sie eine Zeitreise machen, achten Sie darauf, dass Sie die Bilder, die aus Ihrem Herzen entstehen, so bunt und detailliert wie möglich malen und sich das auch notieren. Lassen Sie nicht zu, dass der Kopf Grenzen setzt. Der engt uns oft unnötig ein. Ich vergleiche eine Zeitreise gern mit den großen Modenschauen in Mailand oder Paris. Das, was dort auf den Laufstegen zu sehen ist, wird selten genauso auf den Straßen getragen, aber es sind Anregungen. Und so ist eine Zeitreise auch zu verstehen. Sie bekommen in Ihrer Zukunft Anregungen für Ihr Leben in der Gegenwart. Davon wird manches nicht umzusetzen sein, aber genau deswegen sollen Sie sich Ihre Zukunft ohne jeden Filter vor Ihrem Auge ausmalen. Wenn Sie es dort groß werden lassen, können Sie ausreichend Impulse mitnehmen, die Sie in der Gegenwart umsetzen können.

Was rät der Kopf?

In Rosetta werden die Gedanken kreisen. Vermutungen, Annahmen und Erwartungen tanzen munter in ihrem Kopf herum. Ungewissheiten zuhauf. Wird die Karriere »funktionieren«? Ist sie so wichtig? Wird die Beziehung halten? Und was ist mit Kindern? Könnte sie nicht auch in der Heimatstadt erfolgreich werden? Was macht der Arbeitgeber, wenn sie so ein Angebot ausschlägt?

Oberflächlich betrachtet erscheint die Entscheidungssituation klar: Die Wahrnehmung der Karrierechance bietet einen Nutzen und hat einen Preis. Der Nutzen ist in der beruflichen Lebenssphäre verortet, den Preis bezahlt Rosetta mit Einschränkungen des Privatlebens. Es ist wie so oft: »Karriere oder Privatleben?« Beides lässt sich nicht optimieren, mehr von dem einen kostet etwas von dem anderen. Ökonomen nennen dieses Abwägen einen »Trade-off«. Unzählige Fragestellungen vieler Wissenschaftsdisziplinen beschäftigen sich nur mit dieser einen Frage: Wo ist das Optimum?

Versuchen wir einmal, Rosettas Gedanken zu erraten. Sie wird die Kosten und den Nutzen der Optionen gegenüberstellen. Das machen wir auch einmal und ich verrate Ihnen schon jetzt, dass Ihnen die »Übersicht« nicht gefallen wird.

	Rosetta bleibt, wo sie ist	Rosetta macht Karriere in einer anderen Stadt
Kosten	Vorläufiger Verzicht auf Karriere, Unverständnis im beruflichen Umfeld, finanzielle Einbußen, weniger anspruchsvoller Beruf, Reue und Zweifel, Unverständnis im privaten Umfeld	Jobrisiken (neue Kollegen, neue Aufgabe), Entzweiung vom Partner und Gefahr des Auseinanderlebens, weniger Zeit für Freundeskreis, Kosten der doppelten Haushaltsführung, Fahrtkosten, Zeitaufwand für Pendeln, vorläufiger Verzicht auf Kinder
Nutzen	Stabilität im beruflichen und im privaten Umfeld, Chance auf konventionelle Partnerschaftsentwicklung samt Kindern, Sicherheit in der Komfortzone	Karriere, Aufstiegschancen, zukünftiges Mehreinkommen, höhere Rente, anspruchsvolleres Arbeitsumfeld, Ansehen, berufliche Optionen

Können Sie etwas mit dieser »Tabelle« anfangen? Vermutlich nicht. Sie bringt keine Ordnung in den Tanz der Gedanken: Es bleibt wirr und durcheinander (na ja, etwas Ordnung stellt sich schon ein, oder?). Es finden sich in den Feldern Argumente, die offensichtlich sind, und Argumente, die ein Stirnrunzeln verursachen. Es finden sich akute Themen und solche, die eher eine ungewisse Zukunft betreffen. Und die einzelnen Argumente sind unterschiedlich wichtig. Es fehlt eine Rangfolge. Was ich damit zeigen möchte, ist, dass unser Gehirn (und unser Bauch auch!) bei der Lösung von Problemen unsystematisch vorgeht. Es produziert Argumente, liefert aber keine Systematisierung. Vor allem können Bauch und Gehirn schlecht mit der Zukunft umgehen. Mal unter-, mal überschätzen wir daher Entwicklungen.

Was Rosetta also tun sollte, ist, sich Zeit zu nehmen. Die Entscheidung, die ansteht, wird ihr Leben beeinflussen, sie ist im wahrsten Sinne des Wortes »lebenswichtig«. Sie ist die Arbeit wert. Einem spontanen Impuls zu folgen, wäre nicht ratsam.

Mit Systematik an die Lösung gehen

Was ist zu tun? Rosetta sollte sich die Pro- und die Kontra-Argumente systematisch vornehmen. Sie sollte deren Bedeutung bewerten und dann eine Bilanz ziehen.

Eine Nutzwertanalyse durchführen

Hierbei kann sie auf eine bewährte Methode zurückgreifen: die Nutzwertanalyse. Sie ist nützlich, wenn wir vor einem Entscheidungsproblem mit einer geringen Anzahl von Auswahloptionen stehen (typischerweise zwei bis vier) und die Kriterien zur Bewertung der Optionen unübersichtlich sind, z. B. weil es zu viele sind oder sie sich aus unterschiedlichen Blickwinkeln ergeben und darum nicht miteinander vergleichbar sind. Der Nutzen dieser Methode ist, dass wir ein Gesamtproblem, das zu vielschichtig ist, um als Ganzes gesehen zu werden, in Häppchen zerlegen, die wir dann leichter und präziser bewerten können. Anschließend setzen wir die Ergebnisse der Bewertung der Häppchen wieder zusammen und haben eine Empfehlung für die Entscheidung A oder B, hier also »Karriere in einer anderen Stadt machen« oder »zu Hause bleiben und ein solides Privatleben auskosten«. Zerlegen und wieder zusammensetzen. Das macht der Automechaniker auch. »Das Auto läuft nicht mehr, reparieren Sie es!« ist die Aufgabe. Und was macht der Mechaniker? Er wird sich Komponente für Komponente anschauen, ggf. reparieren und am Ende alles wieder zusammensetzen. Genau das macht Rosetta nun mit ihrer Nutzwertanalyse.

Die Nutzwertanalyse schützt zudem vor Reue: Entscheidungen wie diese verleiten dazu, dass wir vor ihrer Komplexität kapitulieren und den bequemen Weg gehen, uns also auf den Bauch verlassen. Klingt ja auch gut, oder? »Ich bin meinem Herzen gefolgt!« Unsinn! Später, wenn sich der Weg als der falsche herausgestellt hat, bleibt dann nur die Reue, sich nicht genug Gedanken über die Situation gemacht zu haben. Doch die Gewissheit, methodengestützt nachgedacht und die Entscheidungssituation aus jeder Perspektive bestmöglich und mit den verfügbaren Informationen betrachtet zu haben, beruhigt. Und, Sie werden es gleich sehen, das Herz bzw. der Bauch darf auch mitreden.

Wie funktioniert eine Nutzwertanalyse? Rosetta hat zwei Entscheidungsoptionen, und eine davon muss sie wählen. Auch keine Entscheidung wäre eine Entscheidung. Theoretisch gäbe es noch weitere Möglichkeiten, etwa, sich in der gleichen Stadt einen anderen Job zu suchen, aber konkret ist das nicht. Auch könnte sie den Karrieresprung nutzen, um sich von ihrem Partner zu trennen. Sollten dies Rosettas Absichten sein, wissen wir darüber nichts. Also bleiben wir bei den beiden Optionen und Rosetta versucht herauszufinden, welche den größten »Nutzwert« für ihr Leben bietet.

Schritt 1: Kriterien sammeln

Im ersten Schritt sammelt sie alle Kriterien, die ihr für die Bewertung der Optionen wichtig erscheinen. Es ist eine Art Brainstorming, bei dem ihr auch ihr Partner hilft. Schließlich ist auch er von der Entscheidung betroffen. Aber Achtung: Er darf helfen, Kriterien zu sammeln, aber mehr auch nicht. Es wäre falsch, würde er an dem gesamten Verfahren teilnehmen. Rosettas Bewertungen wären nicht mehr selbstehrlich, wenn ihr Partner dabeisäße. Vielleicht holt sie sich bei einer Intimfreundin Hilfe, aber auch diese sollte nur helfen, Kriterien zu sammeln, nicht, sie zu bewerten.

Was Rosetta auf jeden Fall tun sollte, ist: lesen! Es ist leicht, im Web seriöse Arbeiten zu finden, die sich mit den Folgen von Fernbeziehungen beschäftigen. Ich schreibe bewusst »seriöse« Arbeiten! Artikel in Zeitschriften oder auf Selbsthilfeseiten, in denen irgendwelche Einzelbeispiele beschrieben werden, die auch noch so unspezifisch sind, dass sich jeder Leser und jede Leserin garantiert darin wiederfindet, taugen nichts. Gar nichts! Das Gleiche trifft auf Beispiele aus dem Bekanntenkreis zu. Weghören, Rosetta! Die Situationen sind derart individuell, dass sie nicht übertragbar sind. Sie verzerren die eigene Wahrnehmung. Wissenschaftler haben diesem Phänomen sogar einen Namen gegeben und nennen es »Verfügbarkeitsheuristik«: Sie führt zu vorschnellen Entscheidungen, weil wir im Hinterkopf Referenzbeispiele »verfügbar« haben.

Was stattdessen hilft, sind Statistiken auf Basis solider Forschung. Auch ihnen liegen natürlich Einzelbeispiele zugrunde, aber so viele, dass sich Mittelwerte, Wertekorridore und Häufigkeiten herauskristallisieren. Hunderte Erfahrungen sind wertvoller als eine einzelne! Statistiken sind Anhaltspunkte für die Bewertung der eigenen Situation.

Gehen wir davon aus, dass Rosetta meinem Rat folgt und liest. Sie wird entdecken, dass Fernbeziehungen gründlich erforscht sind. Und sie ist überrascht! Sie hätte nicht gedacht, dass die Beziehungsqualität durch eine Fernbeziehung keineswegs abnimmt. Die meisten Paare (60 %) erleben eine intensivere, lebendigere Zeit an Wochenenden, die weniger von Alltagssorgen belastet ist, die sorgfältiger geplant wird, in der mehr Aktivitäten stattfinden, und der Sex leidet auch nicht, nicht die Intensität und interessanterweise auch nicht die Häufigkeit! Ähnlich ist es bei der bewussten Kommunikation: Zusammenlebende Paare sprechen ungefähr 7 bis 14 Minuten täglich miteinander, getrennt lebende etwas mehr, wenn auch nur per Telefon, und kommunizieren darüber hinaus häufiger auf elektronischem Wege (heute per WhatsApp usw.). Selbst das Trennungsrisiko ist bei einer Fernbeziehung nicht zwingend höher. Erst wenn die Dauer der Wochenendbeziehung die durchschnittlichen drei Jahre deutlich übersteigt, steigt auch das Trennungsrisiko signifikant an.

Aber überbewerten wir diese Daten nicht. So beklagen 64 % der Wochenendpendler, zu wenig Zeit füreinander zu haben. 59 % beschweren sich über die Kosten der zwei Haushalte und 66 % über den Aufwand des Pendelns. Auch vermissen Menschen, die ein starkes Bedürfnis nach Nähe haben, die physische Präsenz des Partners. Da helfen auch kein WhatsApp und kein Skype mehr. Natürlich ist auch die Möglichkeit, Kinder zu bekommen und die Erziehung zu organisieren, stark eingeschränkt, vor allem, wenn wie bei Rosetta die Frau die Pendlerin ist. Die Daten stammen übrigens aus dem Buch »Berufsmobilität und Lebensform« von Schneider, Limmer und Ruckdeschel. Es ist 2002 erschienen, aber die Daten sind nach wie vor aktuell.

Rosetta stößt bei ihren Recherchen auf einen Aspekt, an den sie gar nicht gedacht hat: Wie reagiert das soziale Umfeld, also Freunde und Familien, auf den Entschluss, das Angebot der Versicherung und die Führungsposition in einer anderen Stadt anzunehmen? Sie werden, so die empirischen Befunde, meist kritisch reagieren! Es überwiegen Unverständnis, Befremden, Mitleid und Bedauern für den zurückbleibenden Partner, bis hin zu Verständnislosigkeit. Rosetta ist klar, dass sie mit offener oder - schlimmer - versteckter Kritik leben müsste.

Rosetta findet auch aktuelle Arbeiten von Nadia Lois. Diese hat »Erfolgsfaktoren« gelingender Fernbeziehungen ermittelt. So ist es z. B. günstig, wenn beide Partner berufstätig sind und auch eine ähnliche berufliche Stellung haben. Andere Forscher (Noyon, Kock) ergänzen, dass beide Partner mit dem Pendeln einverstanden sein müssen, und weil sich die Paare jeden Freitagabend neu »sortieren« müssen, seien Kommunikation, Verständnis und ein reflektierter Umgang mit Konflikten wichtig. Was immer das im Konkreten auch sein mag. Ferner ist die Eifersucht ein großes Problem: 52% der getrennt Lebenden sind regelmäßig eifersüchtig, bei Zusammenlebenden sind es nur 37%. Zu Recht! In über 50% der getrennt lebenden Paare ist mindestens einer der Partner untreu. Die Dunkelziffer dürfte höher sein. Immerhin: Der wichtigste Streitpunkt bei Zusammenlebenden, die tägliche Haushaltsführung, spielt bei Wochenendpendlern kaum eine Rolle.

Es war ein langer Abend, den Rosetta mit Recherchieren und Lesen verbracht hat, aber der Aufwand war es wert: Sie weiß nun sehr viel mehr über die mutmaßlichen Folgen für ihre Beziehung, wenn sie sich für das Pendeln entscheiden würde. Aber das war ja nur eine der Waagschalen. Die andere ist die Karriere. Genauso gründlich muss sie sich mit der Frage auseinandersetzen, welche Folgen die Annahme des Angebots ihres Arbeitgebers hat. Dies wird Rosetta leichter beurteilen können, denn sie muss sich nur im Unternehmen umschauen: Könnte sie auch am jetzigen Standort Karriere machen? Welche Vorteile bringt die neue Position? Hat es Nachteile, das Angebot abzulehnen?

Gehen wir davon aus, dass Rosetta auch die beruflichen Aspekte sorgfältig recherchiert hat. Das Ergebnis ist nun eine Sammlung von Kriterien, die Rosetta in die Entscheidung miteinbeziehen möchte. Rosetta kommt auf immerhin 25, darunter »Einkommen«, »Rente«, »Attraktivität des Jobs«, »Kosten des zweiten Haushalts«, »Freizeitmöglichkeiten«, »Pflege sozialer Kontakte«, »Stabilität meiner Partnerschaft« oder »Kinder bekommen können«.

Schritt 2: Kriterien gewichten

Diese Kriterien sind Rosetta unterschiedlich wichtig. Also muss sie sie sortieren. Insgesamt repräsentieren die Kriterien 100 % der Aspekte, die die Entscheidung ausmachen. Wären alle 25 Kriterien gleich wichtig, würde jedes 4 % Gewicht haben. Hier aber ist es anders. Das »Kinderthema« ist ihr sehr wichtig, denn das lastet ihr am meisten auf der Seele. Die »Haushaltskosten« sind ihr hingegen weniger wichtig – sie verdient genug. Wie können die Gewichte der Kriterien so verteilt werden, dass die bedeutsamen mehr Einfluss auf die Entscheidung bekommen und die unwichtigen weniger? In der Literatur findet sich ein Verfahren (die Paarvergleichsmethode), aber Rosetta macht es anders: Mit etwas Knobeln weist sie jedem Kriterium aus dem Bauch heraus ein prozentuales Gewicht zu, sodass sich in der Summe 100 % ergeben. Tatsächlich reicht das erfahrungsgemäß aus! Dem Kinderthema hat Rosetta beispielsweise 15 % zugeordnet, den Haushaltskosten nur 1 %.

Schritt 3: Optionen anhand der Kriterien bewerten

Im dritten Schritt stellt Rosetta ihre zwei Optionen gegenüber und bewertet für jedes Kriterium, inwieweit es durch die Option erfüllt wird. Dafür benutzt sie eine einfache Skala, bei der »0« für »nicht erfüllt« und »5« für »voll erfüllt« steht. Ein Beispiel: Für das Kriterium »Freizeitmöglichkeiten« schätzt sie, dass auch der Umzug in die andere Stadt diese nicht einschränkt, denn sie spielt gerne Badminton und das geht überall. Also bekommt die Entscheidungsoption »Umzug & Karriere« drei Punkte, die Option »zu Hause bleiben« vier, einen Punkt mehr, denn dort kennt sie ihre Spielpartner. Bei der Option »Kinder bekommen« sieht es anders aus: »Umzug & Karriere« bekommt null Punkte, denn das kann sich Rosetta nicht vorstellen, die Option »zu Hause bleiben« dagegen vier.

Schritt 4: Optionen anhand der Kriterien berechnen

Im vierten Schritt multipliziert sie je Entscheidungsoption die Punkte mit den Kriteriengewichten. Ein Beispiel: Kriterium »Kinder bekommen« für die Option »Umzug & Karriere«: null Punkte mal 15 %, also null, für die Option »zu Hause bleiben«: vier Punkte mal 15 %, also 0,6.

Das muss sie je Entscheidungsoption 25-mal ausrechnen und dann im fünften Schritt diese 25 Ergebnisse addieren. Heraus kommt der Nutzwert einer Entscheidung.

Was ist das Ergebnis und was bedeutet es?
Ist das Ergebnis eindeutig, hat z. B. eine Option den Nutzwert 5,2 und die andere den Nutzwert 3,3, ist die Sache klar. Doch ist das Ergebnis nicht eindeutig, z. B. 4,8 zu 4,9, darf sich Rosetta sicher sein, alles Sinnvolle versucht zu haben, um ihr Entscheidungsproblem gründlich zu überdenken. Sie weiß, nichts außer Acht gelassen zu haben. Sie hat vermieden, einer Verfügbarkeitsheuristik aufgesessen zu sein oder einem ersten Impuls oder gar einem Gefühl nachgegeben zu haben, und das nur, weil dieses am »lautesten« war. Sie darf bei einem »Unentschieden« nun getrost eine Münze werfen, ihrem Bauch vertrauen oder ihrem Herzen folgen.

Entscheidungen wie diese sind zweifellos zu vielschichtig, als dass wir sie ad hoc betrachten und zu einer Lösung führen können. Das hier beschriebene Verfahren mag auf den ersten und vielleicht auch auf den zweiten Blick kompliziert erscheinen, aber die Nutzwertanalyse ist ein Standardmodell strukturierter Problemlösung und bietet sich immer dann an, wenn das Entscheidungsproblem komplex ist. Sich zu überlegen, welche Kriterien Einfluss auf die Entscheidung haben, wie wichtig diese sind und wie wir sie für jede der sinnvollen Optionen bewerten, ist ein gedankliches Muster, dass ein komplexes Gesamtproblem in Teile zerlegt, die wir leichter bewerten können. Wie an Rosettas Beispiel gesehen, geht es nicht etwa darum, eine Lösung zu »berechnen«. Das wäre gar nicht möglich. Schließlich musste Rosetta auch hier bei vielen Teilbewertungen aus dem Bauch heraus Punkte vergeben. Doch die jeweiligen Einzelurteile sind viel unkritischer, und wenn Rosetta sich hier und dort »verhauen« hat, wirkt sich das nur gering aus und führt nicht gleich dazu, dass sie eine falsche Entscheidung trifft, die sie später vielleicht bereut. Es ist, so mein Credo, immer noch besser, eine unvollständige Nutzwertanalyse zu machen, als sich einem willkürlichen Entscheidungsverfahren auszuliefern.

Was bleibt? Die Nutzwertanalyse hat Rosetta dazu gebracht, sich mit ihrem Entscheidungsproblem vielschichtig zu befassen. Sie kennt alle relevanten Aspekte und sie weiß auch, wo sie »hängt«. Kinder, die Treue des Partners, Karriere, der Aufwand des Pendelns und die möglichen Reaktionen der Freunde: Über all das ist sie sich nun bewusst. Ihre Entscheidung wird auf solidem Fundament stehen und sie kennt den Preis der Karriere ebenso wie den Preis, zu Hause zu bleiben und auf die Karrierechance zu verzichten.

Herz oder Kopf?

»Prognosen sind schwierig, besonders wenn sie die Zukunft betreffen.« Wir können nicht in die Zukunft schauen und müssen es doch bei jeder einzelnen Entscheidung tun. Es gibt so viele Unwägbarkeiten, so viele Dinge zu berücksichtigen, dass wir schnell unsere Grenzen entdecken: Wir wissen nur mit einem hohen Maß an Unsicherheit, was kommen wird. Rosetta erlebt hier eine Entscheidungssituation, die sich auf ihr ganzes zukünftiges Leben auswirkt. Aber den Weg, der vor ihr liegt, kann sie nur wie durch einen dichten, undurchdringlichen Nebel wahrnehmen; das Ergebnis eines Rentensparplans wäre da leichter zu prognostizieren.

Sie haben sicherlich festgestellt, dass beide Lösungsansätze – sofern wir überhaupt »Lösungen« im Sinne des Wortes anbieten konnten – um zwei Themen kreisen: das erste ist das Wissen um sich selbst, das zweite sind die Vermutungen über die Auswirkungen einer Entscheidung. Beide Themen sind, jedes für sich, äußerst schwierig. Kennen wir uns und unsere Wünsche? »Ja klar«, werden Sie spontan sagen, aber wir wagen zu behaupten, dass dem nicht so ist. Was uns als Wünsche und Bedürfnisse bewusst ist, hat schon den unbewusst wirkenden Filter der Alltagskompromisse durchlaufen. Wir wünschen uns dann nur noch das, was den Chef, den Partner, die Kinder oder die Sparkasse nicht stört. Wir passen uns mit unseren Bedürfnissen ein in die Welt, die wir uns geschaffen haben. Aber halt! Das ist keineswegs ein Aufruf, alle Fesseln zu lösen, Bindungen über Bord zu werfen und den Egoisten herauszukehren. All die Kompromisse, die wir eingehen, haben auch einen Nutzen. Sie geben uns Schutz, Anerkennung, Verlässlichkeit.

Aber manchmal verlangt das Leben von uns, eine Entscheidung zu treffen, die all das infrage stellt. Dann müssen wir uns entscheiden, ob wir die alten Kompromisse beibehalten oder unsere Sterne neu ordnen. Dann hilft kein »weiter so« und wir stellen fest, dass wir die großen Gedanken verdrängt haben. Machen Sie einen Selbsttest: Schreiben Sie jetzt auf, wofür Ihre Leidenschaft brennt. Drei Dinge! Und wir hoffen, auf Ihrem Zettel steht nun nicht »Lesen, Musikhören, mit Freunden ausgehen«. Rosetta muss sich diese Frage beantworten. Dazu muss sie zwischen Zielen (Was will ich?) und Zwängen (Wem oder was fühle ich mich verpflichtet?) unterscheiden. Die Methoden, die wir vorgestellt haben, könnten ihr helfen. Ob Rosetta strukturierte, rezeptartige Techniken nutzt wie das Reiss-Profil bzw. die Nutzwertanalyse oder ob sie eine mentale Zeitreise versucht, ist vermutlich eher eine Frage der Vorlieben. Jeder Mensch ist anders und jeder hat seinen eigenen Zugang zu seinen Wünschen und Ängsten. Doch ohne »in sich hineinzuhören« geht es nicht. Die Zukunft ist diffus, sie lässt sich ab einem bestimmten Punkt mit noch so viel Analytik nicht berechnen. Dann ist es umso wichtiger, sich selbst zu vertrauen und seinen Wünschen zu folgen, so gut es die Umstände eben zulassen. Seinem Herzen zu folgen ist die dann die einzige Chance, ein glückliches Leben zu leben.

3. Entscheidung

Die Partnerwahl

Tim (30) hatte einige kurze Beziehungen. Nun ist er seit knapp zwei Jahren mit Sandra (33) liiert. Noch wohnen sie in getrennten Wohnungen, doch Sandra träumt vom Heiraten. Außerdem wünscht sie sich ein Kind mit Tim. Einen Sohn (10) hat sie bereits mit in die Beziehung gebracht. Tim ist total in Sandra verliebt, kommt auch mit ihrem Sohn gut zurecht, scheut aber den nächsten Schritt und will seine Unabhängigkeit nicht aufgeben. Dies offen auszusprechen, traut er sich aber nicht, weil er sich sicher ist, dass dies das Ende der Beziehung wäre.

Wie soll er sich entscheiden? Soll er sich seine Unabhängigkeit erhalten oder die enge Bindung eingehen?

Was rät der Kopf?

Dieses Kapitel hat mich viel Zeit gekostet. Mehrmals habe ich mir ein Konzept überlegt und wieder verworfen. Das Problem war für mich, dass ich jedes Mal unwillkürlich damit anfing, Tims Psyche zu hinterfragen: Hat er Bindungsangst? Das liegt nahe, aber ich bin kein Fachmann auf diesem Gebiet, und zu einer Lösung für Tims Entscheidungsproblem führten meine Spekulationen auch nicht.

Vielleicht ist mein Problem ein generelles Problem: Insbesondere dann, wenn wir uns mit Sorgen unserer Lieben beschäftigen, neigen wir dazu, mit unserem Halbwissen, das wir aus Zeitschriften, Fernsehbeiträgen und – am schlimmsten – eigenen Schlussfolgerungen zusammengetragen haben, in der Psyche der anderen herumzubohren. Wir maßen uns an, etwas davon zu verstehen. Doch wenn wir das tun und Empfehlungen abgeben, handeln wir fahrlässig! Finger weg von »Küchenpsychologie«. Sie richtet mehr Schaden an, als sie nutzt!

Sollte Tim also ein tiefer verwurzeltes Bindungsproblem haben, wird er einen Fachmann konsultieren müssen. Aber Psychoanalysen und -therapien dauern Jahre. Wird Sandra so lange auf ihn warten? Eben! Also braucht Tim, mögliche Bindungsprobleme hin oder her, jetzt einen Rat. Er braucht eine Sofortmaßnahme. Dieser Zwang zur Entscheidung birgt die Gefahr, dass Tim seinem »Bauch«, also seiner Intuition, vertraut: »Folge deinem Herzen«, obwohl ein psychisches Problem naheliegt? Was soll dabei herauskommen? Doch es gibt einen besseren Weg: Wenn Tim der Zugang zu den verschütteten Schatten seiner Psyche nicht offensteht, sollte er sich auf seinen Intellekt verlassen. Er sollte Methoden bemühen, die ihm helfen, zu einer wohlüberlegten Entscheidung zu gelangen. Immer wenn er später dann zweifelt, bereut oder unsicher wird, also immer dann, wenn seine Ängste durchschlagen und sein Instinkt, wegzulaufen, an die Türe klopft, kann er sich auf seine Gedanken (!) und seine bewusste Entscheidung besinnen.

Dabei möchte ich Tim gerne helfen. Fangen wir an:

Die Mehrheit unserer Gesellschaft ist sich einig: »Verliebt, verlobt, verheiratet und dann die Kinder.« Das ist der Masterplan der Beziehungsentwicklung. Selten kommen die Kinder zuerst, und wenn, dann sind sie meist von vorherigen Partnerinnen oder Partnern und es entsteht eine Patchworkfamilie. So auch bei Sandra und Tim. Beide haben Erfahrungen mit Beziehungen, aber noch keine langfristige Partnerschaft erlebt. Doch zumindest Sandra ist an Kontinuität interessiert. Ferner kennen wir eines ihrer Motive, nämlich den Wunsch nach einem zweiten Kind. Ob sie auch andere Gründe treiben, z. B. die Sehnsucht nach einer stabilen Familie, das Abgeben eines Teils der Verantwortung oder aber, Tim zu »sichern«, wissen wir nicht. Auf den ersten Blick erscheint uns die beschriebene Situation so, als suche Sandra für sich und ihren Sohn Stabilität, und Tim ist der Unstete, der bindungsängstlich herumdaddelt. Sandra nehmen wir als Opfer war, das sehnsüchtig auf Tims Bereitschaft, sich ganz zu ihr zu bekennen, wartet, Tim als den Täter, der Sandra hängen lässt.

Aber seien wir objektiv: Dieses Bild entsteht durch unsere eigenen Vorerfahrungen und Vorurteile, denn es könnte auch umgekehrt sein: Tim könnte zögern, weil er Sandra als wankelmütig erlebt. Vielleicht ist sie ein Flittchen und Tims Zögern mit Blick auf ihren Lebenswandel gut begründet. Wir wissen es nicht! Das Standardmodell des bindungsängstlichen Mannes ist populär, aber ob es hier zutrifft, ist unklar. Also bleiben wir bitte distanziert, hüten wir uns vor voreiligen Schlüssen und intuitiven Ratschlägen! Bleiben wir bei dem, was wir fundiert annehmen dürfen, bleiben wir bei Tim und bleiben wir dabei, Tim zu helfen, zu einer Entscheidung zu kommen, die er nicht bereuen muss.

Wie ist das denn so, das mit der Partnerwahl? Die erschreckende Erkenntnis ist: Wir sind inkompetent! Wir machen »in der Gegenwart eine Versprechung für die Zukunft basierend auf Erfahrungen aus der Vergangenheit«, wie die Soziologin, Partnerschaftsexpertin und Bestsellerautorin Eva Illouz in ihrem Buch »Warum Liebe endet« (Suhrkamp, 2018) schreibt. Unsere Beziehungsprognosen sind schlecht. Trennungsquoten von über 50%, je nach Messung sogar über 60%, zeugen davon, dass die meisten Partnerschaften nach ein paar Jahren wieder beendet werden. Laien versuchen hier gerne, »Beziehungen« mit »Ehen« gleichzusetzen, und kontern mit Daten über Ehedauern und Scheidungsraten. Diese Daten sehen etwas positiver aus, ignorieren aber, dass Paare unserer Zeit weder Standesamt noch Altar brauchen, um ein gemeinsames Leben zu gestalten.

Für die Mehrzahl von uns gilt: Unsere gegenwärtige Beziehung ist nur vorübergehend. Das Perfide: Die Trennungschance ist unabhängig davon, wie sehr wir zu Beginn davon überzeugt waren, dass wir einen (lebens-)langen gemeinsamen Weg vor uns haben. »Sie ist mein Traumpartner. Mit ihr werde ich alt.« Ein Wunsch, mehr nicht, der sich auf der Buckelpiste des Alltags bewähren muss – jeden Tag, in jedem Streit, bei jeder Enttäuschung.

Bitte verstehen Sie das nicht als Kulturpessimismus! Es sind statistische und zweifellos unromantische Daten, mit denen ich rechtfertigen möchte, was ich Tim nun empfehle: »Denk über deine Beziehung nach! Überleg dir gut, warum du Sandra möchtest, aber auch, welchen Preis diese Beziehung hat.« Eine Kosten-Nutzen-Analyse wäre angebracht, aber sie geht nicht: Zum einen müssten nicht quantifizierbare Aspekte bewertet werden, um sie mit den quantifizierbaren zu vergleichen, zum anderen müssten der zukünftige Nutzen und die zukünftigen Kosten der Partnerschaft bewertet werden. Aber da Tim keine Glaskugel befragen kann und auch der Wahrsagerin Ronja vom Jahrmarkt misstraut (zu Recht!), muss er auf die plumpe Berechnung eines Partnerschaftskapitalwertes verzichten (und wenn Sie mit diesem Ausdruck nichts anfangen können, sind Sie in bester Gesellschaft; aber Sie haben mich sicherlich verstanden).

Zwei Methoden schlage ich stattdessen vor: die Pre-mortem-Methode (auch: Pro-Mortem) von Gary Klein und die Denkhüte von Edward de Bono. Beides sind Techniken, die uns helfen, ein Entscheidungsproblem zu sezieren. Aus einem diffusen Gesamtszenario, für das uns keine verlässliche Prognose möglich ist, werden leichter zu bewertende Segmente. Das Szenario wird klarer, der Nebel lichtet sich und wir entscheiden bewusster. Die Reihenfolge, mit der Tim diese zwei Methoden anwendet, ist egal.

Das Problem sezieren

Die Pre-mortem-Methode

Starten wir hier mit der Pre-(oder Pro-)mortem-Methode, die der Entscheidungspsychologe Klein ursprünglich entwickelte, damit Projektteams schon frühzeitig die entscheidenden Probleme ihres Vorhabens erkennen können.

In Tims Fall geht das wie folgt: Tim stellt sich vor, dass er mit Sandra zusammenzieht, sie heiraten und gemeinsam ein Kind bekommen. Die ersten Jahre ihrer nun vierköpfigen Familie laufen gut, doch nach, sagen wir, sieben Jahren trennen sie sich. Die Beziehung entwickelte sich zu einem Fiasko! Tim versetzt sich in die zukünftige Situation nach der Trennung und er notiert sich die (möglichen) Gründe, warum seine Partnerschaft mit Sandra in die Brüche gegangen ist. Es ist eine kreative Arbeit und vielleicht schreibt er eine oder mehrere der folgenden Ursachen ihres Scheiterns auf:

»Sandra hat mich betrogen, das verzeihe ich ihr nicht.«

»Ich habe eine tolle Frau kennengelernt, die das Leben leichtnimmt und mich glücklich macht (ich habe Sandra betrogen).«

»Die Kinder haben mich genervt und überfordert.«

»Die Familie hat mir keine Luft zum Atmen gelassen. Ich habe doch noch ein eigenes Leben!«

»Sandra hat sich nur noch um die Kinder bemüht – ich war nur noch der Geldbeschaffer.«

Der nächste Schritt ist, nach den Ursachen für diese Gründe zu suchen. Picken wir uns exemplarisch den letzten Grund heraus: »Warum hat Sandra angefangen, zu glucken? Warum hat sie mich, Tim, als Mann an ihrer Seite aus den Augen verloren? Hat sie eine charakterliche

Veranlagung dazu? Habe ich mich abgewandt? Stand ich nicht zu ihr, habe ich mich nicht genug gekümmert? Was hat mich dazu getrieben?«

Tim wird unweigerlich beginnen, sich und seine Motive zu hinterfragen. Er wird sich einen Spiegel vorhalten, seine Motive und charakterlichen Grenzen vor Augen führen, und wenn er selbstehrlich genug ist, wird er auch hinter den Spiegel schauen, auf die Aspekte, die ihm Angst machen, und auch auf jene, die ihm Zuversicht geben.

Die Pre-mortem-Methode ist ein Prozess. Es ist nicht der destruktive Ansatz, der er zunächst zu sein scheint. Die »negative« Betrachtung entfaltet positive Kraft im Bewusstsein: Seine Grenzen zu kennen heißt, selbstbewusst den verbleibenden Raum auszuschöpfen. Wenn ich weiß, dass ich bei Laufwettbewerben nach 30 km einbreche, kann ich einen 10-, 15- oder 20-km-Lauf selbstbewusst angehen, weil ich weiß, dass ich das schaffe. Und sicherlich ist Ihnen aufgefallen, dass diese Methode nicht allzu weit von der IKIGAI-Methode entfernt ist, die meine Co-Autorin weiter oben beschrieb. Die grundlegenden Mechanismen sind vergleichbar.

Die Denkhüte

Kommen wir zu den Denkhüten. De Bono war ein Kognitionswissenschaftler und entwickelte mehrere Techniken, die unser Denken kreativer machen können. Er stellte z. B. fest, dass wir komplexe Themen unstrukturiert durchdenken. Unsere Entscheidungen entstehen in einer inneren Kakophonie aller Aspekte, die uns unbewusst relevant erscheinen und im Bewusstsein um die Vorherrschaft ringen. Das Ergebnis sind dann mehr oder weniger willkürliche Entscheidungen, die wir uns umgehend schönreden und hinterher (!) scheinbar fundiert begründen.

De Bono schlägt etwas anderes vor: »Denke nach, aber zerlege dein Entscheidungsproblem in sechs Aspekte, die du nacheinander betrachtest.« Dazu setzt Tim nacheinander sechs »Denkhüte« auf, jeder in einer anderen Farbe. Das macht er natürlich virtuell, denn sonst sähe es albern aus. Damit er aber nicht vergisst, welchen Hut er gerade aufhat, schreibt er es sich auf und macht sich Notizen. Jeder Hut gibt eine andere Denkrichtung vor. Er betrachtet die Entwicklung seiner Partnerschaft mit Sandra und ihren Kinderwunsch aus sechs Richtungen. Schauen wir sie uns an:

- Erst setzt Tim den weißen Hut auf. Dieser steht für das analytische Denken und die Konzentration auf Fakten. Es ist die objektive Sicht. Tim analysiert die rationalen Folgen seiner Entscheidung für oder gegen Sandra. Umzugskosten, Einschränkungen durch das Patchwork und das eigene Kind, finanzielle Folgen usw.
- Dann folgt der rote Hut. Dieser repräsentiert das emotionale Denken. Hoffnungen, Ängste, Bedenken – alles Subjektive ist erlaubt. Auch das Unklare, Unaussprechliche darf mit dem roten Hut auf dem Kopf geäußert werden. Es geht um Tims Zukunft! Er darf vor dieser Angst haben und er darf sich darauf freuen.
- Der dritte Hut ist schwarz. Es ist der Problemhut. Tim notiert sich die möglichen Probleme, die Risiken und seine Verzichtskosten, wenn er sich so oder anders entscheidet. Er darf destruktiv sein und sollte sich Zeit für Vollständigkeit nehmen. Alle, wirklich alle Probleme, die ihm in den Sinn kommen, sollte er notieren.
- Jetzt setzt er den gelben Hut des Optimisten auf. Ja, das geht! Der Wechsel von Schwarz zu Gelb gelingt reibungslos, denn oftmals haben die zuvor betrachteten Probleme zwei Seiten – wie eine Medaille. Tim darf und muss nun unter dem gelben Hut an den perfekten Ausgang glauben: Die Beziehung mit Sandra wird fantastisch und er fühlt sich als Familienvater so richtig wohl. Tim notiert sich nun, welchen Nutzen die Familie für ihn hat. Warum ist das großartig? Was ist besser als heute? Warum wird er glücklich, wenn er sich an Sandra bindet?
- Der grüne Hut steht für die Kreativität. Tim sucht nach dritten Wegen. Gibt es neben »Sandra ja« und »Sandra nein« noch Alternativen, z. B. einen langsamen Übergang, bei dem er das Zusammenleben erst einmal ausprobieren kann? Tim darf nun aber nicht gleich, und diese Regel ist anspruchsvoll, seine eigenen Ideen bewerten. Er soll sammeln, vielleicht sogar

unterstützt durch einen Freund, egal ob die Idee aus finanziellen Gründen abwegig, für Sandra keine Option oder unpraktisch ist. Jede Idee ist willkommen!

- Zum Schluss setzt Tim den blauen Hut auf. Es ist der »Koordinationshut«. Mit ihm auf dem Kopf ordnet er seine Gedanken. Er bildet seine Überlegungen ab, nachdem die fünf anderen Hüte getragen wurden. Tim schaut sich alle Notizen an. Es wird ein Bild in Tims Kopf entstehen. Er wird seine Situation besser einschätzen können, vor allem die Folgen einer Entscheidung. Tim wird sich besser kennen als davor.

Was ist das Ergebnis? Tim muss eine Entscheidung treffen. Diese Entscheidung verändert Tims Lebensführung elementar. Er geht eine Verpflichtung auf die Zukunft ein, er übernimmt Verantwortung und er ist mit einem Modell konfrontiert, wie er es bisher noch nicht kannte: die langfristige Partnerschaft. In einer solchen Situation seinem Herzen zu vertrauen, liegt nahe, aber die zitierten Trennungswahrscheinlichkeiten zeigen es: Das Herz ist kein guter Prognostiker. Verliebtsein ist eine Momentaufnahme, Verantwortung für eine Familie ist etwas anderes. Klar, Verliebtsein trägt die Bereitschaft zur Verantwortung, aber wie lange tut es das? Was bleibt, wenn das Verliebtsein verebbt? »Ex und hopp?« Tims Bedenken sind ehrenwert und – ich gebe es zu – mir sympathisch. Er verlässt sich nicht auf flüchtige Emotionen, sondern denkt nach (hoffentlich nicht zu lange, sonst ist Sandra weg). Damit sein Nachdenken mehr ist als Grübeln, habe ich ihm hier zwei Methoden vorgeschlagen, mit denen er seine Gedanken ordnen und sich seiner Emotionen bewusst werden kann. Tim wird eine bessere Entscheidung treffen: Er wird entweder mit voller Überzeugung Sandras Wunsch erfüllen und sich dabei der Schlaglöcher bewusst sein, der Gefahren des Weges, oder er wird sich Sandra verweigern, weil er weiß, dass er es nicht schafft. Doch vielleicht hat ihm sein Weg auch eine dritte Alternative aufgezeigt!? Nun, ich wünsche ihm von Herzen alles Gute.

Was rät das Herz?

»Vertraue nur der Statistik, die du selbst gefälscht hast« – sagen auch Statistiker gern etwas selbstironisch. Denn bei zu vielen Statistiken gibt es irgendwann einmal den Gegenbeweis. Hieß es früher nicht immer, Kaffee zähle nicht zu den zwei bis drei Litern Flüssigkeiten, die man am Tag zu sich nehmen sollte? Im Gegenteil – Kaffee entziehe dem Körper Flüssigkeit. Davon will heute keiner mehr etwas wissen. »Trinkt ruhig mehrere Tassen Kaffee am Tag und zählt sie zur Flüssigkeitsmenge dazu«, heißt es in den Studien, die ich zuletzt gelesen habe. Und ähnlich verhält es sich mit Studien und Statistiken zum Thema Ehedauer und Eheglück: Man muss nur lange genug suchen, dann findet man Zahlen, die irgendwie zur eigenen Theorie passen. Und so möchte ich den Zahlen von Prof. Kühnapfel folgende gegenüberstellen: Laut Statistischem Bundesamt treten seit 2007 wieder mehr Paare vor den Traualtar, nach den jüngsten Zahlen trauten sich 2017 (neuere Zahlen gibt es noch nicht) rund 407.000 Paare. Die durchschnittliche Dauer von Ehen in Deutschland steigt kontinuierlich. Waren es zu Beginn der 1990er-Jahre noch elf Jahre, so sind es mittlerweile 15. Und: Im Jahr 2017 wurden die wenigsten Paare seit 1992 geschieden, nämlich gerade mal 153.500. Klar, diese Zahlen bestätigen am Ende dennoch die These von Prof. Kühnapfel, dass Ehen oft genug scheitern, aber ich finde, man sollte die Tatsache, dass Ehen offensichtlich gerade zunehmend seltener geschieden werden, nicht verschweigen.

Woran liegt es, dass Ehen im 21. Jahrhundert länger halten als in den 1980ern und 90ern? Ein Grund könnte das gestiegene Alter bei der Eheschließung sein. Männer waren 2017 durchschnittlich 34, Frauen 31 Jahre alt. Anfang der 1970er waren Mann und Frau jeweils zehn Jahre jünger. Mit Anfang 30 weiß man natürlich sehr viel eher, was einen glücklich macht und was nicht. Dennoch wird immer noch jede zweite bis dritte Ehe geschieden. Die Zahlen, die man hier findet, sind sehr unterschiedlich, und so sucht sich der eine für seine Argumentation »jede zweite« raus und der andere »jede dritte«. Fakt ist: Es bleiben mindestens so viele Paare zusammen, wie geschieden werden.

Herausfinden, wie sich eine Lösung anfühlt

Doch diese ganzen Zahlen und Statistiken helfen Tim bei seiner Entscheidung nicht weiter. Denn egal, ob jede zweite oder dritte Ehe nicht hält, sagt das absolut nichts darüber aus, ob Tim und Sandra zum einen oder zum anderen Teil gehören werden. Wie also kann Tim zu einer Entscheidung kommen? Indem er sich gedanklich die unterschiedlichen Möglichkeiten seiner Zukunft vorstellt? Meiner Meinung nach kann dieses Tool im beruflichen Umfeld eingesetzt werden, aber in einer mit so vielen Emotionen aufgeladenen Entscheidung ist es bestimmt zielführender, wenn sich Tim vorstellt, wie sich eine Zukunft mit Sandra an*fühlt*.

Dank zirkulärer Fragen reflektieren

Dazu kann Tim ein Interview mit sich selbst führen. Die Fragen sind alle relativ einfach und wiederholen sich an einigen Stellen. Das ist beabsichtigt. Die Schwierigkeit besteht für manchen darin, sich selbst wirklich sehr ehrlich zu antworten. Doch wenn man darin geübt ist, sich selbst zu reflektieren, bringen die sogenannten zirkulären Fragen in kurzer Zeit eine ganze Menge an Antworten. Zirkuläre Fragen und Skalierung werden im Coaching sehr häufig angewandt. Denn hier geht man ohne Umwege direkt ins Gefühl und findet für sich konkrete Schritte, die man gehen kann/muss, um an sein Ziel zu gelangen. Deswegen ist dieses Tool für viele Fragestellungen geeignet. Zirkuläre Fragen sind eigentlich kein klassisches Entscheidungstool, ich wähle es in diesem Falle dennoch, denn es wird Tim helfen, seine Beziehung zu Sandra zu klären und viele Einzelantworten zu finden. Damit wird ihm eine Entscheidung wesentlich leichter fallen.

Grundsätzlich müsste man bei Tim natürlich zuerst hinterfragen, was denn hinter dem Unwillen, Sandra zu heiraten, stecken könnte. Ist es eine generelle Entscheidungsunfähigkeit? Oder leidet Tim tatsächlich unter einer Bindungsunfähigkeit? Sollte dies der Fall sein, könnte das in der Beziehung zu Sandra irgendwann einmal zu einem Problem werden – wie bei vielen Paaren. Eine der häufigsten Konfliktursachen bei heutigen Paaren ist, dass viele Menschen das Erwachsenenalter erreichen, ohne sich mit ihren Bindungsproblemen auseinandergesetzt zu haben. Diese haben ihre Ursprünge in der Kindheit. Die Scheidung der Eltern oder ein übermächtiges Elternteil hinterlassen Spuren, und wenn diese nicht wahrgenommen und ignoriert werden, wird man irgendwann die Konsequenzen spüren. Dann nämlich, wenn man die Ängste der Kindheit auf die eigene Beziehung projiziert. Sollte Tim unter Bindungsängsten leiden, wird er sich damit früher oder später auseinandersetzen müssen – unabhängig davon, ob er Sandra heiratet oder nicht.

Deswegen zurück zu den zirkulären Fragen, mit deren Hilfe Tim auf jeden Fall seiner Lösung näher kommt. Für das Interview mit sich selbst braucht Tim eine ruhige Stunde und am besten Papier und Stift, um sich seine Antworten zu notieren.

> Zunächst einmal beantwortet sich Tim folgende Frage:
> *»Stell dir einmal vor, alle Herausforderungen, die du im Moment im Zusammenhang mit Sandra hast, sind gelöst, woran würdest du das merken?«*

Um sich hier wirklich einzufühlen, hilft es, die Augen zu schließen. Tim soll sich so detailliert wie möglich vorstellen, er hätte alle Herausforderungen mit Sandra gelöst. Woran würde er das merken? Was wäre dann anders? Tim würde sicherlich antworten, dass er dann viel entspannter wäre, er und Sandra könnten ihr Leben wieder genießen, sie hätten wieder Spaß zusammen, die Leichtigkeit wäre zurück.

> Bei dieser und allen anderen Fragen sind zwei Dinge wichtig.
> 1. Tim soll sich nicht mit den erstbesten Antworten zufriedengeben, sondern sich selbst immer weiter fragen: Was wäre noch anders? Bis ihm tatsächlich gar nichts mehr einfällt.
> 2. Tim muss darauf achten, dass er nicht die Abwesenheit von etwas beschreibt, sondern das, was stattdessen da wäre. Also nicht »ich wäre dann nicht mehr so unzufrieden«, sondern »ich wäre dann zufriedener«. Denn nur, wenn wir wissen, was wir in unserem Leben haben wollen, wissen wir, welche Schritte wir gehen müssen, um diese Dinge in unser Leben holen zu können.

Mit diesen ersten Antworten weiß Tim schon einiges darüber, wie sich sein Leben mit Sandra anfühlen soll. Im nächsten Schritt kommt die Skalierung ins Spiel. Tim zeichnet eine Skala von 1 bis 10.

Hier beziffert er die Antwort auf die Frage:
Weißt du, was du im Einzelnen tun musst, um alle Herausforderungen im Zusammenhang mit Sandra zu klären?

1 ····► 2 ····► 3 ····► 4 ····► 5 ····► 6 ····► 7 ····► 8 ····► 9 ····► 10

»1« bedeutet, Tim hat noch überhaupt keine Ahnung, was er tun muss, um sein Ziel (alle Herausforderungen im Zusammenhang mit Sandra sind geklärt) zu erreichen, und »10« bedeutet, er weiß ganz genau, was er dafür tun muss.

Einmal angenommen, Tim ordnet sich selbst bei der »3« ein. Dann macht er auf der Skala ein Kreuzchen und setzt das Interview fort:

Was hast du bisher dafür getan, um auf die »3« zu gelangen?

Diese Frage wird Tim zunächst vielleicht etwas irritieren. Aber irgendetwas muss er ja schon getan haben, sonst wäre er ja nicht auf der »3«. Und wenn Tim darüber nachdenkt, wird ihm einfallen, dass er bereits mehrfach mit Sandra über das Thema »Heirat und Kind« gesprochen hat, dass er bereits die Meinung von Freunden eingeholt hat und dass er auch schon Gedankenspiele hatte, wie das wohl so wäre mit einem Baby zu Hause.

Im weiteren Verlauf des Interviews muss Tim ein wenig Fantasie beweisen und vielleicht auch über seinen eigenen Schatten springen, denn die nächsten Fragen sind ungewohnt. Doch wenn Tim wirklich eine Lösung finden will, dann wird er sich auf die Art der Fragen auch einlassen können.

Als Nächstes soll sich Tim Folgendes fragen:
Stell dir einmal vor, du wärst einen Schritt weiter, also auf der »4«. Woran würdest du das bemerken? Was hättest du getan, um einen Schritt weiter zu sein?

Hier könnte Tim antworten, dass er – wäre er einen Schritt weiter – das Thema »Heirat« und »Kind« voneinander getrennt hätte. Dass er erkannt hätte, dass man sehr wohl das eine tun und das andere lassen könne; und dass er darüber mit Sandra gesprochen hätte, um herauszufinden, was ihr wie wichtig sei. Wenn Tim auf seine Frage »was wäre noch anders« nichts mehr findet, fragt er sich:

Stell dir einmal vor, du wärst noch einen Schritt weiter, nämlich auf der »5«. Was wäre dann anders? Was hättest du getan, um einen Schritt weiter zu sein?

Hier könnte Tim herausfinden, dass er sich einmal die finanzielle Seite angeschaut hat. Was würde ein zweites Kind finanziell bedeuten? Wer würde beruflich kürzertreten? Wie sieht die Wohnungssituation vor Ort aus? Können die beiden eine gemeinsame größere Wohnung finden und auch finanzieren? Was hat sich auf der »5« noch verändert? Vielleicht kann Tim hier schon spüren, ob sich bei dem Gedanken an eine gemeinsame Wohnung ein Kloß im Hals festsetzt oder sich der Bauch zusammenkrampft oder ob eine freudige Erwartung über ihn kommt. Unser Körper sendet uns viele Signale, die wir nur deuten müssen. Bei manchen Signalen wie Herzrasen gilt es zu hinterfragen, ob es sich gut oder schlecht anfühlt. Denn Herzrasen oder weiche Knie können Positives oder Negatives bedeuten.

Bei dem Interview mit sich selbst soll Tim nun Schritt für Schritt weitergehen. Jeder Schritt wird ein bisschen mehr zutage fördern, was er tun muss, um seine Lösung zu finden. Vielleicht wird er dabei herausfinden, dass nicht nur die Themen »Heirat« und »Kind« getrennt voneinander gesehen werden müssen, sondern auch der Punkt »gemeinsame Wohnung«. Bei komplexen Fragestellungen hilft es grundsätzlich, diese in einzelnen Paketen zu bündeln. Dann kann man mit einem kleineren Paket anfangen, und manchmal ergeben sich daraus direkt die Lösungen für die anderen Fragestellungen.

Bei dem Interview mit sich selbst geht es nicht darum, am Ende bereits zu wissen, wie die Lösung genau aussehen soll. Tim wird nicht wissen, ob er heiraten und Vater werden möchte. Aber er wird wissen, welche Schritte er konkret umsetzen muss, um dies herauszufinden.

Beim zirkulären Fragen ist die »10« das Ziel. An diesem Punkt weiß man ganz genau, wie die Lösung aussieht und was man alles tun muss, um seine Lösung herbeizuführen. Ich habe in meiner Coachingpraxis aber auch viele Fälle, bei denen Menschen bei der »7« oder »8« bereits aufhören, weil sie ausreichend Schritte an die Hand bekommen haben. Man muss also nicht unbedingt bis zur »10« kommen.

Bei den zirkulären Fragen kann auch ein Freund/eine Freundin helfen und durch das Interview führen. Dabei sollten beide darauf achten, dass ausschließlich Dinge beschrieben werden, die »da« sein sollen. Einer meiner besten Freunde ist in einer ähnlichen Situation wie Tim. Seit Jahren ist er mit einer etwas älteren Frau mit Kind liiert. Sie will ein zweites Kind, weil die biologische Uhr tickt. Eine gemeinsame Wohnung und Heirat sollen ihr Glück abrunden. In langen Gesprächen mit mir war irgendwann klar, dass er – obwohl er sich gut mit ihrem Kind versteht – auf keinen Fall eigene Kinder möchte. Lange kamen die beiden in ihrer Beziehung nicht voran und ich hatte schon damit gerechnet, dass er das Ganze beendet. Umso erstaunter war ich, als er mir vor Kurzem erzählte, sie suchten eine gemeinsame Wohnung, würden aber im Großraum München keine bezahlbare finden. Auf meine Nachfrage, dass er ja wohl auch keine finden wolle, meinte er zu meiner Überraschung, dass er tatsächlich sehr gerne eine gemeinsame Wohnung mit ihr beziehen möchte – auch deswegen, weil viele Nervereien und Anstrengungen im Alltag damit wegfielen. Das Thema »Kind« habe er insofern mit ihr geklärt, dass das für ihn nicht infrage käme. Und alles Weitere ließe er jetzt auf sich zukommen.

Wenn sich Tim von Anfang an darüber bewusst ist, dass er eigentlich drei Anliegen hat, nämlich »gemeinsame Wohnung«, »Hochzeit« und »Kind«, dann macht es Sinn, die zirkulären Fragen und die Skalierung zu jedem Anliegen separat durchzuführen. Denn so kommt er Schritt für Schritt noch näher an seine Lösungen. Hier müssten die drei Eingangsfragen und die Skalierungen dann jeweils lauten:

Stell dir vor, du hast das Thema »gemeinsame Wohnung«/ »Hochzeit«/»zweites Kind« mit Sandra zur gemeinsamen Zufriedenheit gelöst. Woran würdest du es bemerken? Was wäre dann anders?

Und die Skalierungsfrage müsste lauten:
Wo stehe ich bei der Frage »gemeinsame Wohnung«/ »Hochzeit«/»zweites Kind«, wenn »1« bedeutet: Ich habe noch keine Ahnung, was ich tun muss, und »10« bedeutet: Ich weiß ganz genau, was ich zu tun habe.

1 ····➤ 2 ····➤ 3 ····➤ 4 ····➤ 5 ····➤ 6 ····➤ 7 ····➤ 8 ····➤ 9 ····➤ 10

Tim steht vermutlich bei jeder Frage an einer anderen Stelle der Skala. Welche Frage er zuerst bearbeitet, bleibt ihm überlassen. Er kann mit der für ihn dringendsten, aber auch mit der für ihn unwichtigsten Frage anfangen. Je nachdem, welche Antworten er in der ersten und zweiten Frage findet, wird sich die dritte eventuell von allein beantworten.

Ich kann Tim die Entscheidung nicht abnehmen, aber ich möchte ihn ermutigen, überhaupt eine Entscheidung zu treffen. Denn nur dann kann er sein Leben in die gewünschte Richtung steuern. Noch hat Tim die Wahl, aber wie lange noch? Wenn er weiterhin wartet, kann es sein, dass Sandra die Entscheidungen fällt. So könnte sie es bald leid sein, auf Tims Entscheidung zu warten, und ihn verlassen. Oder sie entscheidet sich allein für ein zweites Kind und wird »unerwartet« schwanger. Das soll es alles schon gegeben haben.

Viele scheuen Entscheidungen, weil sie dann auch die Konsequenzen tragen müssen. Um Entscheidungen zu treffen, braucht man Mut. Denn egal, ob sich Tim für oder gegen Sandra entscheidet: Er weiß nicht, wie es ausgehen wird. Doch dieses Wagnis müssen wir eingehen. Andernfalls entscheiden andere über unser Leben: andere Menschen, die Umstände oder einfach nur der Lauf der Zeit.

Unglück entsteht meist nicht durch falsche Entscheidungen, sondern durch fehlende Entscheidungen. Wir können jedoch die Zukunft nicht vorhersagen, egal, welches Entscheidungstool wir nutzen, deswegen ist es wichtig, dass wir uns im Moment der Entscheidung damit wohlfühlen, dass unser Bauch uns signalisiert, dass es gut so ist. Und dann können wir auch mutig das Steuer in die Hand nehmen und die Konsequenzen unserer Entscheidungen tragen.

Herz oder Kopf?

Wir haben hier eine Fragestellung diskutiert, die zweifellos – in diesem Fall für Tim und Sandra – eine weitreichende Bedeutung hat. Die Weichen werden gestellt, und zwar für den Rest des Lebens. Eine Beziehung kann sich vielleicht noch als Irrtum herausstellen und eine Trennung ist möglich, aber ein Kind ist, einmal in der Welt, »irreversibel«. Das Geschenk unserer Zeit, nämlich frei zu sein in der Wahl unserer Lebenskonzepte, beinhaltet auch den Zwang zur Entscheidung.

Wie gelingen solche Entscheidungen? Wie können wir, ohne in die Zukunft schauen zu können, zu einem eindeutigen »Ja« oder »Nein« kommen, wenn es keine Graubereiche gibt. Und die sind für Tim ausgeschlossen: ein bisschen Beziehung und ein bisschen Kind … na ja.

Ihnen ist sicherlich aufgefallen, dass unsere unterschiedlichen Ansätze aus den gleichen Zutaten bestehen: Entscheidungen dieser Art lassen sich nicht als Ganzes erfassen; es bedarf einer Zerlegung. Erst wenn das viel zu komplexe Gesamtproblem in kleinere Aspekte gegliedert wird, gelingt es, des Themas Herr zu werden. Genauso geht wohl auch der Automechaniker vor, wenn ihm der Kunde ein Auto mit »Klappern im Motor« bringt: Er zerlegt die Aufgabe, das Klappern zu finden, in Teile und untersucht nacheinander alle Aggregate und Komponenten, was ihm viel leichter fällt.

Die Ansätze, wie zerlegt wird, sind unterschiedlich, und vielleicht ist es eine Frage des Charakters oder schlichtweg der Vorliebe, welche Methode gewählt wird. Doch stets braucht es Zeit, um sich seinen Zielen, Wünschen und Ängsten zu nähern. Wenn wir schon die Chance haben, »lebenswichtige« Entscheidungen zu treffen, sollten wir diese auch verantwortungsvoll nutzen. Tim hat von uns mehrere Methoden vorgestellt bekommen. Nun ist es an ihm, mit diesen zu arbeiten und dann zu tun, was immer er für das Richtige hält.

4. Entscheidung

Kinder oder nicht?

Silvia (35) und Georg (38) sind schon lange ein Paar. Er ist Handwerksmeister und führt einen kleinen, aber gut gehenden Betrieb mit drei Mitarbeitern. Sie ist Ressortleiterin des Feuilletons der lokalen Zeitung. Ihr Lebensstandard ist gut und auch die Kredite für die Maschinenausstattung im Betrieb, die Eigentumswohnung und die zwei Autos tun nicht weh. Doch beide wünschen sich Kinder, mindestens eines, aber besser zwei. Und ehrlich: Langsam wird es auch Zeit! Selbst das Sticheln der Eltern, der Geschwister und der Freunde wird immer drängender: »Na, wollt ihr nicht endlich Nachwuchs?«

Sollen sie den Schritt wagen? Kinder wären toll, aber finanziell wäre es eine erhebliche Einschränkung. Kürzer treten mit Kindern oder ein komfortables Leben ohne?

Was rät das Herz?

Kinder – ja oder nein? Es gibt wohl keine schwerwiegendere Entscheidung als diese. Denn es ist die einzige Entscheidung im Leben, die man nicht rückgängig machen kann. Ein Haus kann man wieder verkaufen, vom Ehepartner kann man sich scheiden lassen, einen Job kündigen. Aber Kinder kann man nicht zurückgeben. So wie man nicht »ein bisschen schwanger« sein kann, kann man nicht »ein bisschen Eltern sein«. Hier gilt: ganz oder gar nicht. Es gibt kein Ausprobieren, kein Leasen, keinen Umtausch. Und es gibt keine Garantie. In Studien wurde festgestellt, dass der eigene Nachwuchs keinerlei Garant ist für Glück. Schon gar nicht für dauerhaftes Glück. Der Direktor des Max-Planck-Instituts für demografische Forschung in Rostock, Mikko Myrskylä, wurde in der »Allgemeinen Zeitung« vom 14. März 2019 wie folgt zitiert: »Über alle Altersgruppen hinweg sind Leute mit Kindern unglücklicher als Leute ohne Kinder. Kinder zu haben macht zwar zeitweise glücklicher. Aber nach ein paar Jahren verschwindet der positive Aspekt und die Leute sind genau so glücklich – oder unglücklich – wie zuvor.«

Ich persönlich kann diese Aussage überhaupt nicht unterstreichen, denn meine beiden Kinder machen mich seit nunmehr 18 Jahren fast jeden Tag glücklich. Und ich bin wahrlich keine Hubschrauber-Mutter, bei der sich alles nur um die Kinder dreht. Manchmal gibt es natürlich auch bei mir die Sekunden, in denen ich DINKS (»double income – no kids«) darum beneide, dass sie die Wochenenden auf der Couch verbummeln können oder eben mal nach London, Paris oder Rom jetten. Aber selbst wenn ich tauschen könnte, ich wollte es nicht.

Dennoch kann ich gut verstehen, warum man sich nicht allzu leichtfertig in das »Abenteuer Kinder« wirft. Zum einen fehlen verlässliche Vorbilder. Die Zeiten, in denen alle Kinder bekamen und sich alle irgendwie durchwurstelten, sind vorbei. Zum anderen gibt es öffentliche Diskussionen ums Kinderkriegen, die immer seltsamere Formen annehmen. 2019 machte die Autorin Verena Brunschweiger Schlagzeilen. Die 38-Jährige will keine Kinder. So weit, so gut. Doch diese private

Entscheidung machte sie zu einer öffentlichen, indem sie ein Buch mit dem Titel »Kinderfrei statt kinderlos« schrieb. Darin argumentiert sie für ein Leben frei von Nachwuchs. Sicherlich gibt es viele gute Gründe, sich gegen Kinder zu entscheiden, aber die Begründung der Autorin ist für alle Eltern ein Schlag ins Gesicht. Kinder seien schlecht für die Umwelt, für die CO2-Bilanz. Viele Menschen wüssten gar nicht, »welche Belastung es für das Klima bedeute, wenn wir so massig neue Leute produzieren«. Dabei werden ohnehin schon immer weniger Kinder »produziert«. In der Europäischen Union sank die Zahl der Geburten im Jahr 2016 von 5,148 Millionen auf 5,075 Millionen in 2017. Das bedeutet im Schnitt, dass jede Frau etwas mehr als eineinhalb Kinder bekommt. Deutschland lag sogar noch etwas unter dem Durchschnitt.

Neben den eher polemischen Argumenten von Frau Brunschweiger gibt es bestimmt nachvollziehbarere Gründe, sich gegen Kinder zu entscheiden. Die Frage, ob man sich die lieben Kleinen überhaupt leisten kann oder will, ist sicherlich nicht unbegründet. Es gibt die Aussage, dass ein Kind bis zu seinem 18. Lebensjahr so viel kostet wie ein kleines Haus. Wobei man sich diese Zahlen einmal genauer anschauen muss, denn ein kleines Haus im Hunsrück kostet 60.000 Euro, in München hingegen leicht 600.000 Euro. Genauere Zahlen liefert das Statistische Bundesamt: Demnach kostet ein Kind bis zum 6. Lebensjahr 6.000 Euro im Jahr. Zwischen dem 6. und dem 12. Lebensjahr 7.000 Euro und bis zur Volljährigkeit etwa 8.500 Euro. Das macht zusammen ungefähr 130.000 Euro. Für das erste Kind. Ein zweites Kind kostet etwas weniger.

Wenn man auf diese Zahlen schaut, kann man verstehen, warum Silvia und Georg mit dem Kinderkriegen zögern. Mit Kind werden sie mehr Geld benötigen, aber weniger verdienen. Dadurch könnten die Kredite, die sie bislang problemlos abbezahlen, zu einer Belastung werden. Wollen sie ihr komfortables Leben aufgeben und sich finanziell einschränken für das Erlebnis, ihr Leben mit Kindern zu gestalten? Um diese Frage kann man sich ewig drehen und immer noch mal eine Gedankenschleife einbauen. Doch fürs Kinderkriegen hat man eben nicht ewig Zeit. Silvia ist 35 – ab diesem Alter zählen Frauen für Frauenärzte zu den Spätgebärenden. Silvia und Georg müssen also zeitnah eine Entscheidung treffen.

Gemeinsam auf Gedankenreise gehen

Ich würde den beiden empfehlen, zusammen auf Reisen zu gehen. Und zwar nicht auf die Bahamas oder nach Neuseeland. Sie sollen gemeinsam auf eine Gedankenreise gehen. Sie sollen sich vorstellen, wie ihr Leben verlaufen würde, wenn sie Millionäre wären, und wie sie ihr Leben gestalten würden, wenn sie keinerlei finanzielle Verpflichtungen hätten. Und wo sie vermeintliche finanzielle Verpflichtungen davon abhalten könnten, ihre Träume zu leben. Das sind nämlich zwei Paar Schuhe, und es ist gut, wenn man die beiden voneinander unterscheiden kann. Die Gedankenreise »Wenn wir Millionäre wären« ist mehr als ein kurzweiliges Gedankenspiel. Man kann mit diesem Coachingtool seine persönlichen Lebensziele sehr gut identifizieren bzw. hinterfragen und überprüfen, ob und wie diese Ziele in den Alltag integrierbar sind. Dabei kann man dieses Tool nicht nur bei der Frage »Können und wollen wir uns Kinder leisten« anwenden; es ist immer dann geeignet, wenn man das Gefühl hat, im Hamsterrad des »ich muss eine Familie ernähren« oder »ich muss den Lebensstandard halten« zu stecken. In diesem Hamsterrad der Verpflichtungen verliert man leicht den Blick für den Sinn des Lebens, für das, was das Leben eigentlich lebenswert macht. Die Gedankenreise kann helfen, herauszufinden, was einem im Leben wirklich wichtig ist, was man aber durch die Umstände aus den Augen verloren hat.

Den Blickwinkel ändern

Schritt 1: Was, wenn wir Millionäre wären?

Wichtig ist bei dieser Gedankenreise, dass man sich darauf einlässt, andere Blickwinkel einzunehmen. Nehmen wir einmal an, Silvia und Georg lassen sich auf eine solche Gedankenreise ein. Dann reservieren sie sich ein bis zwei Stunden Zeit, schalten alle Telefone stumm und setzen sich bequem hin. Wenn die beiden so weit sind, können sie die Augen schließen und sich vorstellen, sie hätten im Lotto gewonnen: eine ausreichend große Summe, um ihr gesamtes Leben finanziell unabhängig zu sein. Nun sollen sie sich gegenseitig erzählen, wie ein ganz normaler Tag nach dem Lottogewinn aussehen könnte. Der jeweils andere kann ergänzen. Hier ist es wichtig, so konkret wie möglich zu werden. Je konkreter die beiden ihre Vorstellungen erzählen, desto mehr werden sie Zugang zu ihren Emotionen bekommen. Während der Gedankenreise kann es helfen, dass sich Silvia und Georg folgende Fragen beantworten:

- *Wie gestalten wir unseren Tag? Was macht der eine und was der andere? Was machen wir zusammen an einem ganz normalen Tag? Starten wir anders in den Tag als bisher? Wie verläuft der Vormittag und wie der Nachmittag? Was machen wir abends? Arbeiten wir, und wenn ja, was? Welche Hobbys haben wir, wenn wir finanziell versorgt sind?*
- *Wen treffen wir an diesem Tag? Freunde? Mitarbeiter? Kollegen? Mit wem verbringen wir unsere Zeit?*
- *Was ist uns in unserem Leben besonders wichtig? Welche Werte leben wir?*
- *Was gefällt uns an diesem Tag besonders gut und was tut uns besonders gut?*
- *Welche Emotionen haben wir wahrgenommen? Haben wir gelacht, geweint oder waren wir angespannt und besorgt?*
- *Mit welchem Gefühl gehen wir abends ins Bett?*

Silvia und Georg sollen hier möglichst detailliert ihr Leben nach dem Lottogewinn beschreiben. Und sie sollen sich nicht einschränken lassen durch die tatsächlichen Herausforderungen des Alltags. Je genauer sie ihr neues Leben vor sich sehen, desto besser können sie herausfinden, wie sich ihre Träume anfühlen. Hier wird sich auch herausstellen, ob Silvia und Georg die gleichen Vorstellungen von der Zukunft haben – wovon ich jetzt einfach einmal ausgehe.

Es ist ziemlich wahrscheinlich, dass Silvia und Georg trotz Lottogewinn gar nicht viel an ihrem Leben ändern würden. Die wenigsten Menschen, die unverhofft zu einem Geldsegen kamen, haben wirklich Bedeutendes geändert. Vermutlich lösen die beiden die Kredite ab und sind dann schuldenfrei. Vielleicht kündigt Silvia auch ihren Job, um Georg bei seiner Selbstständigkeit zu unterstützen – und um sich um die Kinder zu kümmern. Denn die beiden wünschen sich ja Kinder, wissen aber nicht, ob sie dafür ihr komfortables Leben aufgeben wollen. Die Gedankenreise schärft den Blick für Wesentliches.

Schritt 2: Was wäre dann besonders wichtig?

Im nächsten Schritt sollen die beiden klären, welche Bilder für sie besonders wichtig waren. Sie können an dieser Stelle die Augen wieder öffnen, sollen aber in der Wunschvorstellung des zukünftigen Lebens verweilen. Folgende Fragen helfen bei diesem Schritt:

- *Welche Bilder haben uns besonders angezogen?*
- *Was hat uns in diesem neuen Alltag besonders glücklich und zufrieden gemacht?*
- *Wer oder was war uns besonders wichtig?*
- *Was hat sich besonders leicht angefühlt?*

Die Antworten sollen die beiden schriftlich festhalten, denn sie können nach der Gedankenreise hilfreiche Anhaltspunkte für ihr »echtes« Leben geben.

Schritt 3: Was davon geht auch heute schon?

Nun sollen Silvia und Georg einen weiteren Schritt gehen und für sich klären, welche Bilder für sie so stark und wichtig waren, dass sie diese auch ohne Lottogewinn in ihr Leben integrieren wollen. Hier können die beiden auch feststellen, was denn zukünftig vielleicht keine große Rolle mehr spielen soll.

Die Verantwortung, den Lebensunterhalt für sich oder für eine Familie bestreiten zu müssen und dabei den bereits erarbeiteten Standard erhalten zu wollen, kann sich oft wie ein Bremsklotz auf die Lebensgestaltung auswirken. Schnell macht sich das Gefühl breit, immer weniger Bewegungsspielraum zu haben. Da man nichts hergeben will, kann man auch immer nur in eine Richtung laufen: nach vorne. Oder auf der Stelle treten. Wenn man aus diesem selbst gezimmerten Gefängnis einmal gedanklich ausbricht und sich vorstellt, was alles möglich wäre, wenn man die finanziellen Fesseln löst, schafft man Raum für die Gefühle, Wünsche und Bedürfnisse, die man bislang unterdrückt hat - aus der vermeintlichen Notwendigkeit heraus, Geld verdienen zu müssen.

Schritt 4: Was wären die Konsequenzen?
Nachdem Silvia und Georg für sich herausgefunden haben, welche Bilder sie unabhängig von einem Lottogewinn in ihr Leben integrieren wollen, sollen sie noch einen Schritt weitergehen und klären, welche Konsequenzen es hätte, wenn sie ihre Vorstellungen umsetzten, und ob sie wirklich bereit wären, diese zu tragen. Hier gilt es, folgende Fragen zu beantworten:

- *Welche Konsequenzen hat es, wenn wir die Wunschvorstellungen wirklich leben?*
- *Worauf müssen wir verzichten und wie fühlt sich dieser Verzicht an?*
- *Was sagen die Eltern und Freunde? Und wie wird es für uns, wenn sie es nicht gutheißen? Wollen wir die Wunschvorstellung trotzdem leben?*

Die letzte Frage ist deswegen besonders wichtig, weil wir uns in der Regel wesentlich leichter mit Veränderungen tun, wenn uns unser Umfeld dabei unterstützt. Wenn man im Vorfeld schon ahnt, dass die Familie und/oder die Freunde die Veränderungen nicht gutheißen werden, ist es doppelt wichtig, sich darüber im Klaren zu sein, ob man die Veränderung trotzdem herbeiführen möchte.

Schritt 5: Wie setzen wir das im Alltag um?
Abschließend geht es darum, wie man die Wunschvorstellung ganz konkret in den Alltag integrieren kann. Sehen Silvia und Georg keine Kinder in ihrer Wunschvorstellung, wird sich für sie nicht viel ändern. Wenn die beiden aber gemerkt haben, dass sie sich für Kinder gerne einschränken möchten, können sie bereits an dieser Stelle wichtige Fragen anschneiden, etwa die folgenden:

- *Wie teilen wir uns zukünftig die Arbeit auf?*
- *Wer kann uns unterstützen?*
- *Was wollen wir zukünftig weiterhin für uns als Paar erhalten?*

Silvia und Georg können an diesem Punkt ihre Gedankenreise beenden. Wenn es aber nicht um die Frage »Kinder oder nicht?« geht, sondern um eine andere Entscheidung, gibt es zum Abschluss noch eine andere wichtige Frage:

> *Was müssen wir als Erstes konkret tun, um unser Wunschbild in die Wirklichkeit zu bringen?*

Bei der Kinderwunschfrage liegt die Antwort auf der Hand. In allen anderen Fällen nicht. Diese letzte Frage wird gern vernachlässigt, weil man sich quasi schon am Ziel angelangt sieht. Doch viele Gedankenreisen scheitern daran, dass man sich keine konkreten Arbeitsschritte überlegt hat. Und auch hier gilt: Je konkreter die Arbeitsschritte, desto eher bemerken Sie, wo die Fallstricke liegen. Sie sehen dadurch, welche Schritte realistisch sind und was Sie vielleicht doch an der Umsetzung hindern kann.

Eine Klientin von mir war schon länger sehr unzufrieden an ihrer Arbeitsstelle. Als Architektin war sie im öffentlichen Dienst gelandet. Die finanzielle Sicherheit als Beamtin gefiel ihr sehr gut, doch ihre Aufgaben wurden zunehmend administrativ. Von Kreativität war bald keine Rede mehr. Mit Mitte 50 begann sie, die Tage zu zählen, wie lange sie noch arbeiten müsse. Wir machten zusammen die Gedankenreise »Wenn ich Millionär wäre«. Dabei sah sie sich ganz in ihren Hobbys aufgehen. Sie kocht und näht leidenschaftlich gern. Außerdem verreist sie gern und oft. Die stärksten Bilder, die sie aus der Gedankenreise mitnahm, waren die Kreativität und die Produktivität. Beides befriedigte sie zutiefst. Sie wollte dieses Gefühl unbedingt häufiger auch in ihrem Berufsalltag spüren und nicht nur in der knappen Zeit, in der sie ihren Hobbys nachgehen kann. Im nächsten Schritt beantwortete meine Klientin die Fragen nach den Konsequenzen. Für sie war klar, dass sie finanzielle Einbußen hinnehmen müsste, und war damit einverstanden.

Dann gab es die letzte Frage zu klären: Wie kann sie ihre Vorstellungen konkret umsetzen? Ein Wechsel innerhalb des Unternehmens kam nicht infrage, weil es keine Stelle gab, in der sie entsprechend kreativ und produktiv hätte sein können. Ihren Job ganz zu kündigen, war reizvoll, aber finanziell ohne Lottogewinn nur schwer darstellbar.

Auf eine Kündigung hätte auch ihre Familie ziemlich verständnislos reagiert. Allen voran ihr Vater, der ihr vor vielen Jahren diesen sicheren Job besorgt hatte. Wenn einem egal ist, was das Umfeld von der eigenen Entscheidung hält, hat die Frage kein Gewicht. Wenn wir aber den Rückhalt des Umfelds aus irgendwelchen Gründen brauchen, dann spielt diese Frage sehr wohl eine Rolle. Anstelle einer Kündigung wäre eine Arbeitszeitverkürzung infrage gekommen. Meine Klientin hatte aber noch eine andere Idee, wie sie ihre Wunschvorstellung vor der Pensionierung umsetzen könnte. Sie konnte sich eine Altersteilzeit vorstellen, bei der sie die kommenden fünf Jahre »full-time« arbeiten würde, aber nur 80 % ihrer Bezüge erhielte. Dafür könnte sie fünf Jahre früher pensioniert werden, mit geringen Abschlägen. Dann könnte sie bereits mit 60 Jahren kreativ und produktiv werden. Außerdem wäre sie dann noch jung genug, um die Welt als »Granny-Au-pair« kennenzulernen. Als »Granny-Au-pair« gibt es ein kleines Taschengeld, Wohnen und Essen sind kostenfrei. Um die Altersteilzeit in die Realität zu bringen, würde sie viele Formulare ausfüllen müssen. Das war meiner Klientin klar und sie scheute den Papierkram auch nicht. Als ersten konkreten Schritt machte sie einen Termin in der Personalabteilung ihres Unternehmens, um zu klären, ob die Firma einer Altersteilzeit zustimmen würde.

An diesem Beispiel kann man ganz gut erkennen, wie wichtig die Frage nach konkreten Schritten ist. Hier trifft die Gedankenwelt auf die reale, und hier entscheidet es sich, ob ein Traum eine Chance hat.

Manchmal stellt man bei dieser Gedankenreise auch fest, dass sich die Wunschvorstellung gar nicht so gut anfühlt wie erhofft. Das ist dann oft der Fall, wenn der Wunsch nicht stark genug ist oder sich eigentlich ein anderer Wunsch hinter dem Anliegen verbirgt. Bei Silvia und Georg habe ich das gute Gefühl, dass sie durch ihre Gedankenreise zu einer Entscheidung kommen und diese auch umsetzen.

Die Gedankenreise »Wenn ich Millionär wäre« ist immer dann geeignet, wenn Sie etwas in Ihrem Leben ändern wollen, weil Sie merken, dass sich Unzufriedenheit breitgemacht hat, die finanzielle Verantwortung aber scheinbar keine Veränderung zulässt.

Was rät der Kopf?

Frau Küll hat vollkommen recht: Die Entscheidung, Kinder in die Welt zu setzen, ist eine der folgenreichsten überhaupt. Nach der Geburt des ersten Kindes ist fast nichts mehr wie zuvor. Der Alltag ist ein anderer, die Aufmerksamkeit gilt dem neuen Erdenbürger und die Paarbeziehung rückt an den Rand. Das soziale Umfeld verändert sich. Babyschwimmen statt Fußballstadion. Und die Themen: »Hat deiner auch so einen Schluckauf?« statt »Kommst du mit zum Jethro-Tull-Konzert?«. Die Erwerbsquellen müssen neu organisiert werden. Elternzeit und Kindergeld sind zu beantragen, der Chef ist nach einer vorübergehenden Teilzeitanstellung zu fragen. Natürlich ändern sich auch die Kosten der Lebenshaltung. Frau Küll hat Zahlen vorgelegt und mir damit viel Arbeit abgenommen.

Aber lehnen wir uns kurz zurück: Warum ist das überhaupt ein Thema? Wieso ist meine Einleitung nachvollziehbar? Sind Kinder nicht selbstverständlich? Sehen wir sie etwa wie Investitionen, wie Haushaltsgüter, deren Anschaffung wohlüberlegt sein muss? Ohne Kinder geht es nicht weiter mit dieser Welt. Ist es dann aber nicht ein Sakrileg, Kosten und Nutzen von Kindern zu kalkulieren?

Die gesellschaftliche Diskussion hat ihren Kurs gefunden: »Kinder oder nicht« wird zu einer rationalen, bewussten Entscheidung. Wir reden offen über die Kosten von Kindern, der Staat sorgt für einen finanziellen Ausgleich für entgangenes Einkommen und garantiert einen Betreuungsplatz, der Arbeitgeber verspricht, Karrierenachteile zu kompensieren, wir diskutieren die CO2-Belastung von Kindern und wägen zwischen »Zeit mit dem Kind verbringen« und »arbeiten gehen« ab. Kinder kitten auch nicht mehr: Paarbeziehungen halten im Durchschnitt nur wenige Monate (ca. drei bis vier!) länger, wenn ein gemeinsames Kind da ist.

Das alles ist neu: Während es vor noch nicht allzu langer Zeit eine nicht verhandelbare gesellschaftliche Konvention war, dass Paare Kinder in die Welt zu setzen haben, darf das Paar dies heute bewusst entscheiden. Werden keine Kinder gewünscht, ist das okay. Sanktionen durch das soziale Umfeld sind vergleichsweise unbedeutend, wenn auch nicht gänzlich verschwunden. Lassen Sie uns dies als Fortschritt in unserer pluralistischen Luxuswelt werten! Wir dürfen entscheiden, und das ist ein Gewinn! Freiheit heißt, Alternativen zu haben.

Im Kielwasser dieser gesellschaftlich akzeptierten Freiheit der Wahl kam es zu einem Paradigmenwechsel. Als Frage formuliert heißt das: Hat das Kinderbekommen Priorität und muss sich unsere Lebensführung danach ausrichten oder ist es umgekehrt?

Früher: »Es ist Zeit für Kinder! Schatz, lass uns Babys machen und wir werden unser Leben so gestalten, dass wir für sie sorgen können.«

Heute: »Es ist Zeit für Kinder! Schatz, lass uns prüfen, inwieweit wir unser Leben durch ein Kind ändern müssten, und dann entscheiden, ob das akzeptabel ist.«

An diesem Punkt sind Silvia und Georg angelangt. Der Einstieg in die Erwerbswelt ist geglückt. Die zwei sind wahrlich Stereotypen. Sie verkörpern das Ideal der erfolgreichen, am persönlichen Wohlstand arbeitenden Generation Y: gut ausgebildet, erfolgsorientiert, mobil, technikaffin und auf eine passende Work-Life-Balance fokussiert (wobei mit »Work« jedwede Art von Verpflichtung gemeint ist – und dazu gehören eben auch Kinder!). Die Generation Y hat sich von vielen Zwängen befreien können. Sie hat in vielen Punkten die Freiheit der Wahl, was oft aber auch den Zwang zur Entscheidung beinhaltet, wie wir weiter oben bei Tim und Sandra bereits gesehen haben. Und sich bei der Kinderfrage nicht zu entscheiden, heißt letztlich, doch eine Entscheidung zu treffen. Dies ist bei Silvia und Georg aber nicht das Problem. Sie denken nach. Sie stellen sich dem Thema.

Frau Küll hat den beiden eine Methode vorgeschlagen, die Sie in ähnlicher Form in der »3. Entscheidung« kennengelernt haben: Die »Wenn wir Millionäre wären«-Gedankenübung, bei der sich Silvia und Georg vorstellen sollen, wie ihr Leben zu gestalten wäre, wenn sie frei von finanziellen Zwängen wären, und die Pre-mortem-Methode, die ich dort Tim vorschlage und bei der er sich das Scheitern eines Weges vorstellen soll, gehören beide zu den Imaginationsübungen. Ihnen gemeinsam ist die Aufgabe, sich eine bedingte Zukunft vorzustellen. Diese Familie von Methoden ist groß und ihre Wirksamkeit ist gut erforscht. Sie funktionieren, jedenfalls dann, wenn sie mit genügend

Ernsthaftigkeit durchgeführt werden. Aber: Dass Frau Küll eine rationale, auf der Vorstellungskraft unseres Gehirns gründende Methode vorschlägt, zeigt, dass sie hier mit ihrer »Herz-Perspektive« am Ende ist.

Eine Fragestellung wie die hiesige scheint sich mit Bauch-/Herz-Intuition nicht mehr beantworten zu lassen, jedenfalls dann nicht, wenn vom Pfad tradierter und vielleicht auch biologisch determinierter Automatismen abgewichen wird. Der Kopf muss ran! Akzeptieren wir das als Muster: Immer dann, wenn wir aus welchen Gründen auch immer biologische Impulse übersteuern wollen, brauchen wir unseren Intellekt. Erst die bewusste (!) Entscheidung verhindert, dass wir Hunger akzeptieren, weil wir abnehmen wollen, dass wir joggen gehen, obwohl es anstrengend ist, und dass wir Herzklopfen vor dem Bewerbungsgespräch aushalten, obwohl wir am liebsten davonlaufen würden. Doch so nachvollziehbar diese erste Analyse ist, so falsch ist sie. Lesen Sie weiter!

Quantifizierbares und Nichtquantifizierbares betrachten

Die Schwierigkeit bei der bewussten Abwägung wie jener, ein Kind zu bekommen, ist, dass Kosten und Nutzen in unterschiedlichem Maße quantifizierbar sind. Schauen wir es uns an:

	quantifizierbar	nicht quantifizierbar
Kosten	Mehrausgaben Lebenshaltung Freizeitaktivitäten Kleidung Gehaltseinbußen & Karriereeinbußen	Planbarkeit Freizeitaktivitäten Organisatorische Verpflichtungen Flexibilitätseinbußen (Freizeit, Urlaub, Freunde) Befürchtete Enttäuschungen Erziehungsverantwortung
Nutzen	Kindergeld Elterngeld Versorgung im Alter (Scherz!?)	Uneingeschränkte Liebe des Kindes Gefühl, gebraucht zu werden Freude, ein Kind aufwachsen zu sehen

Was wir aber nicht messen, zählen oder wiegen können, droht mit falscher Gewichtung in unsere »Kalkulation einzufließen«. Bei der Bewertung nicht quantifizierbarer Kosten bzw. Nutzen wirkt gleich eine Reihe von Wirkungsmechanismen verzerrend. Picken wir uns jene heraus, deren Wirkungen gut erforscht sind:

Wirkungsmechanismen

Überoptimismus

Wir überschätzen den Nutzen und unterschätzen die Widerstände, wenn wir etwas unbedingt wollen. Dabei gehen wir umso leichtfertiger mit Problemen um, desto weiter sie in der Zukunft liegen. Silvia und Georg aber scheinen nicht vom unbedingten, blind machenden Wunsch nach Kindern geblendet zu sein. Überoptimismus können wir als treibende Kraft ausschließen.

Simplifizierung

Können wir uns ein zukünftiges Ereignis leicht vorstellen, halten wir es für wahrscheinlich. So könnte hier das Bild des lachenden, immer fröhlichen und vertrauensvollen Kindes den Nutzen überbetonen, weil uns diese Bilder z. B. von der Werbung immer wieder vorgegaukelt werden. Aber die nicht quantifizierbaren Kosten, die durch die vielen Momente voller Sorge und Enttäuschung auf uns zukommen werden, werden in zu geringem Maße berücksichtigt, denn sich diese vorzustellen ist schwerer und kostet mehr Kraft.

Nicht erkannte Inkompetenz

Silvia und Georg versuchen, sich ein Leben mit Kindern vorzustellen. Aber können sie das? Ihre Erfahrungen beschränken sich auf Beobachtungen und zufällige, anekdotenartige Erzählungen ihres Umfelds. Das ist eine recht bescheidene Datengrundlage, oder? Tatsächlich tendieren wir dazu, uns für zu gut informiert zu halten, denn wir ahnen nicht, was wir noch alles wissen müssten, um eine vernünftige Entscheidung zu treffen. Dieses Muster greife ich gleich noch einmal auf.

Narrative Verzerrungen

Dies ist eine Familie von Verzerrungen, die entstehen, weil bestimmte Aspekte einfach – oder eben nicht einfach – formuliert werden können. Wissenschaftler sprechen z. B. von der »kognitiven Leichtigkeit«, wenn ein Argument einfach nachzuvollziehen ist. Diesem wird dann eher geglaubt als einem, dessen Herleitung komplex ist. Überspitzt: Einfache Lügen finden eher Gehör als komplizierte Wahrheiten. Narrative Verzerrungen entstehen aber auch leicht durch die Kraft einprägsamer Bilder: Erzählt Silvias Freundin, wie ihr das Herz aufging, als ihre Kleine das erste Mal »Mama« sagte, wiegt diese kleine Geschichte in der Waagschale »Nutzen« schwer.

Bestätigungsverzerrung

Die Bewertung nicht quantifizierbarer Aspekte hängt von unserer Ausgangsmeinung ab. Ist Georg z. B. konservativ erzogen und Kinder sind für ihn eine Art Automatismus in der Beziehungsentwicklung, so wird er unbewusst Argumente, die seine Grundhaltung bestätigen, höher gewichten als Gegenargumente. Dies geschieht unbewusst und wir können uns gegen diesen Effekt ohne Hilfsmittel, etwa eine Nutzwertanalyse (die ich Rosetta in »Entscheidung 2« empfohlen habe,) kaum wehren.

Status-quo-Verzerrungen

Sind wir unsicher, was das Neue bringt, halten wir eher am Alten, am Bekannten, fest. Dies ist umso stärker ausgeprägt, je komfortabler die Ausgangssituation ist. Und zweifellos haben sich Silvia und Georg ein solides Fundament geschaf-

fen. Ein Kind würde dies – und genau das ist die Wahrnehmungsverzerrung – eher gefährden als bereichern.
Die nicht quantifizierbaren Kosten werden über- und die Nutzenaspekte unterbewertet.

Selbstwertdienliche Verzeihung
Wir suchen nach Argumenten, die uns helfen, unser Verhalten vor uns selbst zu rechtfertigen. Dieser Effekt ist umso stärker, je kritischer eine Entscheidung ist. Und die Entscheidung, ein Kind zu bekommen, ist kritisch – wie gezeigt. Doch die Konsequenz ist: Silvia und Georg können nicht darauf hoffen, Rat von ihren Freunden zu bekommen! Die einen haben Kinder und sie werden ihre Entscheidung rechtfertigen und schwärmen. Die anderen haben sich gegen Kinder entschieden und werden auch dafür mit gleicher Vehemenz plädieren. Jeder verteidigt sein Handeln, andernfalls würde er sich selbst infrage stellen (müssen). Aber selbst den wenigen Ausnahmen können unsere zwei Protagonisten nicht trauen. Zwangsweise kinderlose Paare leiden womöglich an psychischen Dissonanzen, Paare, die »aus Versehen« ein Kind bekommen haben, könnten sich die Welt »schönreden«, um nicht dauerhaft zu leiden. Selbstverständlich könnte es auch anders sein, aber das wissen Silvia und Georg eben nicht und können es auch nicht herausfinden. Weil ein Kind etwas anderes ist als ein neuer Fernseher, sind Ratschläge aus dem näheren sozialen Umfeld wenig wert.

Diese Sammlung soll erst einmal genügen. Sie zeigt, wie schwierig die Situation ist. Die Tragweite der Entscheidung führt zu einer paradoxen Situation: Grundsätzlich wäre zu empfehlen, dass unser Paar es sich sehr genau überlegen sollte, wie es sich entscheidet. Doch dieses Überlegen stößt an Grenzen, denn die Probleme, die eine rationale Entscheidung verhindern, scheinen unüberwindlich:

- Die zu beachtenden Aspekte sind nur teilweise quantifizierbar. Erforderlich wäre ein Aufrechnen von messbaren und nicht messbaren Aspekten, was nicht geht.
- Die nicht quantifizierbaren Aspekte sind bei der Entscheidung, ein Kind zu bekommen, zu bedeutsam, um sie zu ignorieren.
- Zahlreiche Verzerrungen verhindern einen klaren, nüchternen Blick auf die jeweiligen Folgen der Entscheidung.
- Der Blick auf die Entscheidungsfolgen ist durch soziale Normen, Werbung und andere bewusste wie unbewusste Einflussnahmen vernebelt.
- Freunde werden schlechte Ratgeber sein.

Kurzum: Die Entscheidungsfolgen sind nicht überschaubar, die mögliche Zukunft ist ungewiss, egal, wie man sich entscheidet. Und so, wie Frau Küll Silvia und Georg eine Methode vorschlägt, um zu einer Entscheidung zu gelangen, und damit meiner Doktrin entgegenkommt, ändere ich nun meinen Kurs in ihre Richtung, und darum lautet meine Empfehlung an die zwei:

»Folgt eurem Herzen!«

Wenn alle Überlegung nicht weiterhilft, aber eine Entscheidung erforderlich ist, muss es die Intuition richten. Natürlich ist diese durch all die aufgezählten Effekt verzerrt. Aber was soll's? Mangels besserer Methode bleibt nichts anderes übrig.

Jetzt haben wir den Salat: Frau Küll als Protagonistin der »Herz-Seite« empfiehlt eine Imaginationsmethode, ich als Vertreter der »Kopf-Seite« empfehle eine Bauchentscheidung. Die Situation hier ist in vielerlei Hinsicht so extrem, dass sich die Pole annähern. Ein überraschendes Ergebnis, oder?

Nun könnte es aber sein, dass sich Silvia und Georg mit diesem Ergebnis nicht zufriedengeben. Es könnte sein, dass sie unterschiedliche Intuitionen haben. Auch wäre möglich, dass das Gefühl der Indifferenz bleibt, was letztlich Ausdruck von Verunsicherung ist. Dieser Verunsicherung kann methodisch begegnet werden. Darum möchte ich zum Schluss doch wieder in meine Rolle schlüpfen und einige Tools auflisten, die die zwei nutzen könnten, um sich ausführlicher mit ihrer Entscheidung zu beschäftigen.

Methoden, um der Verunsicherung zu begegnen

Imagination

Die Millionärs-Vorstellung wie auch die Pre-mortem-Methode helfen, sich in ein Zukunftsszenario hineinzudenken, von dem aus die Gegenwart betrachtet wird. Es wird nicht nur über die anstehende Entscheidung nachgedacht, also nach vorne geblickt, sondern es wird unterstellt, dass bestimmte Folgen der Entscheidung eingetroffen sind, und rückwärtsblickend überlegt, wie in der Gegenwart agiert werden sollte.

Nutzwertanalyse

Alle Aspekte, die durch eine Entscheidung für oder gegen ein Kind tangiert sind, werden aufgeschrieben und nach ihrer Bedeutung sortiert. Anschließend wird bewertet, inwieweit die eine oder andere Entscheidung den Aspekt verbessert – dann gibt es viele Punkte – oder verschlechtert – dann gibt es wenige Punkte. Für jeden Aspekt ergibt sich je Entscheidungsalternative (»Kind« oder »kein Kind«) ein Punktwert und die Addition der Punktwerte ergibt einen Score. Sie stutzen und halten eine solche Methode für geradezu albern in dieser Situation? Nun, tatsächlich nutzen wir genau diesen gedanklichen Ansatz intuitiv. Ich empfehle allerdings, sich nicht darauf zu verlassen, zufälligerweise alle Aspekte betrachtet oder korrekt bewertet zu haben. Machen Sie es methodisch!

Münzwurf

Nein, das ist kein Scherz. Die beiden sollten, jeder für sich, eine Münze werfen. Kopf: Kind bekommen, Zahl: kein Kind bekommen. Natürlich sollen sich die beiden nicht nach dem

Ergebnis richten. Sie sollen sich das Ergebnis des Münzwurfs anschauen und sofort und unmittelbar in sich hineinhorchen, ob ihnen das Ergebnis des Wurfs gefällt oder nicht. Dieses Verfahren, sich selbst verborgene Wünsche bewusst zu machen, vielleicht, weil gesellschaftliche Konventionen diese zudeckten, wurde von Nadja Dwenger wissenschaftlich untersucht. Es funktioniert. Und ärgert sich Georg über das Ergebnis seines Münzwurfs, weiß er Bescheid, dass er sich das Gegenteil gewünscht hat.

Wiederholung der Diskussion

Wenn Silvia und Georg über das Kinderkriegen sprechen und sie eine Entscheidung treffen, wird diese wesentlich von Zeitpunkt, Stimmungen und dem Umfeld der Diskussion abhängig sein. Stellen Sie sich zwei Szenarien vor: Im ersten sitzen die beiden auf einer Parkbank. Die Sonne scheint, die Vögel zwitschern. In der Ferne spielt ein junger Mann Federball mit seiner kleinen Tochter. Die Mutter schaut ihnen zu, lacht, freut sich über die gelungenen Ballwechsel und bereitet auf einer ausgebreiteten Decke das Picknick zu. Wie, glauben Sie, wird diese Idylle die Entscheidung beeinflussen? Nun zum zweiten Szenario: Silvia und Georg sind auf den Weg zu IKEA und mehr oder weniger zufällig auf das Kinderthema zu sprechen gekommen. Es ist wie immer am Samstagvormittag: voll! Sie kommen am »Kinderparadies« vorbei und sehen all die kreischenden, heulenden Bälger, wie sie raufen, sich gegenseitig mit bunten Bällen bewerfen und die überforderte Aufsichtsperson nerven. Und, ach ja, auch das ist bei IKEA inklusive: Die Stimmung zwischen Silvia und Georg ist gereizt. Sie ahnen bereits, welche Tendenz die Kinderdiskussion in dieser zweiten Situation bekommen wird.

Natürlich sind diese Szenarien Extreme. Vor Augen führen wollte ich Ihnen, dass das Ergebnis einer Diskussion nicht nur von Argumenten, Aspekten, Überlegungen und vermuteten Entscheidungsfolgen abhängt, sondern auch von Zeitpunkt und Umfeld der Diskussion selbst. Sollten sich Silvia und Georg also bewusst Zeit nehmen und in Ruhe über ihr Thema sprechen? Nein, eben nicht nur! Das IKEA-Szenario ist doch ebenso realistisch wie das Parkszenario! Besser ist, ein derart wichtiges Thema immer und immer wieder anzusprechen, in allen möglichen Alltagssituationen, mit mehr oder weniger Zeit und Fokus. Wenn der Kinderwunsch z. B. das IKEA-Erlebnis aushält, ist er robust. Wenn der Kinderwunsch aber nur in Schönwetterrefugien attraktiv klingt, sonst aber einen Schauer über den Rücken jagt, ist er nicht robust.

Silvia und Georg sollten reden, mit Methoden spielen und, wenn sie dann im Gleichtakt sind, ihren Herzen folgen.

Herz oder Kopf?

Ist die Entscheidungssituation, vor der Silvia und Georg stehen, anders als jene von Tim und Sandra? Beide Paare stehen vor Kreuzungen des Lebens. In beiden Fällen sind die Entscheidungen elementar für die Lebensführung und hinsichtlich der Kinder unumkehrbar. Zwei Unterschiede gibt es aber:

1. Sandra ist willig, Tim zögert. Silvia und Georg hingegen erscheinen als geschlossenes Paar.
2. Silvia und Georg haben sich bereits vieles aufgebaut und sind Verpflichtungen eingegangen, während Tim und Sandra noch am Anfang stehen.

Wie wichtig sind diese Unterschiede?

Der erste gibt über die persönlichen Wertvorstellungen und Einstellungen gegenüber Bindung im Allgemeinen und Speziellen Auskunft. Darauf kam es uns hier in diesem Kapitel aber nicht an, sondern der zweite Unterschied stand bei uns beiden im Mittelpunkt: Es sind die Kosten, die entstehen, wenn sich Silvia und Georg für Kinder entscheiden. Diese Kosten bestehen aus dem Verzicht auf viele Annehmlichkeiten sowie aus der Inkaufnahme finanzieller Risiken, denn mit vorläufig nur einem Einkommen würde es schwerer werden, all den Verpflichtungen nachzukommen. Diese Kosten lassen sich mit dem Taschenrechner berechnen, der Nutzen aber nicht.

In einer solchen Situation ist es nahezu unmöglich, mehr zu tun, als verschiedene Methoden zu nutzen, die Silvia und Georg helfen, sich ihre zukünftige Situation vorzustellen. Doch ist das schon eine Entscheidungshilfe? Wir meinen: Ja!

Oft zögern wir Entscheidungen hinaus, weil uns die Folgen wie unüberwindliche Berge erscheinen. »Das schaffe ich nicht!« Dann ist es eine gute Idee, sich die Zukunft vorzustellen, aber nicht wie eine Traumkulisse, nicht wie im Märchen, nicht als Wunschszenario, sondern konkret, mit all ihren Facetten, als »gelungene« Zukunft und auch als »gescheiterte« Zukunft. Wenn wir uns mit unseren Entscheidungsfolgen beschäftigen, bekommen wir ein Gefühl für die Beeinflussbarkeit der Zukunft. Wir sind dann nicht mehr »Opfer« einer Entwicklung, sondern lernen, inwieweit wir deren Gestalter sind. Wir erhalten eine »Lebensstrategie« und Sicherheit. Ein guter Anreiz, sich mit den von uns vorgeschlagenen Methoden zu beschäftigen.

Hauskauf – Land/Stadt?

Ein Nest soll gebaut werden. Max (33) und Sophie (31) haben zwei Kinder (1 und 3 Jahre). Sophie arbeitet seit dreieinhalb Jahren nicht mehr, sondern kümmert sich ausschließlich um die Kinder. Finanziell ist das kein Problem, denn Max verdient als Kreativdirektor einer Werbeagentur in Köln ausreichend. Nun denken sie darüber nach, für die Familie ein geräumigeres Heim zu finden. Ein Haus oder eine große Eigentumswohnung in der Stadt ist trotz des guten Einkommens von Max nicht zu bezahlen. Also raus aufs Land? Dort wäre ein Haus im Budget. Für die Kinder wäre das sicher auch schöner. Doch der Umzug aufs Land würde viel Pendelei bedeuten, zusätzlich zu Max' anstrengenden 60-Stunden-Wochen. Auch für Sophie gäbe es Einschränkungen: Sie verließe Freundinnen und die anderen Mütter, mit denen sie sich gut versteht. Auch die spätere Rückkehr in den Job wäre erschwert.

Wie sollen sich Max und Sophie entscheiden? Sollen sie weiterhin in der Stadt zur Miete wohnen oder sich ein Haus auf dem Land kaufen?

Was rät der Kopf?

Hier haben wir ein vergleichsweise einfach zu lösendes Problem. Anders als Silvias und Georgs »Kinder«-Entscheidung haben wir es mit einem klassischen Auswahlproblem zu tun. Zwei realistische Alternativen stehen zur Wahl. Beide sind akzeptabel, beide bieten Perspektive. Hier fühle ich mich in meinem Element, denn eine Entscheidung kann methodisch unterstützt »erarbeitet« werden. Nicht, dass dies leicht wäre, aber es ist eben nur Aufwand. Den beiden kann geholfen werden.

Strategisch an die Lösung herangehen

Ein Haus im ländlichen Umfeld Kölns zu kaufen, ist eine »strategische Lebensentscheidung«! Als strategisch bezeichnen wir etwas, das langfristig wirkt und von bedeutender Relevanz ist. Beide Kriterien müssen erfüllt sein. Die Auswahl der Farbe, mit der die Küche gestrichen werden soll, ist beispielsweise nicht strategisch. Sie wirkt zwar langfristig, ist aber von geringer Relevanz für die Lebensführung. Man gewöhnt sich rasch oder kann die Entscheidung revidieren und neu streichen. Hier sind für Sophie und Max beide Kriterien erfüllt: Der Kauf des Hauses und der Umzug binden langfristig und die Lebensführung wird sich signifikant ändern. Es ist eine strategische Entscheidung. Aber anders als die Frage des Kinderkriegens ist die anstehende Entscheidung reversibel. Das Haus kann wieder verkauft werden. Vielleicht bedeutet es, einen Verlust zu machen, aber es ist ansonsten unkritisch. Selbst die Berufswahl oder nach Mallorca auszuwandern wären stärker bindende und die Zukunft mehr beeinflussende Entscheidungen. Das Haus bindet eben nur, solange das Haus auch bewohnt wird.

Aber was genau »bindet« es? Es sind Zwänge verschiedener Kategorien, die auf einen Käufer zukommen.

- Ein Haus bindet Geld: Darlehen, Rücklagen, Reparaturen, Investitionen.
- Ein Haus bindet Zeit: Pendelzeiten, Gartenpflege, Reparaturen.
- Ein Haus schränkt das soziale Umfeld ein: Nachbarschaft, Spielkinder, Kita, Grundschule.
- Ein Haus bindet räumlich: Freizeitwert des Umfelds, Restaurants, Einkaufsmöglichkeiten.

Dabei ist klar: Jede Wohnstatt bindet, auch wenn ein Mietobjekt naturgemäß leichter wieder verlassen werden kann als ein Eigentumsobjekt. Doch binden tun sie beide. Es ist also keine Frage des »Ob«, sondern eine Frage des »Inwieweit«. Besser: Es ist eine Abwägung zwischen graduellen Vor- und Nachteilen. Ökonomen benutzen diese Begriffe aber ungern, weil sie unpräzise und relativ sind. Wir sprechen lieber von »Kosten« und »Nutzen« von Alternativen. Und genau diese müssen Sophie und Max nun abwägen: Welche Kosten und welchen Nutzen haben eine Stadtwohnung respektive ein Haus auf dem Land?

Ziele und Bedürfnisse durch Nutzwertanalyse erkennen

Wie immer sind einige Aspekte gut quantifizierbar, etwa die Ausgaben für die Hypothek oder die Mietzahlung, andere nicht, etwa die subjektiv empfundene Wohnqualität. Die Krux ist, diese Aspekte miteinander aufzurechnen. Das klassische Verfahren hierfür ist die Nutzwertanalyse, wie ich sie für Rosetta und ihre Entscheidung (Berufswechsel) angerissen habe. Hier zeige ich sie noch einmal ausführlich, und bewusst gehe ich dabei sehr formal vor, um die Methode für Sie nachvollziehbar zu machen.

Aber fangen wir vorne an, denn ohne ein Fundament kann nicht nur das Haus nicht stabil stehen, auch unsere Methode wird wackelig sein. Das Fundament der Nutzwertanalyse heißt: Ziele! Hier geht es um jene von Max und Sophie. Die Kinder können ihre Ziele noch nicht artikulieren, aber die Eltern werden sie im Blick haben und sie sich zu eigen machen. Welche Ziele verfolgen also unsere zwei Erwachsenen in ihrem Leben? Was ist ihnen wichtig, was macht sie glücklich? Sind sie sich überhaupt über ihre Ziele im Klaren? Das ist keineswegs selbstverständlich. Wir erleben Menschen, die im Trott des Alltags ganz gut funktionieren, aber von jeder Windböe aus der Bahn geworfen werden. Sie verlieren ihren Kurs aus den Augen, oder schlimmer, sie kennen ihn nicht. Fragen Sie doch einmal Ihre Freunde: »Welche Ziele verfolgt ihr in eurem Leben?« Sie werden in verdutzte Gesichter schauen, denn die wenigsten haben sich je für eine Reflexion darüber Zeit genommen. Ich kenne meine fünf wichtigsten Ziele, sorgfältig geordnet nach Wichtigkeit, und dies hilft mir, auch im Sturm den Kurs zu halten. Kennen Sie Ihre Ziele auch?

Dies könnten wir auch Sophie und Max fragen. Aber wann fragen wir und wie? Das ist wichtig! Jeder Mensch, der in eine Familie (oder Paarbeziehung) und damit in eine Verantwortungsgemeinschaft eingebunden ist, muss seine individuellen Ziele mit den Gemeinschaftszielen in Einklang bringen. Das Resultat dieses Prozesses nennen wir »Kompromisse«. Diese sind immer dann erforderlich, wenn die individuellen Bedürfnisse und die Gruppenbedürfnisse disharmonieren. Wir pinseln dann das Kinderzimmer, obwohl wir lieber mit den Kumpels grillen würden. Und wenn wir Max und Sophie an einen Tisch setzen und gemeinsam zu ihren Zielen und Bedürfnissen fragen würden, bekämen wir keine ehrliche Antwort. Sie werden die Stirn runzeln und »erwartungskonforme« Ziele formulieren. Je verliebter sie sind oder je größer das Harmoniebedürfnis ist, desto eher. In ihr geheimes Tagebuch, in das niemand schauen darf, schreiben sie aber andere Ziele! Menschen ordnen ihre egoistischen Bedürfnisse zumindest teilweise der Gruppe unter. So funktionieren Familien.

Wo ist das Problem? Wenn wir unsere Egoismen vernachlässigen, werden sie uns einholen. Das Hintanstellen der eigenen Interessen wird unbewusst als »Kosten der Familie« verbucht. Kumulieren sich diese Kosten und steht ihnen kein Nutzen gegenüber, wird die Bilanz negativ und die Sinnfrage stellt sich. Immer nachgeben um »des lieben Friedens willen« oder weil der Partner respektive die Partnerin nachdrücklicher und fordernder ist, rächt sich.

Denken wir um! Es ist für die langfristige Stabilität einer Beziehung bzw. Familie von existenzieller Wichtigkeit, dass sich alle Mitglieder ihrer egoistischen Bedürfnisse bewusst sind und diese berücksichtigen. Das bedeutet keineswegs, egoistisch und kompromisslos aufzutreten und zu handeln. Es bedeutet, achtsam mit sich zu sein, um sich in seinem Bindungsumfeld wohlzufühlen.

Was sind denn nun die Ziele und Bedürfnisse von Sophie und Max? Gerne würde ich den beiden hinter die Stirn schauen. Aber das geht nicht. Eine direkte Frage im Gruppengespräch brächte wie erläutert auch nichts. Also müssen wir den beiden eine Hausaufgabe aufgeben und sie bitten, einige Fragen zu beantworten. Jeder für sich!

- *»Was will ich?«*
- *»Was ist mir wichtig?«*
- *»Was macht mir Angst?«*
- *»Was würde meine Lebensqualität verbessern, was sie einschränken?«*

Dabei dürfen keine Lebensbereiche ausgelassen oder ausgeblendet werden. Job, Finanzen, Gesundheit, soziales Umfeld und die Selbstverwirklichung könnten die fünf Bereiche sein, für die sich Max und Sophie – jeder für sich – überlegen, welche Ziele sie haben. Hier das mögliche Zielsystem für Max; »möglich«, weil ich mir etwas zusammengereimt habe.

Job	**Finanzen**	**Gesundheit**	**Soziales Umfeld**	**Selbstverwirklichung**
◆ Geschäftsführer Werbeagentur ◆ internationale Ausrichtung	◆ hohes Einkommen ◆ Geld für spontane Ausgaben	◆ Sport ◆ gut aussehen und attraktiv sein	◆ häufig Freunde treffen ◆ tolerante Familie	◆ Anerkennung durch beruflichen Erfolg

Klar, Max sieht hier nicht gut aus. Er scheint egozentrisch auf sich, seine Karriere und seine Stellung bedacht zu sein. Dies würde er nicht so klar herausstellen, wenn Sophie neben ihm säße, oder? Doch auch in Sophies Zielsystem gibt es Egoismen und Max ist keineswegs der Dreh- und Angelpunkt ihres Daseins. Dies ist eine wichtige Selbsterkenntnis. Sich selbst und seine Ziele zu kennen ist das Fundament, auf dem die Zukunft aufgebaut werden kann. Strategische Lebensentscheidungen können nun bewusst getroffen werden. So auch die hier bei Sophie und Max anstehende, denn beide können nun abschätzen, inwieweit die Wohnsituation die Erreichung der individuellen Ziele beeinflusst.

Gehen wir davon aus, dass beide sich mit ihren Zielen und Bedürfnissen auseinandergesetzt haben. Sie sind sich darüber bewusst, dass nicht alle Ziele in der jetzigen Lebensphase umsetzbar sind. Sie gehen Kompromisse ein. Sie wissen auch, dass sie Verantwortung für zwei Kleinkinder haben. Ihre Entscheidung steht überhaupt nur an, weil sie »für die Kleinen das Beste wollen«. Mit diesem Vorwissen ausgerüstet steigen Max und Sophie nun in die Nutzwertanalyse ein. Sinn der Methode ist es, das komplexe Entscheidungsproblem in Teile zu zerlegen. Jeder Teil, nun aus seinem Kontext gerissen, kann nüchterner bewertet werden und es gelingt, viele eigentlich nicht vergleichbare Kriterien, also quantifizierbare und nicht quantifizierbare, miteinzubeziehen.

Legen wir los:

1. Schritt: Was ist zu entscheiden?

Hier ist es klar: Sollen wir weiterhin in der Stadt zur Miete wohnen oder ein Haus auf dem Land kaufen?

2. Schritt: Welche Bedeutung haben die Lebensbereiche für meine Lebensziele?

Hier sind Max und Sophie aufgefordert, jeder für sich eine prozentuale Gewichtung vorzunehmen. Das Ergebnis sieht wie folgt aus:

Kategorie	Bedeutung für Max	Bedeutung für Sophie
Job	30 %	5 %
Finanzen	20 %	5 %
Gesundheit	10 %	20 %
Soziales Umfeld	10 %	30 %
Selbstverwirklichung	30 %	40 %
Summe	100 %	100 %

Max ist der Job anscheinend sehr viel wichtiger als das soziale Umfeld, Sophie ist die Selbstverwirklichung das Wichtigste. Die zwei brauchen sich aber nicht zu streiten. Jeder darf bei seiner Gewichtung bleiben.

3. Schritt: Welche Aspekte beeinflussen die Entscheidung?

Sophie und Max suchen nach Kriterien, von denen sie annehmen, dass sie ihre jeweilige Entscheidung für die eine oder andere Alternative beeinflussen. Sie gehen dabei Kategorie für Kategorie vor. Typisch wären drei bis fünf Kriterien je Kategorie.

Bis hierhin haben die beiden zusammengesessen. Nun aber zieht sich jeder in eine stille Ecke zurück und arbeitet allein weiter. Denn nun bewertet ein jeder, welche Bedeutung jedes Kriterium innerhalb der zugehörigen Kategorie besitzt. Wären es beispielsweise vier und jedes Kriterium wäre gleich wichtig, bekäme jedes ein Gewicht von 25 %. Das Gesamtgewicht (des Kriteriums) entsteht dann durch die Multiplikation des Kategoriegewichts mit dem Kriteriumsgewicht. Hier stelle ich das Ergebnis für Max dar. Sophie nutzt die gleichen Kriterien, kommt aber zu anderen Gewichten.

Kategorie	Gewicht der Kategorie	Kriterium	Gewicht innerhalb der Kategorie	Gewicht des Kriteriums
Job	30 %	spontanes Arbeiten bei Bedarf möglich	40 %	12 %
		Breitbandanschluss	10 %	3 %
		Platz für Homeoffice	20 %	6 %
		Einfluss auf Karriere	30 %	9 %
Finanzen	20 %	monatliche Belastung	70 %	14 %
		Altersvorsorge	10 %	2 %
		finanzielle Risiken	20 %	4 %
Gesundheit	10 %	Belastung durch Pendeln	10 %	1 %
		Zeit für Sport	50 %	5 %
		Verfügbarkeit Gym	20 %	2 %
		Verfügbarkeit Sportfreunde	20 %	2 %
Soziales Umfeld	10 %	»unkritische« Nachbarn	70 %	7 %
		Sozialniveau im Umfeld	20 %	2 %
		Zeit für Sophie	10 %	1 %
Selbst-verwirk-lichung	30 %	spontane Aktivitäten im näheren Umfeld	20 %	6 %
		Rückzugsmöglichkeiten	10 %	3 %
		Freunde treffen	20 %	6 %
		Kulturaktivitäten	50 %	15 %
Summe	100 %			100 %

Mir ist als Autor natürlich klar, dass manche Leser hier aussteigen. »Zu kompliziert«. Ja, es mag komplex aussehen und das Vorgehen ungewohnt sein, aber es bietet einen Vorteil: Ein Gesamtproblem auf diese Weise zu zerlegen, führt zu überraschenden Ergebnissen. Max war vielleicht nicht bewusst, dass die Spontaneität am Arbeitsplatz, die monatlichen finanziellen Belastungen und die Chance, Kulturangebote wahrzunehmen, seine drei wichtigsten Kriterien für die Wahl des Wohnortes sind. Es mag ihn auch verwundern, dass seine Familie erst an zweiter Stelle kommt. Dies ist ein wichtiger Erkenntnisprozess, der zuweilen unbequem ist. Es ist ein Spiegel, den nicht ein Psychotherapeut, sondern der Taschenrechner vorhält. Selbstehrlichkeit ist zunächst nur im Detail erforderlich (Bestimmung der Gewichte), grundsätzliche Prioritäten der Lebensführung zeigen sich als Ergebnis der Berechnungen.

Sophie hat das Gleiche getan wie Max. Die fünf Kategorien (Lebensbereiche) und die Kriterien sind wie beschrieben die gleichen, aber die Gewichtung ist eine andere. Ich empfehle den beiden, dass sie sich die jeweiligen Zwischenergebnisse vorerst nicht zeigen. Die Gefahr ist, dass zu früh über Details diskutiert wird.

4. Schritt: Inwieweit erfüllt die jeweilige Wohnvariante die Kriterien?

Hierfür nutzen die beiden eine Skala, z. B. vergeben sie 0 bis 10 Punkte. 0 bedeutet, dass die Option das Kriterium gar nicht erfüllt, 1 bis 3 Punkte gibt es, wenn erhebliche Mängel (Einbußen bei der Lebensqualität) zu erwarten sind, 4 bis 6 Punkte bilden das »Mittelfeld«, 7 bis 9 Punkte deuten auf eine gute Erfüllung hin und 10 wäre die Spitzenbewertung. Bedeutsam ist, dass viele Punkte immer ein für die Lebensführung positives Ergebnis repräsentieren. Schauen wir uns für Max das Ergebnis an:

Kategorie	Kriterium	Stadtwohnung	Haus auf dem Land
Job	spontanes Arbeiten bei Bedarf möglich	9	2
	Breitbandanschluss	7	3
	Platz für Homeoffice	1	8
	Einfluss auf Karriere	3	2
Finanzen	monatliche Belastung	6	8
	Altersvorsorge	0	5
	finanzielle Risiken	9	2

Kategorie	Kriterium	Stadt-wohnung	Haus auf dem Land
Gesund-heit	Belastung durch Pendeln	7	1
	Zeit für Sport	8	3
	Verfügbarkeit Gym	10	0
	Verfügbarkeit Sportfreunde	5	5
Soziales Umfeld	»unkritische« Nachbarn	5	7
	Sozialniveau im Umfeld	2	9
	Zeit für Sophie	3	10
Selbst-verwirk-lichung	spontane Aktivitäten im näheren Umfeld	10	3
	Rückzugsmöglichkeiten	5	5
	Freunde treffen	8	2
	Kulturaktivitäten	9	1

5. Schritt: Ausmultiplizieren und Score berechnen. Der Rest ist Mathematik. Die Bewertungen je Kriterium werden mit dem jeweiligen Bedeutungsgewicht multipliziert und die Ergebnisse für die 18 Kriterien addiert:

Kriterium	Gewicht des Kriteriums	Bewertung Stadtwohnung		Bewertung Land	
		Gew.	Score	Gew.	Score
spontanes Arbeiten bei Bedarf möglich	12 %	9	1,08	2	0,24
Breitbandanschluss	3 %	7	0,21	3	0,09
Platz für Homeoffice	6 %	1	0,06	8	0,48
Einfluss auf Karriere	9 %	3	0,27	2	0,18
monatliche Belastung	14 %	6	0,84	8	1,12
Altersvorsorge	2 %	0	0	5	0,10
finanzielle Risiken	4 %	9	0,36	2	0,08

Kriterium	Gewicht des Kriteriums	Bewertung Stadtwohnung		Bewertung Land	
		Gew.	Score	Gew.	Score
Zeit für Sport	5 %	8	0,40	3	0,15
Verfügbarkeit Gym	2 %	10	0,20	0	0
Verfügbarkeit Sportfreunde	2 %	5	0,10	5	0,10
»unkritische« Nachbarn	7 %	5	0,35	7	0,49
Sozialniveau im Umfeld	2 %	2	0,04	9	0,18
Zeit für Sophie	1 %	7	0,07	4	0,04
spontane Aktivitäten im näheren Umfeld	6 %	10	0,60	3	0,18
Rückzugsmöglichkeiten	3 %	5	0,15	5	0,15
Freunde treffen	6 %	8	0,48	2	0,12
Kulturaktivitäten	15 %	9	1,35	1	0,15
Score			**6,63**		**3,86**

Für Max ist die Sache klar: Für ihn ist die Stadtwohnung die bessere Wahl. Doch wie sieht das Ergebnis für Sophie aus? Wenn sie zu dem gleichen kommt, ist die Entscheidung einfach. Ist es jedoch ein anderes und bei Sophie siegt das Haus auf dem Land über die Stadtwohnung, sollten die zwei ihre Scorecards nebeneinanderlegen und über ihre Einschätzungen (Gewichte und Bewertungen) sprechen. Dann bleibt nur eine »Verhandlung« der Kompromisse, die eingegangen werden müssen. Auch könnten die zwei eine dritte Scorecard ausfüllen, nämlich eine aus Sicht des Wohls der Kinder.

Selbstverständlich kann das Offenlegen der Scorecards neue Probleme schaffen. Schauen Sie sich doch bitte noch einmal an, wie wichtig Max die Zeit mit Sophie ist! Wird das Sophie gefallen? Ganz sicher nicht! Aber Max ist ehrlich und sollte auch vermeiden, eine »Sophie-gefällige« Bewertung vorzunehmen. Die geringe Bedeutung, die Sophie in Max' Leben zu spielen scheint, ist ein anderes Thema und sollte auch gesondert diskutiert werden. Hier, bei der Entscheidung der zukünftigen Wohnsituation, ist es nun mal so, wie es ist.

Was passiert aber, wenn das Ergebnis unklar bleibt, also die Scores allesamt nahe beieinanderliegen? Auch dann hat die Nutzwertanalyse eine Erkenntnis gebracht: Es ist egal! Das mag irritieren, aber das Ergebnis ist, wie es ist. Hier hilft als methodische Ergänzung ein Blick in die Zukunft, also eine der in diesem Buch beschriebenen Imaginationstechniken: Verschieben sich die Kriteriengewichte oder die Bewertungen, wenn Max und Sophie einige Jahre älter sind oder die Kinder auf eine weiterführende Schule müssen? Wie kompliziert ist es, die Entscheidung rückgängig zu machen? Der Umzug in eine andere Stadt, z. B. weil Max einen lukrativen Job gefunden hat, wäre leicht, aber das hypothekenbelastete Haus wieder zu verkaufen oder es zu vermieten, schwierig.

Das Fazit: Ich habe Ihnen hier ein formales Entscheidungsverfahren demonstriert. Es eignet sich zur Bewertung zweier oder mehrerer Alternativen und kommt dann zum Einsatz, wenn die Bewertungskriterien unterschiedlicher Natur sind. Ziel ist, das komplexe Entscheidungsproblem in Häppchen zu zerlegen. Hierdurch werden kognitive Verzerrungen, Fremdeinflüsse und Fehlentscheidungen, etwa durch unbewusst mitschwingende Ängste und Wünsche, vermieden; zumindest werden sie abgemildert. Das Verfahren erzwingt Selbstehrlichkeit und liefert zuweilen unbequeme Ergebnisse. Probieren Sie es aus!

Was rät das Herz?

Ich gebe Prof. Kühnapfel recht. Ich wäre raus. Spätestens bei der Bewertung, welche Bedeutung jedes Kriterium innerhalb der zugehörigen Kategorie besitzt. Das ist mir zu kompliziert, zu mathematisch, zu unpersönlich. Ich glaube sogar, dass viele Menschen gar nicht wirklich einschätzen können, was ihnen *wie* wichtig ist. Diese Kosten-Nutzen-Analyse, die Max und Sophie getrennt voneinander aufstellen sollen, wäre nicht mein favorisiertes Entscheidungstool. Auch deswegen nicht, weil ich auch nach über 30 Jahren in einer Beziehung noch romantische Vorstellungen habe, wie ein Paar zu einer Entscheidung kommen kann, die für alle Seiten gut ist. Ich glaube, dass Paare auch deswegen ein Paar geworden sind, weil sie die gleichen Werte und in vielen Bereichen ähnliche Ziele haben und deswegen bei Entscheidungen durchaus an einem Strang ziehen oder im selben Boot sitzen oder einfach in die gleiche Richtung wollen.

Alle (un)möglichen Wahlmöglichkeiten in Betracht ziehen

Deswegen gehe ich davon aus, dass bei Max und Sophie keine Entscheidung getrennt voneinander getroffen werden muss, man aber die Entscheidungsmöglichkeiten erweitern sollte. Denn die beiden haben ja nicht nur die Wahl zwischen Hauskauf auf dem Land oder Mietwohnung in der Stadt. Da gibt es doch noch viel mehr Möglichkeiten. Sie könnten ein Haus auf dem Land mieten oder eine Wohnung in der Stadt kaufen. Oder noch etwas ganz anderes. Wenn man die Wahlmöglichkeiten erhöht, wachsen der Freiheitsgrad und die Chance, dass jeder seiner Wunschvorstellung möglichst nahekommt. Gute Entscheidungen kann man vor allem dann treffen, wenn man wirklich eine Möglichkeit zur Wahl hat.

Das Tetralemma-/Multilemma-Tool

Ein häufig angewandtes Entscheidungstool im Coaching ist das Tetralemma oder das Multilemma. Dabei geht man immer von einem klassischen Dilemma aus, das laut Duden eine Zwangslage bzw. eine Situation ist, »in der sich jemand befindet, besonders wenn er zwischen zwei in gleicher Weise schwierigen oder unangenehmen Dingen wählen soll oder muss«. Bei einem Tetralemma werden die Entscheidungsmöglichkeiten »das eine« oder »das andere« erweitert durch »beides« oder »keins von beidem«. Diese Möglichkeiten sehen wir oft nicht. Auf den ersten Blick erscheint es abwegig, »beides« oder »keins von beidem« wählen zu können. Aber wenn man sich einmal auf dieses Gedankenspiel einlässt, stellt man fest, dass man tatsächlich in den allermeisten Fällen mehr als zwei Möglichkeiten zur Wahl hat. Das Multilemma wird angewendet, wenn man von vornherein mehrere Wahlmöglichkeiten hat – wie im Fall von Max und Sophie.

Zunächst einmal gilt es, alle möglichen Wege, die die beiden einschlagen können, aufzuschreiben. Am besten nehmen sich Max und Sophie Karteikarten und halten pro Karteikarte eine Wahlmöglichkeit schriftlich fest. Mir sind folgende Ideen gekommen, Max und Sophie kämen vielleicht noch auf ganz andere Gedanken:

- Mietwohnung in der Stadt (wie gehabt)
- Wohnungskauf in der Stadt (kleine Wohnung, weil für eine große das Geld fehlt)
- Miethaus auf dem Land
- Hauskauf auf dem Land
- kleine Mietwohnung in der Stadt und Hauskauf auf dem Land
- große Mietwohnung in der Stadt und Wochenendhaus auf dem Land

Nun gilt es, sich mit jeder Möglichkeit zu beschäftigen. Allein durch die vertiefte Beschäftigung mit jeder Option wird sich ein klareres Bild ergeben, was den beiden in ihrem Leben wichtig ist, welche Werte, welche Bedürfnisse und welche Vorstellungen sie vom Leben haben. Wichtig erscheint mir, dass die beiden offen und ehrlich über ihre Vorstellungen reden. In vielen Beziehungen wird viel zu wenig kommuniziert oder es werden wichtige Wünsche und Bedürfnisse nicht laut benannt, weil man befürchtet, den Partner/die Partnerin zu enttäuschen. Doch genau diese fehlende Kommunikation führt oft dazu, dass am Ende keiner das bekommt, was er wirklich möchte.

Wenn Max und Sophie alle möglichen Optionen, die ihnen eingefallen sind (und durchaus auch die, die sie auf den ersten Blick als völlig abwegig abtun wollen), aufgeschrieben haben, geht die Arbeit los. Die beiden nehmen sich nacheinander jede Option vor und beantworten für jede Option einen Fragenkatalog.

Am Anfang steht immer die Frage, die sie sich gegenseitig stellen können:

> *»Stell dir einmal vor, du hättest dich für die Mietwohnung in der Stadt entschieden …«*

Wichtig ist, dass die Fragestellung in der »du-Form« gestellt wird und nicht in der »wir-Form«, sonst ist jeder schnell dabei, für den anderen zu argumentieren. Hier soll jeder Partner für sich seine Sicht der Dinge benennen können.

Einmal angenommen, Max würde Sophie den Vortritt lassen und sie würde bei der ersten Option zuerst die Antworten geben, dann könnte das Gespräch, das sie aus dem Entscheidungs-Dilemma führt, so ablaufen:

Beispiel-Fragerunde

1. Option, Fragen an Sophie:
Max: *»Stell dir einmal vor, du hättest dich für die Mietwohnung in der Stadt entschieden. Wie würde dein Alltag dann aussehen?«*

Hier soll Sophie möglichst detailliert schildern, wie ihr Tag von morgens bis abends aussähe, vom Aufstehen bis zum Einschlafen. Max notiert alle Antworten stichwortartig mit. Sophies Antwort könnte so lauten:

Sophie: »*Das ist ja die Situation, die wir kennen. Das muss ich ja nicht ausführlich beschreiben, denn wir wissen beide, wie unser Alltag in der Mietwohnung aussieht.*«

Bei der Option »Ist-Zustand« lauern ein paar kleine Fallen. Oft denkt man, der andere wüsste schon, wie es ist. In Wirklichkeit bekommt der andere vieles gar nicht mit oder schätzt Situationen ganz anders ein. Deswegen ist es wichtig, bei diesem Gespräch auch über den Ist-Zustand ausführlicher zu sprechen.

So könnte Max nachfragen: »*Was gefällt dir an deinem Leben in der Mietwohnung am besten?*«

Ich kann mir vorstellen, dass Sophie hier folgende Antwort geben könnte: »*Es ist klasse, dass alles in der Nähe ist. Der Supermarkt, der Kindergarten, alle Ärzte, die Freunde der Kinder, meine Freundinnen. Ich brauche kein Auto, kann alles mit dem Rad machen. Wir können auch spontan abends ins Kino gehen, weil immer eines von den größeren Nachbarskindern da ist, um auf unsere Kleinen aufzupassen. Und das Geld für Kino und Essen haben wir auch, weil wir uns die Miete problemlos leisten können.*«

Sollte Sophie ins Stocken geraten oder nichts mehr erzählen, soll Max immer erst nachfragen, ob es noch etwas gibt, was sie besonders mag. Wenn Sophie fertig mit Erzählen ist, soll Max die nächste Frage stellen, die für viele ungewöhnlich sein dürfte.

»Wenn du jetzt in dich hineinfühlst, nachdem du erzählt hast, was dir am Leben in der Mietwohnung in der Stadt am besten gefällt, wie fühlt sich dein Körper an? Wie schlägt dein Herz? Ist dir kalt oder warm? Fühlt sich das angenehm oder unangenehm an?«

Die körperliche Seite ist das, was wir bei Entscheidungen viel zu oft vernachlässigen. Unser Körper ist oft ein Seismograf, der viel besser als unser Hirn erspüren kann, ob eine Entscheidung gut oder schlecht für uns ist. Hier sind alle Körperregungen wichtig. Herzrasen, kalte Hände, weiche Knie, Grummeln im Bauch. Ich könnte mir vorstellen, dass Sophie folgendermaßen antwortet:

»Wenn ich an unser Leben in der Mietwohnung in der Stadt denke, fühle ich mich lebendig, es ist, als hätte ich zwei Espressi hintereinander getrunken. Mein Herz hüpft ein bisschen – das fühlt sich gut an.«

Jede Gefühlsregung soll Max für Sophie aufschreiben und immer dazu notieren, ob sich das jeweilige Gefühl positiv oder negativ anfühlt.

Anschließend kann Max die nächste Frage stellen:

»Was gefällt dir denn an der Mietwohnung in der Stadt am wenigsten?«

Sophie: *»Es geht mir schon auf die Nerven, dass es hier so laut ist. Die vielen Nachbarn, der Straßenlärm. Im Sommer können wir abends die Fenster kaum öffnen, weil der Lärm die Kinder beim Einschlafen hindert. Auch dass der nächste Park zum Spazierengehen nicht zu Fuß zu erreichen ist, nervt mich.«*

Auch hier soll Max so lange nachfragen, ob Sophie noch etwas stört, bis keine Antwort mehr kommt.

Und auch hier schließt sich die wichtige Frage an, welche Signale Sophies Körper bei dem Erzählten gibt und ob diese Signale positiv oder negativ sind.

Eventuell spürt Sophie folgende Signale ihres Körpers: »*Ich fühle in mir, dass ich ein wenig ausgepowert bin, weil immer was los ist und ich insgesamt zu wenig zur Ruhe komme. Meine Beine sind eher etwas schwer, als ob Blei in ihnen wäre.*«

Max notiert alle Antworten Sophies und kann dann zur letzten Frage für diese Option kommen:

»Stell dir einmal eine Skala vor von 1 bis 10. Wo stehst du, nachdem du jetzt erzählt hast, was du an der Mietwohnung in der Stadt magst und was nicht und welche Signale dein Körper gibt? 1 bedeutet, das Leben in der Mietwohnung in der Stadt ist unvorstellbar, und 10 bedeutet, das Leben in der Mietwohnung in der Stadt ist genau das, was du leben willst.«

Hier soll Sophie ganz spontan eine Einschätzung geben, sagen wir mal, sie wählt die 6.

Jetzt wechseln Sophie und Max die Rollen. Jetzt fragt Sophie und Max antwortet.

1. Option, Fragen an Max:
Sophie: »*Stell dir einmal vor, du hättest dich für die Mietwohnung in der Stadt entschieden. Wie würde dein Alltag dann aussehen?*«

Hier könnte Max folgende Antwort geben: *»So wie es jetzt ist: Ich gehe früh aus dem Haus, arbeite viel, komme spät nach Hause. An den Wochenenden verbringen wir unsere Zeit gemeinsam mit den Kindern und unseren Freunden.«*

Bei der Beschreibung des Ist-Zustands können sich die beiden etwas kürzer halten, bei der Beschreibung des Alltags der anderen Optionen ist es aber umso wichtiger, dass sie möglichst detailliert beschreiben. Doch bleiben wir vorläufig bei der ersten Option.

Nun stellt Sophie die nächste Frage: *»Was gefällt dir an deinem Leben in der Mietwohnung am besten?«*

Hier könnte Max antworten, dass er es sehr schätzt, dass er morgens noch eine Tasse Kaffee mit Sophie trinken kann, bevor es ins Büro geht. Dass er mit dem Rad oder den Öffentlichen zur Arbeit kommt. Dass er die Wahlmöglichkeiten zwischen 20 Restaurants, zwei Kinos, einem Theater und drei Fitnessstudios mag, auch wenn er selten die Zeit hat, diese Möglichkeiten wahrzunehmen.

Auch Sophie fragt so lange nach, ob Max noch etwas einfällt, was er besonders mag, bis er wirklich gar keine Ideen mehr hat.

Nun kommt die Frage nach den körperlichen Signalen: *»Wenn du jetzt in dich hineinfühlst, nachdem du erzählt hast, was dir am Leben in der Mietwohnung in der Stadt am besten gefällt, wie fühlt sich dein Körper an? Wie schlägt dein Herz? Ist dir kalt oder warm? Fühlt sich das angenehm oder unangenehm an?«*

Hier könnte es sein, dass Max gar nichts spürt oder glaubt, nichts zu spüren. Dann ist es gut, wenn man einfach mal schweigt und dem anderen die Zeit gibt, wirklich in sich hineinzuspüren. Auch Kleinigkeiten, wie ein Lid, das plötzlich zuckt, sind Signale, die wahrgenommen und aufgeschrieben werden sollen. Vielleicht spürt aber Max auch so etwas wie Energie und Freude, wenn er an die positiven Seiten der Ist-Situation denkt.

Dann kann Sophie die nächste Frage stellen: »*Was gefällt dir denn an der Mietwohnung in der Stadt am wenigsten?*«

Max: »*Ich hätte schon gern etwas Eigenes, auch als Sicherheit für unser Alter. Außerdem wäre es schön, wenn wir mehr Platz im Freien hätten als den kleinen Balkon.*«

Auch hier schließt sich die Frage nach den körperlichen Signalen an. Max' Antwort:

»Wenn ich an das denke, was mir an der Mietwohnung in der Stadt nicht gefällt, spüre ich etwas, was wie ein Stein auf mir lastet. Es fühlt sich klein und eng an.«

Wenn Max auf Sophies Nachfragen keine Körpersignale mehr ausmachen kann, soll auch er skalieren, indem er folgende Frage beantwortet.

»Stell dir einmal eine Skala vor von 1 bis 10, wo stehst du, nachdem du jetzt erzählt hast, was du an der Mietwohnung in der Stadt magst und was nicht und welche Signale dein Körper gibt. 1 bedeutet, das Leben in der Mietwohnung in der Stadt ist unvorstellbar und 10 bedeutet, das Leben in der Mietwohnung in der Stadt ist genau das, was du leben willst.«

Nehmen wir an, Max fühlt sich bei der ersten Option auf der Skala bei 4. Das wird notiert und nun beginnt die Fragerunde mit der zweiten Option. Hier könnte Max zuerst antworten und Sophie fragen.

Bei allen weiteren Optionen ist die erste Frage, wie der Alltag aussähe, wenn man sich bereits für diese Option entschieden hätte, besonders wichtig, denn hier können die Beteiligten sich richtig einfühlen, was die einzelnen Optionen im Detail bedeuten. Es macht auch Sinn, sich den Alltag im Sommer und im Winter anzuschauen. Denn ein Leben auf dem Land kann sich im Sommer sehr gut anfühlen, aber es gibt dann eben auch lange, dunkle Nächte, lange Fahrtzeiten bei Schnee und Eis und dergleichen mehr. Wie sehen die einzelnen Optionen zu den verschiedenen Jahreszeiten aus? Und am Wochenende? Und wie könnte ein Alltag aussehen, wenn beide Kinder schulpflichtig sind?

Ich weiß, dieses Verfahren ist aufwendig, weil es für jede Option detailliert durchgespielt werden muss. Aber je mehr sich Max und Sophie mit den verschiedenen Situationen auseinandersetzen, desto mehr werden sie feststellen, was sie wirklich anzieht und wo sie glücklich werden können. Wenn alle Optionen skaliert worden sind, kann offen diskutiert werden, also all die Fragen gestellt werden, die aufgekommen sind und noch nicht beantwortet wurden.

Ich finde es auch deswegen wichtig, dass Max und Sophie den Weg bis zur Entscheidung gemeinsam gehen, weil sie in den gemeinsamen Gesprächen viel voneinander lernen werden und den anderen noch einmal von ganz anderen Seiten kennenlernen können. Wenn sie sich gegenseitig nur ihre Ergebnisse präsentieren, kann die Enttäuschung, dass dem anderen etwas ganz anderes so wichtig ist, sehr groß sein. Kommunikation ist eines der Super-Rezepte für eine funktionierende Partnerschaft, und Max und Sophie können die Entscheidung, wo und wie sie in Zukunft leben wollen, dafür nutzen, um ihre Kommunikationsfähigkeit auszubauen und ihre Gesprächsbereitschaft zu verdeutlichen. Gerade wenn Kinder da sind, bleiben Gespräche über gemeinsame Ziele, Wünsche und Bedürfnisse oft auf der Strecke, weil man gerade genug Zeit und Kraft hat, um gemeinsam den Alltag zu organisieren.

Gefühle direkt befragen

Wenn man übrigens bereits einen guten Kontakt zu seinen Bauchgefühlen hat, kann man die Fragerunden auch überspringen und direkt die Gefühle befragen. Das ist im Coaching eine gängige Praxis, ich weiß aber auch, dass sich das für viele erst mal völlig unvorstellbar anhört. Vielleicht wollen Sie sich einmal darauf einlassen, es ist nicht schwer, nur eben ungewohnt.

Dabei schreibt man jede Option auf eine Karteikarte. Anschließend werden alle Karten gemischt und mit der Schrift nach unten auf dem Boden verteilt.

Nun stellt man sich nacheinander auf die einzelnen Karten, ohne zu wissen, welche Option auf der Karte beschrieben wird, und beobachtet nur, welche Signale der Körper gibt. Manchmal schleicht sich ein Lächeln auf die Lippen. Manchmal steht man fest wie ein Fels in der Brandung. Manchmal fühlt man sich wie Schilfrohr, das vom Wind hin und her gebogen wird.

Wenn Max und Sophie diese Art der Aufstellung ausprobieren möchten, kann der eine für den anderen die Karten mischen und verteilen und anschließend notieren, auf welcher Karte welche Körpersignale spürbar wurden. Nicht immer ist der Körper eindeutig mit dem, was er will. Aber oft gibt es klare Signale, was überhaupt nicht geht. Abschließend werden die Karten aufgedeckt und mit den beschriebenen Körpersignalen, die der andere notiert hat, abgeglichen.

Ich selbst nutze dieses Tool immer, wenn ich gar nicht weiß, wie ich mich entscheiden soll, und bin immer wieder erstaunt darüber, wie fest und stark ich mich auf der einen Karte fühlen kann und wie schwach und wackelig auf einer anderen.

Sollte sich nach Nutzung dieses Tools herausstellen, dass Max und Sophie grundsätzlich komplett Gegenteiliges favorisieren, sollten sie das Thema »Umzug, Hauskauf« erst einmal auf Eis legen und im ersten Schritt ganz andere Dinge klären, nämlich ob überhaupt eine gemeinsame Zukunft wünschenswert und angestrebt ist. Wenn bei den beiden die Basis aber stimmt, dann wird diese durch die »Raus-aus-dem-Dilemma-Gespräche« noch gestärkt, denn gute Gespräche in einer Beziehung verbinden ähnlich wie guter Sex.

Im Vorfeld der Gespräche hilft es auch, wenn man einmal mit einem ganz anderen Umfeld als gewohnt über mögliche Optionen nachdenkt. Menschen einer anderen Generation oder mit einem anderen gesellschaftlichen Hintergrund haben oft ganz andere Ideen, auf die man selbst nie kommen würde. »Thinking out oft the box« nennt das ein amerikanischer Freund, wenn er ganz bewusst die Meinungen anderer abfragt, die ein ganz anderes Leben führen als er selbst. Es könnte also gut sein, dass Max und Sophie anfangs dachten, sie hätten lediglich die Wahl zwischen Mietwohnung in der Stadt oder Hauskauf auf dem Land. Am Ende könnten sie umziehen – in eine kleine Eigentumswohnung in der Stadt, die aber in einem anderen Stadtviertel und näher an einem Park liegt, und sie mieten sich zusätzlich ein Wochenendhäuschen auf dem Land, in dem sie die freien Tage mit den Kindern verbringen können. Die große Vielfalt an Wahlmöglichkeiten, die wir heutzutage haben, muss man lediglich zu nutzen wissen.

Herz oder Kopf?

Das ganze Leben besteht aus einer Vielzahl von Kompromissen. Jeder Kompromiss ist ein Tausch: Wir geben etwas und dafür erhalten wir etwas. Kompromisse sind unabwendbar, wenn wir uns mit anderen einlassen. Im Job, in der Clique und erst recht in einer Partnerschaft bzw. einer Familie sind sie ständiger Begleiter unserer Überlegungen, wann immer eine Entscheidung ansteht. Diese Kompromisse sind aber keine Konstanten, sie verändern sich mit den Optionen. Mal gefallen sie uns, mal passen sie so gar nicht.

Sie haben sicherlich festgestellt, dass wir Autoren uns bei dieser Entscheidungssituation überhaupt nicht einig waren. Weder unsere Analyse der Ausgangssituation noch unsere Hilfestellungen für Sophie und Max sind ähnlich. Frau Küll ist die Nutzwertanalyse zu technisch,

Herr Kühnapfel findet es fahrlässig, bei einer Entscheidung wie dieser Verfahren zu nutzen, die an Familienaufstellungen erinnern.

Aber die zwei Ansätze widersprechen sich auch nicht. Insofern ist es unkritisch, beide Vorgehen zu wählen. Wichtig genug ist die Entscheidung ja. Und es ist nicht nur der krampfhafte Versuch, eine Brücke zu schlagen, wenn wir Ihnen nahelegen, bewusst beide Wege zu gehen. Analytik und Intuition ergänzen sich hier recht gut, und möglicherweise wäre es eine verlorene Chance, auf einen der beiden Ansätze zu verzichten.

6. Entscheidung

Das Leben umstellen

Klaus (48) lebt seit drei Jahren allein. Er ist Raucher, hält es mit dem Sport wie einst der britische Staatsmann Sir Winston Churchill (»No Sports!«) und ist auch sonst eher ein gemütlicher Typ: Klaus vernachlässigt soziale Kontakte und zieht den Fernseher und das Internet vor. Beim Couchpotato wächst der Bauch. Die gelbe Karte kommt nun vom Arzt: Wesentliche Gesundheitswerte sind im kritischen Bereich. Klaus nimmt das ernst, denn zufrieden ist er mit der Entwicklung der letzten Jahre nicht. Es muss sich etwas ändern! JETZT! Aber wie geht das? Was kann Klaus tun, um wieder »besser« zu leben? Und ist es überhaupt möglich, sein Leben zu verändern?

Was rät das Herz?

Zunächst einmal: Herzlichen Glückwunsch, Klaus! Dass er die »gelbe Karte«, die ihm sein Arzt gezeigt hat, ernst nimmt und er sich Gedanken darüber macht, dass er etwas ändern möchte, ist keine Selbstverständlichkeit. Viele Menschen ändern nämlich erst dann ihr Leben, wenn aus der gelben Karte eine rote geworden ist, wenn sie einen mächtigen Schuss vor den Bug gekommen haben. Wenn sie beispielsweise durch eine Krankheit wie Burn-out, Schlaganfall, Herzinfarkt oder Depression gezwungen werden, etwas zu ändern. Dann ändern sie aber häufig ihr ganzes Leben sehr drastisch, kündigen den langjährigen Job, lassen sich scheiden, geben die Kinder zur Adoption frei oder alles auf einmal. Die rote Karte muss am ausgestreckten Arm des Schicksals eine Auszeit im Leben fordern, sonst tun die meisten: nichts. Sie machen einfach so weiter, weil man tatsächlich lange so weitermachen kann, bevor etwas passiert. Deswegen: Respekt für Klaus, dem die gelbe Karte ausreicht, um einmal über sein Leben nachzudenken.

Ich gebe ja zu, dass es verdammt schwer ist, Änderungen im Leben vorzunehmen. Wie oft träumen wir davon, ein anderer Mensch zu werden? Immer wieder am Ende des Jahres, wenn es um gute Vorsätze für das neue Jahr geht, geloben wir kleinlaut Besserung: Wir wollen gesünder essen, mit dem Rauchen aufhören, mehr Sport treiben, uns mehr mit Freunden im realen Leben treffen und so weiter und so fort. Und meistens ist der Januar noch nicht zu Ende und alle guten Vorsätze sind vergessen, weil die alten, eingelaufenen Gleise eine starke magnetische Wirkung haben. Diese zu verlassen und neue Wege einzulaufen, ist viel Arbeit. Und allein bei dem Gedanken werden viele müde, sinken ermattet auf die Couch und schieben sich zum Trost einen Schokoriegel in den Mund.

Sich selbst wertschätzen und lieben

Dabei ist es möglich, auch in kleinen Schritten sein Leben in die gewünschte Richtung zu steuern. Klaus kann es schaffen, weniger zu rauchen, sich gesünder zu ernähren und den Bauch schrumpfen zu lassen. Dafür könnte er sich in einem Fitnessstudio anmelden, dort bewegt er sich nicht nur, sondern bekommt auch noch Ernährungstipps. Und er könnte eine Rauchentwöhnungskur beginnen. Doch ich glaube, das ist der falsche Weg. Klaus wäre vermutlich eine der vielen »Karteileichen«, die es in jedem Fitnessstudio gibt. Einige Studios leben vor allem von den Karteileichen, die Monat für Monat ihren Beitrag bezahlen, aber nie zum Sport kommen.

Ich glaube, bei jeder Veränderung, die man in seinem Leben einführen möchte, muss man sich vorab eine ganz wichtige Frage stellen. Die Frage: Bin ich mir das wert? Und speziell bei Klaus' Anliegen gehen die Fragen weiter: Habe ich mich selbst so lieb, dass ich in Zukunft besser auf mich aufpasse? Und schätze ich mich selbst so wert, dass ich mir und meinem Körper mehr Aufmerksamkeit schenken möchte?

Ich kann mir vorstellen, dass bei Klaus und vielleicht auch bei Ihnen diese Fragen ein ungutes Gefühl erzeugen. Selbstliebe? Selbstwertschätzung? Was soll das denn? Das Problem von Klaus' Generation ist, dass sie aufgewachsen ist mit dem Glaubenssatz »für sich selbst da zu sein, ist egoistisch« oder »nur wer gut für andere sorgt, ist ein guter Mensch«. Deswegen vernachlässigen sich diese Menschen auch gerne selbst – weil sie es nie gelernt haben, gut für sich zu sorgen. Abends auf der Couch vor dem Fernseher mit Bier und Chips zu sitzen, kann durchaus eine gute Selbstfürsorge sein. Aber sie ist es nur, wenn es ab und zu einmal mit vollem Bewusstsein und Genuss passiert und nicht jeden Abend aus Langeweile oder Ausgebranntsein.

Bevor Klaus also darangeht, dem Bauchfett den Kampf anzusagen oder der Zigarettensucht, sollte er eine kleine Lerneinheit in Selbstliebe einlegen. Denn das ist meiner Meinung nach der Schlüssel, der anschließend vieles leichter macht. Was, glauben Sie, ist die größere Motivation für Veränderungen? Wenn ich mich gesünder ernähre, weil die Fettwerte schlecht sind – oder weil ich mich selbst liebe und mir etwas Gutes tun will? Wenn ich Sport treibe, weil der Bauch wegmuss – oder weil ich mich selbst liebe und mir etwas Gutes tun will? Wenn ich das Treiben im World Wide Web reduziere, weil es mich einsam macht – oder weil ich mich selbst liebe und mir etwas Gutes tun will? Eben.

Doch wie geht das nun mit der Selbstliebe? Wenn man jahrzehntelang danach gelebt hat, sich selbst nicht so wichtig zu nehmen und immer für andere da zu sein, kann man die Selbst-Empathie nicht per Knopfdruck produzieren. Deswegen auch hier: Gehen Sie Babyschritte und freuen Sie sich über jeden Erfolg!

Beginnen wir mit einer kleinen Checkliste für Klaus, die Sie aber natürlich auch für sich nutzen können. Für jedes »Ja« setzt Klaus bzw. setzen Sie einen Haken hinter die Frage:

- *Möchte ich in Zukunft aktiver und leichter durchs Leben gehen?*
- *Möchte ich wieder mehr Lebensfreude im Alltag empfinden?*
- *Möchte ich (mehr) lustige Stunden im Kreis von alten oder neuen Freunden verbringen?*
- *Mein Körper wird mich bis zu meinem Lebensende begleiten. Ist er es mir wert, dass ich ihn entsprechend gut behandele?*
- *Möchte ich mir selbst so wichtig sein, wie es mir andere Menschen/Dinge/Termine sind?*

Wie geht es Ihnen mit diesen Fragen? Konnten Sie ein paar Häkchen hinter die Fragen setzen? Dann sind Sie mit Ihrer Selbstliebe schon auf einem ganz guten Weg. Vielleicht hat sich bei Ihnen aber auch ein dicker Kloß im Hals gebildet, weil Sie solche Fragen an sich selbst nicht kennen. Das kann ich gut nachfühlen. Vor vielen Jahren, als »Selbstliebe« für mich noch überhaupt keine Rolle spielte, fragte mich einmal ein sehr enger Freund, wie es mir denn ginge und was mein Bauch so sage. Statt einer Antwort fing ich sofort an zu weinen. Das war Antwort genug. Zu diesem Zeitpunkt hatte mir nie jemand solche Fragen gestellt und ich mir selbst leider auch nicht.

Wenn Sie also keine oder nur wenige Häkchen hinter die Fragen machen konnten, dann müssen Sie sich entscheiden: Wollen Sie ein Leben führen, das mit Freude, innerer Erfüllung und der Verbundenheit zu anderen ausgefüllt ist, oder nicht? Es ist Ihre Entscheidung! Und ich kann mir nicht vorstellen, dass hier jemand mit »Nein« antwortet. Also ist es zumindest ein »eigentlich schon«. Damit sind Sie der Selbstliebe und Selbstfürsorge ein Schrittchen näher gekommen.

Ich nehme mal an, Klaus konnte einige Häkchen hinter die Antworten machen, denn er will ja etwas ändern, auch wenn er (noch) nicht weiß, wie. Ein paar »Jas« sind ein guter Anfang. Und egal, ob Sie eine Frage oder alle mit »Ja« beantwortet haben, diese »Jas« führen zur ersten Selbstliebe-Übung: zum Neinsagen!

1. Schritt: Lernen, »Nein« zu sagen

Menschen, die sich selbst nicht genug lieben, leiden leider auch oft unter einem Sprachfehler. Sie denken »nein«, machen den Mund auf und sagen »ja«. Kennen Sie das? Egal, ob der Chef kurz vor Feierabend noch »schnell« eine Aufgabe, die am selben Tag fertig sein muss, verteilt oder in der Kita Essen und Kuchen für irgendein Fest benötigt wird: Menschen mit geringer Selbstliebe sind auf das »Ja« programmiert. In der Hoffnung, dann von anderen geliebt zu werden. Das wissen natürlich alle anderen, deswegen fragen sie diese Menschen so gern. Oft ist es ja auch problemlos möglich, die Aufgabe im Büro noch zu bearbeiten oder den Kuchen für das Kita-Fest zu backen. Aber eben nicht immer. Doch selbst dann gibt es von diesen Menschen ein »Ja«. Dass sie dabei über ihre eigenen Grenzen gehen, an ihren Energiereserven zehren, weil sie ein »Nein« nicht über die Lippen bekommen, verdrängen sie nur zu gerne. Also: Ein erster Schritt in Richtung Selbstliebe ist das »Neinsagen«. Halten Sie bei jeder Anfrage, ob Sie etwas tun können, kurz inne. Sagen Sie Ihrem Gegenüber, dass Sie kurz überlegen müssen, ob Sie das zur Zufriedenheit aller erledigen können, und dann nehmen Sie einen tiefen Atemzug. Spüren Sie dabei in sich hinein: Was sagen die Gedanken? Was fühlen Sie in diesem Moment? Und was meint Ihr Körper dazu?

Wenn Ihre Gefühle ein »Nein« oder auch nur ein jämmerliches »Eigentlich nicht« signalisieren, Sie Lustlosigkeit fühlen und der Körper mit einem plötzlichen Müdigkeitsanfall reagiert, dann wissen Sie, dass die Antwort »nein« lauten muss. Hier tauchen aber leider oft kleine Teufelchen auf, die uns auffordern, trotzdem »ja« zu sagen, weil wir dem Chef unmöglich etwas abschlagen können oder andere uns dann nicht mehr lieben. Hier besteht die Kunst darin, die Teufelchen zu vertreiben, sein gefühltes »Nein« auch laut zu artikulieren. Das ist zugegebenermaßen gerade am Anfang nicht leicht. Aber es ist ein wichtiger Schritt hin zu einem Leben, in dem Sie ausreichend Energie haben für die Dinge, die Ihnen Spaß machen. Damit ist man auch nicht egoistisch. Damit sorgt man gut für sich selbst. Es geht hier nicht darum, niemals wieder irgendeinem Menschen einen Gefallen zu tun. Es geht hier darum, nachzuspüren, ob man mit einem »Ja« über die eigenen Grenzen geht. Und wenn das so wäre, dann mit einem »Nein« zu reagieren. Denn wenn man zu häufig über seine Kraftgrenzen geht, bleibt die Lebensfreude schnell auf der Strecke.

Menschen, die sich selbst lieben und wertschätzen, achten auf ihren Körper, auf ihre Ernährung, auf ihren Schlaf, auf ihre Gedanken, ihre Gefühle und die Kontakte zu anderen Menschen. Weil sie es sich selbst wert sind. Es ist die Basis für ein gutes, zufriedenes Leben. Mit sich und seinem Tun zufrieden sein zu können, setzt Energie frei für die schönen Dinge im Leben.

Es gibt Bücher voll mit Ideen, wie Sie Ihre Selbstliebe stärken können. Ich kann hier nur einige Impulse geben, die Sie in die richtige Richtung schubsen können, wenn Sie bereit dazu sind.

2. Schritt: Alle Gefühle zulassen

Weinen Sie mal wieder. Ich weiß, das hört sich kontraproduktiv an, wenn es doch darum geht, mehr Freude im Leben zu spüren. Das Ding ist nur: Viele denken, nur die »schönen« Gefühle wie Freude, Zufriedenheit, Lachen, Dankbarkeit oder Gelassenheit darf man zulassen. Die »unerwünschten« Gefühle wie Wut, Trauer, Zorn oder Neid sollten besser unterdrückt werden. Doch das führt weit weg von Zufriedenheit. Die unerwünschten Gefühle gehören zu uns wie die schönen. Also lassen Sie alle Gefühle zu. Freuen Sie sich, wenn Sie Grund dazu haben, und trauern Sie, wenn Ihnen danach ist. Ein lieber Bekannter erzählte mir, dass er sich ganz bewusst traurige Lieder anhöre, wenn er das Gefühl habe, schon lange nicht mehr geweint zu haben. Mit den Tränen können wir vieles, was uns unter Druck setzt, einfach weglaufen lassen. Gestehen Sie sich zu, ab und an einfach einmal ganz schwach sein und Tränen fließen lassen zu dürfen. Auch das ist Selbstliebe.

3. Schritt: Energie bereitstellen

Was essen Sie hauptsächlich? Wie gut schlafen Sie? Und wie häufig in der Woche bewegen Sie sich?

Was diese drei Fragen mit Selbstliebe zu tun haben? Eigentlich alles. Wenn Sie am liebsten Pizza, Nudeln und Fertiggerichte essen, werden Sie vermutlich zu wenig Energie haben, um sich regelmäßig zu bewegen. Wenn Sie sich zu wenig bewegen, wird ein schlechter Schlaf noch schlechter. Und schlechter Schlaf sorgt dafür, dass wir Dinge viel schlimmer bewerten, als sie wirklich sind. Daraus kann eine richtige Negativspirale werden. Am Ende sitzt man wie Klaus nur noch auf der Couch, isst Junkfood und lässt sich mittels Fernseher und Computer berieseln. Wer wie Klaus Änderungen in seinem Leben vornehmen will, braucht ausreichend Energie, um gute Entscheidungen zu treffen und um diese dann auch umzusetzen. Und auch hier hilft wieder Selbstliebe, um diese Negativspirale zu durchbrechen.

4. Schritt: Gedanken überprüfen

Es gibt ein schönes Zitat, dessen Ursprung nicht ganz klar ist. Einige ordnen es dem Talmud zu, der mündlichen Lehre der Gesetze und religiösen Überlieferungen des Judentums nach der Babylonischen Gefangenschaft. Andere meinen, es gehe auf ein chinesisches Sprichwort zurück. Gleichgültig, wo es nun wirklich herkommt, beinhaltet es sehr schöne Weisheiten, über die es sich lohnt, nachzudenken.

> *»Achte auf Deine Gedanken, denn sie werden Worte.*
> *Achte auf Deine Worte, denn sie werden Handlungen.*
> *Achte auf Deine Handlungen, denn sie werden Gewohnheiten.*
> *Achte auf Deine Gewohnheiten, denn sie werden Dein Charakter.*
> *Achte auf Deinen Charakter, denn er wird Dein Schicksal.«*

Die Wurzel unseres Schicksals liegt demnach in unseren Gedanken. Unsere Gedanken sind es, die eine Begebenheit gut oder schlecht bewerten. Unsere Gedanken sind es, die uns kleinhalten oder die uns über uns selbst hinauswachsen lassen. Deswegen macht es viel Sinn, seine Gedankenstrukturen, die sich im Laufe der Jahre aus all unseren

Erfahrungen und Erlebnissen gebildet haben, ab und an einmal einem Frühjahrsputz zu unterziehen. Denn unsere Gedanken können uns zwar steuern, aber wir müssen uns nicht von ihnen steuern lassen. Es geht auch andersherum: Wir können unsere Gedanken steuern. Oder zumindest können wir überprüfen, ob das, was wir da seit Jahrzehnten denken, wirklich stimmt.

Es geht hierbei nicht darum, alle negativen Gedanken zur Seite zur schieben, aber wir können die Gedanken, die uns das Leben erschweren und grau einfärben, prüfen, ob sie tatsächlich stimmen. Das ist mit der Methode »The Work« der amerikanischen Lehrerin und Autorin Byron Katie relativ leicht möglich. Dabei geht es im Wesentlichen um folgende drei Fragen, die wir uns beantworten müssen:

1. *Kann ich zu 100% sicher sein, dass mein Gedanke stimmt?*
2. *Was macht dieser Gedanke mit mir?*
3. *Was wäre ich ohne diesen Gedanken?*

Lassen Sie uns »The Work« einmal an einem konkreten Beispiel bearbeiten:

Klaus denkt, dass es eigentlich egal ist, ob er sich selbst liebt oder nicht.

1. *Kann er zu 100% sicher sein, dass dieser Gedanke stimmt?*
Nein, kann er nicht. Denn er hat es noch nie ausprobiert, wie sich ein Leben anfühlt, wenn er sich selbst liebt.

2. *Was macht dieser Gedanke mit ihm?*
Dieser Gedanke sorgt dafür, dass sich Klaus selbst nicht wichtig nimmt. Ob es ihm gut geht oder nicht – wen kümmert es? Ihn selbst auf jeden Fall nicht. Muss er darauf achten, dass er sich gesund ernährt, dass die Blutwerte stimmen und es seiner Psyche gut geht? Nein natürlich nicht, es ist doch egal. Dieser Gedanke sorgt dafür, dass sich Klaus klein, grau und unbedeu-

tend vorkommt. In der Folge davon ist es kein Wunder, wenn sich Klaus vernachlässigt und lieber auf der Couch ein Bier trinkt, als das Haus zu verlassen und mit echten Freunden Sport zu treiben.

3. *Was wäre Klaus ohne diesen Gedanken?*
Klaus könnte mit gutem Gewissen auf sich selbst achten, ohne als egoistisch zu gelten. Er könnte sich seine wahren Bedürfnisse erfüllen. Sein Selbstbild könnte ohne diesen Gedanken wachsen und strahlen.

Diese drei Fragen von »The Work« sind bei allen Gedanken, die uns quälen, einfach durchzuspielen. In der Regel ist es so, dass wir nicht zu 100% sicher sein können, dass unser Gedanke stimmt. Aber selbst wenn, kann man sich Frage zwei und drei stellen, und häufig wird man feststellen, dass man ohne diesen Gedanken glücklicher, strahlender, leichter wäre. Dann liegt es an uns, diesen belastenden Gedanken loszulassen – also aufzuräumen im Hirn und graue Gedanken wegzuputzen. Das hat sehr viel mit Selbstliebe zu tun, dass ich Gedanken, die mich belasten, von denen ich aber nicht einmal ganz sicher bin, dass sie auch stimmen, aus meinem Kopf verbanne. Denn Sie wissen ja: Unsere Gedanken werden unsere Worte ... werden unser Schicksal.

5. Schritt: Kontakte pflegen

Ein gutes Leben besteht auch aus guten Beziehungen zu anderen. Darin sind sich Wissenschaftler weltweit einig. Dabei ist es erst einmal zweitrangig, ob man wenige sehr gute Freunde hat oder einen großen Bekanntenkreis. Nur die sogenannten Freunde in den sozialen Netzwerken zählen nicht, es sei denn, diese Freunde sind tatsächlich in der Not mit mehr als einem »Like« für einen da.

Echte Freundschaften zu pflegen, kostet sicherlich mehr Kraft und Zeit als die digitalen. Von diesen können wir uns bei jedem Wort, das uns nicht gefällt, mit einem Klick »entfreunden«. Aber dafür bekommen wir auch niemals so viel zurück. Was Freundschaften wert sind – darum geht es auch bei der 9. Entscheidung.

Kann man seinem Leben eine andere Richtung geben, auch wenn man schon mehr als die Hälfte seines Lebensweges hinter sich hat?

Ich bin davon überzeugt, dass es geht. Der Kopf ist dabei vielleicht die Initialzündung, weil er erkennt, dass wir (oft aus gesundheitlichen Gründen) so nicht weitermachen können. Leider gehen dem Kopf oft schnell die Argumente aus. Aber wenn wir fühlen, wie gut uns eine Veränderung tut, wenn wir fühlen, was ein geänderter Lebenswandel mit uns macht, wenn wir es unseretwegen machen, weil wir es uns wert sind, dann sind die Chancen gut, dass wir den Hintern dauerhaft von der Couch bekommen.

Was rät der Kopf

Trägheit ist eine der sieben Todsünden. Im katholischen Katechismus wird sie mit dem Begriff »Acedia« assoziiert und vor allem mit »geistiger Trägheit« konnotiert. Genau dort steht Klaus: Er dimmt sich. Er dimmt seine Aktivität, er dimmt seine geistigen Funktionen, er dimmt seine soziale Integration. Er dimmt sich und er nebelt sich ein. Mit diesem Verhalten steht er nicht allein: Isolation in geistiger, körperlicher und sozialer Hinsicht scheint sich auszubreiten. Der Anteil der Singlehaushalte stieg von 25 % in 1970 auf 40 % in 2009 (laut dem Institut für Demoskopie Allensbach), sofern dies ein Indikator ist.

Hinsichtlich seiner körperlichen und sozialen Vernachlässigung scheint er aber eine Ausnahme zu sein: Über 30 % der Singles behaupten, viel für ihre Fitness zu tun (Gesamtbevölkerung: 22,3 %). Sie leben gesünder und gehen beispielsweise seltener zu McDonald's (Verbrauchs- und Medienanalyse, VuMA Touchpoints 2017*)*. Sie schauen sogar geringfügig weniger Fernsehen als der Durchschnitt, aber trotzdem noch über vier Stunden am Tag. 50,9 % der Single-Männer haben Übergewicht, aber 73,2 % der Männer in festen Partnerschaften (Max Rubner-Institut, Nationale Verzehrsstudie II, 2008); am Rande: Bei Frauen ist die Verteilung jeweils ca. 50 %. Single-Männer gehen geringfügig seltener speziellen Hobbys nach als Männer in Beziehungen und haben, wen wundert's, seltener Sex (mit anderen!). Beim Daddeln sind sie wiederum leicht vorne. Na ja, zumindest bei den letzten zwei Punkten bestätigt Klaus die Statistik.

Halten wir also fest: Singles sind die Aktiveren ... warum nicht Klaus? Was läuft falsch mit ihm? Die Antwort auf diese Frage ist wichtig, denn es gibt viele Ursachen für seinen Zustand. Eine erste kann er leicht abklären lassen: Es gibt pathologische Gründe für Antriebslosigkeit! Eisen-, Jod- und Testosteronmangel, Hypotonie, Herzinsuffizienz oder Schlafapnoe können dimmen und bedürfen einer medizinischen Behandlung. Doch Klaus kommt ja gerade vom Arzt und wir unterstellen, dass er auf ein medizinisches Problem der genannten Art aufmerksam gemacht worden wäre.

Ein weiterer Grund für seine Dämmerung könnte psychischer Natur sein. Solcherlei Dispositionen müssen wir an dieser Stelle ausblenden, denn ich bin kein Fachmann dafür. Außerdem setzt die Fähigkeit, sich zu verändern, den Willen dazu voraus. Wäre dieser nicht vorhanden, würde Klaus also im Sumpf einer Depression stecken – oder moderner: eines Burn-outs –, wären ich und dieses Buch überfordert. Klaus ist psychisch gesund. Basta!

Also kommen wir zu einem anderen Ansatz: Psychologen haben fünf Persönlichkeitsmerkmale differenziert, mit der Menschen beschrieben werden können. Diese »Big Five« haben sich mittlerweile zur Beschreibung individueller charakterlicher Typenausprägungen etabliert. Es sind dies:

1. Offenheit für Erfahrungen
2. Gewissenhaftigkeit
3. Extraversion im Sinne von »Geselligkeit«
4. Verträglichkeit im sozialen Umfeld
5. Neurotizismus im Sinne emotionaler Labilität

Untersucht wurde nun unter anderem ein Zusammenhang zwischen den Ausprägungen dieser Persönlichkeitsmerkmale und Trägheit. Die stärkste Korrelation weist die Gewissenhaftigkeit auf: Je gewissenhafter ein Mensch ist, desto weniger anfällig ist er für Trägheit und

»Aufschieberitis« (Prokrastination). Aber auch emotionale Labilität ist gefährlich. Doch ein nennenswerter Einfluss der übrigen Persönlichkeitsmerkmale konnte nicht festgestellt werden. Nun fielen noch zwei andere Zusammenhänge auf:

1. Trägheit korreliert mit Suchtverhalten!
Und vielleicht zeigt Klaus tatsächlich schon erste Symptome einer Couch-Fernseh-Internet-Faulheits-Sucht, sofern es so etwas gibt.

2. Trägheit kann zu Depressionen führen.
Achtung! Beachten Sie den Wirkzusammenhang bei diesem zweiten Aspekt! Klaus gefährdet sich selbst und riskiert, ohne eine Änderung seines Lebenskonzeptes psychisch krank zu werden. Es ist eine Abwärtsspirale, die es aufzuhalten gilt. Und genau das will Klaus versuchen. Die Voraussetzung dafür ist Gewissenhaftigkeit, hier in Form von Selbstdisziplin. Das wird vermutlich der wichtigste Erfolgsfaktor auf seinem Weg zurück in ein aktives, erfülltes Leben sein.

Doch wie geht das, sein Leben zu verändern, es wieder auf die Spur zu bringen? Wie macht man das?

Mit Selbstdisziplin ein Zielsystem erstellen

Der Ausgangspunkt der Lebensumstellungsreise ist, wie so oft, ein Ziel festzulegen. Aus unzähligen Studien vieler Fachbereiche wissen wir, wie ein solches Ziel beschaffen sein sollte, nämlich vor allem messbar. »Ich will schlanker werden« ist kein gutes Ziel, denn es bietet zu wenig greifbaren Anreiz. »Ich will fünf Kilogramm abnehmen« ist besser, doch »Ich will bis März zwei, bis Mai vier und bis zum Beginn der Badehosensaison am 21. Juni fünf Kilogramm abgenommen haben« zweifellos die erfolgversprechendste Zielformulierung. Das Erreichen von Zielen muss messbar sein. Was bis wann? Nur wenn das gegeben ist, kann ein erst grober und dann detaillierterer Plan geschmiedet werden, wie diese Ziele erreicht werden können. Der grobe Plan ist das, was man »Strategie« nennen könnte, die detaillierte Planung beschreibt die Maßnahmen, die in Summe dazu führen, dass die Ziele erreicht werden. Also: Strategie: »Ich mache eine Diät!« Feinplanung: »Was esse ich wann?« Ferner gehört zu den Maßnahmen eine Art Katalog von möglichen Störimpulsen und vor allem die angemessene Reaktion darauf. Manchmal sind solche Störimpulse absehbar, etwa die anstehende Hochzeitsfeier des besten Freundes im Diätzeitraum. Mag man sich dann mit Blattsalaten begnügen oder ist ein anderer Umgang mit diesem Ereignis erlaubt? Zuweilen sind solche Störimpulse ungeplant, z. B. die Einladung des Chefs in ein Steakhouse, der man sich nicht entziehen kann, und auch hierfür können geeignete Reaktionsmuster schon vorher überlegt werden.

Welches Ziel hat Klaus? So einfach ist das nicht zu formulieren. Oft ergeben sich Ziele dieser Art aus einem akut erlebten Mangel. Das Überschreiten einer magischen Schwelle (erstmalig 100 Kilogramm Körpergewicht) oder ein kritisches Ereignis (leichter Herzinfarkt) sind hier natürlich deutliche Marken. Auch für Klaus gibt es einen solchen Punkt: das Gespräch mit dem Arzt. Dieser hat ihm vermutlich aufgezeigt, wohin der schleichende Prozess der wachsenden Trägheit ihn führen wird. Es ist die gesundheitliche Degeneration, die ihm vor Augen geführt wird. Dieses Szenario ist allerdings vage und auch der Arzt wird immer nur von »möglichen« Folgen oder »vermutlichen« späteren Problemen sprechen. Worauf ich hinauswill, ist, dass Klaus den Entschluss, den Kurs zu ändern, nicht aufgrund eines klaren, eindeutigen Ereignisses trifft, sondern um einen stabilen Prozess aufzuhalten. Das erfordert viel mehr Selbstdisziplin, denn »es tut ja noch nicht weh«. Es gibt keinen Schmerz, keinen Zwang zur Änderung und damit einen geringen Handlungsanreiz.

1. Schritt: Messbare Ziele festlegen

Zudem ist Klaus' Ziel multidimensional. Er will mehreres auf einmal erreichen: Er will, so nehme ich an, abnehmen, vielleicht mit dem Rauchen aufhören, mehr soziale Kontakte pflegen und seine Zeit sinnvoller als vor dem Fernseher verbringen. Vielleicht will er nichts

Akutes verändern, sondern von diesem ein bisschen mehr und von jenem ein bisschen weniger. Hier kommt ins Spiel, was ich weiter oben beschrieb: Ziele müssen messbar sein! Wenn Klaus nun nicht festlegt, was genau er verändern möchte und was er jeweils bis wann erreichen will, wird es schwammig. Er braucht ein Zielsystem. Dieses könnte beispielsweise wie folgt aussehen:

1. 10 Kilo bis November abnehmen, und zwar ein Kilo je Monat.
2. Aufhören zu rauchen, und zwar jetzt.
3. Nicht mehr als zwei Stunden Fernsehen oder Internetnutzung pro Tag.
4. Zweimal Sport je Woche, jeweils mindestens 1½ Stunden.
5. Mehr soziale Kontakte.

2. Schritt: Maßnahmen überlegen, um die Ziele anzustreben

Die ersten vier Ziele sind großartig formuliert. Vielleicht ließe sich das dritte, die TV-/Web-Nutzungszeit, noch etwas anders gestalten, denn es wäre schade, einen Spielfilm in Überlänge abschalten zu müssen, wenn die Maximalzeit erreicht wird. Mein Vorschlag wäre, ein Zeitkonto einzurichten, das Klaus, sofern er die Disziplin aufbringt, per Notizzettel auf dem Wohnzimmertisch führt. 15 Stunden pro Woche wäre z. B. das Limit.

Das fünfte Ziel taugt nichts. Aber es lässt sich auch nicht einfacher festlegen, denn er kann es, anders als die anderen Ziele, nicht aus eigener Kraft erreichen. Es gehören andere Menschen dazu, die er aber nicht disponieren kann. Dennoch sollte Klaus dieses Ziel so stehen lassen und als Ausgleich mehr Sorgfalt bei der operativen Planung walten lassen, also sich genau überlegen, wie er das Ziel erreichen will. Beispielsweise könnte er, und hier verzeihen Sie mir bitte, mit den üblichen oberflächlichen Standardempfehlungen aufzuwarten, einem Verein beitreten oder an von der Kommune, der Volkshochschule oder Kirchengemeinde organisierten Veranstaltungen teilnehmen. Vielleicht fallen ja auch die Maßnahmen für die Ziele vier und fünf zusammen. Sport kann zu Kontakten führen. Auf jeden Fall aber sollte sich Klaus etwas Konkretes zur Umsetzung überlegen, sonst bleibt das Ergebnis so vage, wie es das Ziel war.

3. Schritt: Aktiv werden

Der erste Schritt war also, sich messbare Ziele zu überlegen, der zweite, Maßnahmen zu finden, die zur Erreichung dieser Ziele führen. Der dritte Schritt ist nun, auf sehr pragmatischer Ebene aktiv zu werden: Klaus beschafft sich einen Thermomix, um gesund zu kochen, er wirft seine Restbestände an Zigaretten weg, legt sich einen Notizblock auf den Couchtisch, kauft sich Sportschuhe und eine taugliche Laufhose usw.

Spätestens an dieser Stelle tauchen wir nun in die Welt der Lebensveränderungsratgeber ein. Ich muss nun sehr vorsichtig sein, denn meine Co-Autorin hat selbst so einen geschrieben (»Ab heute singe ich unter der Dusche!«, GABAL Verlag). Natürlich gibt es zahlreiche Ratgeber dieser Art und vermutlich ist jeder so gut oder schlecht, wie seine Tipps zum Leser passen, genau genommen zu dessen Ausprägung des Persönlichkeitsmerkmals »Gewissenhaftigkeit«. Was nutzen Klaus noch so ausgeklügelte Methoden, wenn er seine in der Euphorie der Aufbruchsstimmung aufgestellten Regeln schon nach zwei Wochen bricht?

Ich habe für dieses Kapitel sehr lange nach empirischem Material gesucht, also nach nachgewiesen erfolgreichen Methoden, wie Veränderungen im persönlichen Lebensumfeld gelingen. Meine Unterstellung war, dass es als Grundlage für die umfangreiche Ratgeberliteratur getestete und bewährte Methoden geben müsse, die sich je nach Charakterprofil gut oder weniger gut eignen. Die ernüchternde Erkenntnis: Die Forschung ist hier weniger weit als erwartet. Und die wenigen Studien zum Thema werden in der üblichen Ratgeberliteratur äußerst selten genutzt. Stattdessen schreiben die meisten Autorinnen und Autoren über ihre persönlichen Erfahrungen, zitieren nicht korrekt, suchen sich hier und da ein paar flankierende Befunde und formen daraus »Konzepte«, die an Ideologien erinnern. Diese lesen sich alle prima, doch taugen sie auch etwas? Oder bleiben sie Einzelfallrezepte, die »Heike F. aus B.« halfen, auf den rechten Weg zurückzukehren, aber sich nicht übertragen lassen?

4. Schritt: Selbstdisziplin üben und radikal sein

Was dürfen wir als gesicherte Erkenntnis unterstellen? Wir wissen: Selbstdisziplin ist eine Schlüsselgröße! Wer kontrolliert und beherrscht ist, mit seinen Gewohnheiten brechen kann und nicht wieder in die alten Muster zurückzufällt, dem wird der Kurswechsel gelingen. Denn diese alten Muster haben eine große Kraft, gegen die man sich stemmen muss – mit Selbstdisziplin! Stellen wir fest, dass die Muster in eine ungewünschte Richtung führen, müssen wir sie zerstören. Das ist im privaten Leben nicht anders als im unternehmerischen Umfeld. Auch dort gibt es Handlungs- und Beurteilungsmuster, die sich, über einen langen Zeitraum etabliert, vielleicht sogar bewährt haben. Aber wenn die »Umstände« einen anderen Kurs verlangen, zeigen sie ihr Beharrungsvermögen.

In einem Punkt sind sich die angesprochenen Ratgeber übrigens (fast) einig: Eine Umstellung gelingt am besten radikal. Der Bruch mit dem Alten soll bewusst und vollständig erfolgen, allenfalls in definierten Stufen, wenn eine sofortige Umstellung nicht möglich ist. Das Ziel dieser Brüche ist es, alte Rituale bzw. Muster durch neue Verhaltensweisen abzulösen: »So nicht mehr, stattdessen jetzt auf andere Weise!« Ideal ist es, übergangslos ein altes Muster durch eine neue Verhaltensweise ersetzen zu können. Das Kaugummi statt der Zigarette. Eine feste Uhrzeit, zu der man sich auf das Ergometer setzt. Der Fastenmontag. Ziel ist die »Ritualisierung des Gewünschten«. Allerdings ist diese neue Verhaltensweise noch lange kein neues Muster. Ein Muster ist ein Automatismus, also ein unbewusst ablaufendes Aktionsprotokoll, aber es braucht Zeit, um sich im Unterbewusstsein zu verankern. Vorübergehend werden wir uns immer wieder bewusst auf das Neue aufmerksam machen müssen, sei es durch Merkzettel an der Tür oder durch Einträge in den Aufgabenkatalog von Outlook. Es ist egal, wie, Hauptsache, wir lassen nicht zu, dass das Alte wieder die Oberhand gewinnt und die Gewohnheit siegt.

Wir sind nun fast am Ende. Doch eine Überlegung fehlt noch: Wenn es gelingt, altes Verhalten durch neues zu ersetzen, wenn die Maßnahmen greifen und diese zu den (Zwischen-)Zielen führen, dann ist auch eine Belohnung fällig! Diese Belohnung muss Anreizwirkung entfalten. Ihr Sinn ist die Bestätigung der eigenen Willensstärke, so behaupten die bereits zur Genüge gescholtenen Ratgeber. Ich glaube nicht daran, kann es aber mangels empirischer Befunde nicht belegen! Mein Urteil basiert auf folgender Schlussfolgerung: Wenn ein Verhaltensmuster durch ein anderes Verhaltensmuster abgelöst wird, entsteht ein neuer Handlungsautomatismus. Ist dieser etabliert, sind das alte Muster und die Veränderung zum neuen nur noch eine Erinnerung. Der Umstellungsprozess ist dann schon gelungen, eine Belohnung ist nicht mehr erforderlich! Wenn Klaus z. B. erfolgreich angefangen hat, Sport zu treiben, und es ihm zu einer Selbstverständlichkeit geworden ist, dreimal die Woche eine Stunde Rad zu fahren, ist eine Belohnung für diese Selbstverständlichkeit belanglos.

Wäre es dann nicht besser, das Aufbrechen des alten Musters zu Beginn des Veränderungsprozesses zu feiern und eine Strafe für den Rückfall in alte Muster zu verhängen? So könnte sich Klaus ein schickes neues Fahrrad kaufen und sich jedes Mal, wenn er weniger als drei Stunden in der Woche Rad gefahren ist, dazu verpflichten, 50 Euro an UNICEF zu spenden.

Zudem kommt der Aspekt der Selbstdisziplin mal wieder ins Spiel: Niemandem nutzt es, sich für den erhofften Erfolg einer monatelangen Diät mit einer Kreuzfahrt zu belohnen. Die Anreizwirkung der in der fernen Zukunft liegenden Reise wird allenfalls bei den besonders selbstdisziplinierten Menschen verhindern, dass sie naschen, und gerade jene brauchen keinen Anreiz dieser Art. Die Unkontrollierten werden eher dazu neigen, sich die Reise zu »erschwindeln«. Diese Charaktertypen brauchen statt einer Belohnung in der Zukunft strengere Zwischenziele und eine zeitnahe und unmittelbare Verhaltenskontrolle, durchaus auch von außen. Die Kraft entfaltende intrinsische Motivation lässt sich von Kreuzfahrten nicht bestechen. Ist Klaus das Abnehmen nicht Anreiz genug, wird er immer dicker werden.

Das Fazit: Messbare Ziele setzen, Maßnahmen finden, Aktionen planen, Störungen vorwegnehmen. Radikale Umstellung und alte Muster durch neue Verhaltensweisen ersetzen. Und: Ständige Konfrontation mit dem Neuen: Zettelchen hier, Schrittzähler dort. Dann gelingt's!

Herz oder Kopf?

Wir müssen selbst schmunzeln. Frau Küll sieht die Selbstliebe als Schlüssel zur Veränderung, Herr Kühnapfel die Selbstdisziplin. Das passt wunderbar ins Klischee, denn die Selbstliebe ist ebenso nah am Herzen zu verorten wie die Selbstdisziplin im Kopf. Wir könnten nun versuchen, Brücken zu schlagen, aber das gelingt nicht. Selbstliebe und Selbstdisziplin sind eben nicht zwei Seiten einer Medaille oder mehr oder weniger dasselbe. Es sind Ausdrücke gänzlich unterschiedlicher Konzepte: Das eine kommt gut ohne das andere aus.

So gibt es Menschen, die sich selbst nicht lieben, aber äußerst diszipliniert sind. Wir erleben sie zuweilen als Asketen, manchmal als Ultrasportler oder soziale Eremiten. Sie können produktiv und erfolgreich sein, aber all das korreliert nicht mit ihrer Selbstliebe.

Umgekehrt gibt es Menschen, die sich – von außen betrachtet – gehen lassen, die in den Tag hineinleben und sich ohne Gedanken an das Morgen über jede Blume am Wegesrand freuen. Ja, diese Menschen lieben sich selbst, haben aber keine Selbstdisziplin.

Wir sehen in Klaus einen, dem es entweder an Selbstdisziplin oder an Selbstliebe mangelt; an beidem wohl nicht, denn so arg ist es um ihn ja nicht bestellt und sein Wille zur Veränderung deutet darauf hin, dass er kein hoffnungsloser Fall ist. Klaus sollte sich beide Ansätze anschauen und versuchen, eine Antwort auf die Frage zu finden, woran es ihm fehlt. Nutzen kann er beide Konzepte. Er sollte es sogar, denn je mehr er sich mit sich und seiner Situation beschäftigt, desto eher und besser wird sein Kurswechsel gelingen. Die Hauptsache ist, er macht nicht weiter wie bisher. Wir drücken ihm die Daumen!

7. Entscheidung

Den Job wechseln, den Beruf wechseln?

Paul (45) ist Kreditsachbearbeiter bei einer Sparkasse. Er ist geschieden, seine beiden Kinder leben bei seiner Ex-Frau. Paul ist gut und erfolgreich in seinem Beruf, und das sehen auch andere so: Gleich zwei Jobangebote liegen auf seinem Tisch: Seine Sparkasse bietet ihm eine Führungsposition als Gruppenleiter an. Das traut er sich zu, die Position liegt in den Grenzen seiner Komfortzone. Doch da ist noch das andere Angebot: Das Gründer- und Investorenteam eines Start-ups hat ihm den Einstieg als kaufmännischer Geschäftsführer angeboten. Es ist eines dieser neuen FinTech-Unternehmen, das bankennahe, webbasierte Dienstleistungen anbieten möchte.

Eine schwere Entscheidung: Soll Paul den vermeintlich »sicheren« Karriereschritt gehen oder den Sprung wagen und sich in einem Start-up engagieren?

Was rät der Kopf?

45 ist er, der Paul. Da ist die Hälfte des Berufslebens vorbei. Die Weichen sind gestellt, der restliche Weg bis zur Rente taucht schemenhaft aus dem Nebel der Zukunft auf. Sparkasse forever!? Warum nicht: Paul darf eine Sprosse auf der Karriereleiter erklimmen und eine Führungsposition übernehmen. Alles ist so wunderbar bestellt, warum sollte Paul seine Wohlfühlzone verlassen und sich ins Haifischbecken der Start-up-Unternehmer stürzen? Was treibt ihn an, dies zu tun? Wie hoch ist sein Einsatz? Und was verliert er, wenn er diese Chance auslässt?

Viel wissen wir nicht über Paul. Er ist privat weitgehend unabhängig. Vielleicht muss er Unterhaltszahlungen für seine Ex-Frau bzw. seine Kinder leisten. Auch hat er – wie wir alle – monatliche Fixkosten für seine Wohnung oder sein Haus, das Auto, die Versicherungen usw. aufzubringen. Nur wenige Sachzwänge beschränken ihn. Die Kompromisskosten sind niedrig. Paul hat nun zwei (jeweils auf ihre Weise) attraktiv erscheinende Optionen und kann sich frei entscheiden. Es ist wahrlich eine Luxussituation. Helfen wir ihm dabei!

Nicht vorschnell auf andere hören

Der erste Impuls ist, Paul Mut zu machen, den Schritt ins Unternehmertum zu wagen. Raus aus der spießigen Krawattenwelt, rein ins kunterbunte Abenteuerland. Wenn nicht jetzt, wann dann? »Hey Paul«, möchte man ihm zurufen, »Trau dich oder du wirst um diese verpasste Chance ein Leben lang trauern!« Aber wo kommt dieser Impuls eigentlich her? Warum sind wir so schnell mit Empfehlungen zur Hand, die sorgfältig begründet wie Direktiven klingen? Sind sie nicht Ausdruck unserer eigenen Wertung? Das wäre gefährlich – für Paul! Wir alle beurteilen eine Situation anhand unserer Erfahrungen. Wir geben vor, mit und über Paul zu reden. Tatsächlich aber werfen wir ein paar Bröckchen Wissen über Pauls Situation in einen riesigen Topf voller Vermutungen,

Vorstellungen, Ängste, Wünsche und Wahrnehmungen, ohne auch nur bruchstückweise das Rezept dieses Eintopfs zu kennen. Das Ergebnis schmeckt immer gleich, nämlich nach uns, den »Ratgebern«, und unsere Empfehlung wird zur Auskunft über uns selbst. Für Paul aber hat sie keinen Wert. Er sollte weghören.

Sie wollen es genauer wissen? Okay: Hand aufs Herz: Kennen Sie sich mit Start-ups aus? Können Sie beurteilen, welche Chancen und Risiken das Unternehmertum birgt? Wie viele Personen kennen Sie, die kaufmännische Geschäftsführer in einem Start-up sind oder waren? Ich rate einmal: Keinen! Sollten Sie zwei oder drei kennen, sind Sie schon ganz weit vorne. Alle anderen haben nur von solchen Personen gelesen, gehört, einen Bericht über sie im Fernsehen gesehen. Sie konstruieren sich eine eigene vage Vorstellung von ihnen. Derart ausgerüstet, bilden wir uns vorschnelle Urteile und geben substanzlose Empfehlungen.

Sich vor Verfügbarkeitsheuristiken hüten

In diesem Beispiel können wir zwei Arten von vorschnellen Urteilen erkennen: Die eine Variante ist die bereits beschriebene Verfügbarkeitsheuristik. Sollten wir gerade einen Bericht über ein Start-up gesehen haben, so ist dieses Beispiel in dem Augenblick, in dem wir unsere Empfehlung für Paul formulieren, im Hinterkopf verfügbar. Aber ist es repräsentativ? Das können wir nicht wissen, also müssen wir uns gegen diese induktive Verzerrung, von einem Einzelbeispiel auf ein generelles Urteil zu schließen, wehren. Nur weil Tante Ernas Nusskuchen letzten Sonntag lecker war, muss der Nusskuchen, der in der Konditoreiauslage vor uns liegt, noch lange nicht schmecken.

Sich vor Repräsentativitätsheuristiken hüten

Die zweite Variante vorschneller Urteile ist die Folge der Repräsentativitätsheuristik. Hier bewerten wir Pauls Situation mittels Faktoren, die uns repräsentativ erscheinen. Wenn wir also auf RTL II Berichte über junge, hippe Berliner Start-up-Gründer anschauen, die in coolen Shirts in Lofts mit Dart-Scheiben an den Wänden auf bunten Sitzbällen lümmeln und die Welt mit einer supergeilen App neu ordnen (wollen), so speichern wir dieses Szenario als repräsentativ ab. Paul passt hier nicht ins Bild, so, wie er da mit seinem dunkelblauen Kreditsachbearbeitersakko vor uns steht. Wir würden ihm abraten.

Die Verfügbarkeits- und die Repräsentativitätsheuristiken sind zwei Mechanismen, die uns zu einem vorschnellen Urteil verleiten. Sie laufen unbewusst ab und gehören zu unserem intuitiven System - durch sie spricht der Bauch, und einmal mehr erlaubt uns unser Bauch eine Meinung, ohne dass wir Ahnung von der Materie hätten. Aber wir können uns wehren, indem wir uns hinterfragen: »Woher weiß ich das?« und »Könnte es auch ganz anders sein?«. Diese Fragen sind zudem nützlich, um uns davor zu bewahren, unsere eigenen Ängste und Wünsche auf Paul zu projizieren.

Akzeptieren wir also, dass wir zu wenig wissen, um Paul einen konkreten Rat zu geben, und konzentrieren wir uns darauf, Paul zu helfen, indem wir ihn bei seiner Entscheidungsfindung unterstützen. Wir können seinen Gedanken Struktur geben und dafür Sorge tragen, dass er keinen Aspekt außer Acht lässt.

Fangen wir damit an:

Alle Szenarien durchdenken

Paul muss über seinen beruflichen Werdegang entscheiden. Die erste Option, Führungskraft beim jetzigen Arbeitgeber zu werden, entspricht einem bekannten Pfad, die zweite, das Start-up, ist ein neuer, unbekannter Weg: mehr Risiken und mehr Chancen. Wir können uns die Sparkassenkarriere wie einen Strahl auf der Zeitachse vorstellen, der linear verläuft oder allenfalls kleine Wellen andeutet. Die Start-up-Karriere hingegen wird durch einen breiten Korridor möglicher zukünftiger Entwicklungen repräsentiert, von denen einige schlechter sind als der Sparkassen-Pfad und andere besser. Da wir nicht in die Zukunft schauen können, müssen wir nun Paul helfen, abzuschätzen, ob die Wahrscheinlichkeit für einen günstigeren Verlauf der Entwicklung höher ist als die Wahrscheinlichkeiten für einen schlechteren Verlauf. Was also spricht dafür, dass er als Start-up-Unternehmer glücklicher wird denn als Sparkassen-Manager, und was spricht dafür, dass er weniger glücklich wird? Und haben Sie es gemerkt? Ich habe »glücklich sein« stillschweigend als Pauls Ziel angenommen, und ehrlich gesagt will ich darüber nicht diskutieren. Glücklich zu sein setze ich als unser aller primäres Lebensziel voraus. Sind wir da einig?

Die Selbstselektion ernst nehmen

Wir wissen nichts über Pauls Persönlichkeit. Aber wir können Vermutungen anstellen. Er wird als Mitarbeiter einer Sparkasse eine klassische Banker-Ausbildung durchlaufen haben. Als Kreditsachbearbeiter wird er die für diesen Beruf erforderlichen Tugenden besitzen, z. B. Gewissenhaftigkeit, Zuverlässigkeit, einen Blick für Details, vielleicht sogar eine gute Portion Menschenkenntnis, denn es ist an ihm, die Kreditwürdigkeit von Kunden einzuschätzen. Da ihm eine Beförderung angeboten wurde, dürfte er seinen Job überdurchschnittlich gut machen, sodass wir weiterhin unterstellen dürfen, dass Paul etwas auf dem Kasten hat. Wir nehmen an, dass sich Paul wahrscheinlich für den Beruf des Bankers entschieden hatte, weil er sich damals in der Rolle eines Bankers sah. Das nennen wir Selbstselektion: Wann immer wir eine Wahl haben, gibt unsere Entscheidung eine Auskunft über unser Selbstbild bzw. unsere Wünsche, Ängste und Ziele. Wenn Sie die Wahl hätten zwischen einem Gewinn von 100 Euro mit einer Gewinnchance von 50 % oder einem Gewinn von 200 Euro mit einer Gewinnchance von 25 %, gibt Ihre Wahl eine Auskunft über Ihre Risikobereitschaft. Oder wenn Sie in der Fußgängerzone Passanten ansprechen und diese bitten, an einer anonymen Befragung über ihr Sexualverhalten teilzunehmen, werden tendenziell nur die mitmachen, die von sich selbst glauben, ein berichtenswertes Sexualleben zu führen. Passanten, die unbefriedigt sind, werden weniger auskunftsbereit sein. Selbstselektion!

1. Schritt: Sein Persönlichkeitsprofil erstellen (mithilfe von Freunden)

Zurück zu Paul: Seine Entscheidung, Banker zu werden, war eine Selbstselektion und drückt aus, dass Paul in der Liga der Banker seine Heimat sah. Was immer Paul mit diesem Beruf verband, er wollte auch so sein, und dass er mit 45 Jahren noch immer Kreditsachbearbeiter ist, deutet auf Konstanz hin. Was bedeutet das nun für Pauls Entscheidungsproblem? Ich würde ihm empfehlen, darüber nachzudenken, was für ihn den Beruf des Bankers charakterisiert. Er sollte sich das aufschreiben, vielleicht als Liste: Ordnung, Struktur, Prozesse, Klarheit, gesellschaftliche Anerkennung oder Verantwortung könnten solche Merkmale sein.

Anschließend sollte Paul für jedes Merkmal beurteilen, wie wichtig es ihm ist, z. B. mit einer einfachen Skala von 0 (»ist mir egal«) bis 3 (»ist mir wichtig«). Er sollte ehrlich zu sich selbst sein, aber das ist schwer. Unbewusst wird Paul den möglichen anderen Job (Start-up) im Hinterkopf haben und die Antworten so verzerren, dass sie günstig für den neuen Job sind. So könnte er z. B. das Merkmal »Struktur«, das ihm eigentlich ausgesprochen wichtig ist, als weniger wichtig bewerten, weil ihm klar ist, dass es in Start-up-Unternehmen keine etablierten Strukturen gibt.

Wie kann sich Paul vor einer solchen unbewussten Verzerrung seiner Antworten schützen? Er kann und sollte Freunde in die Bewertung einbeziehen. Freunde und enge Bekannte können unser Verhalten besser bewerten als wir selbst. Hierfür gibt es gut fundierte Forschungen, etwa jene von Epley und Dunning, die ich schon bei der ersten Entscheidung (Finn) ansprach. Aber weil die Erkenntnisse so überraschend sind, wiederhole ich sie: Freunde und enge Bekannte können unser zukünftiges Verhalten besser beurteilen als wir selbst! Erstaunlich, oder? Also sollte Paul seinen besten Kumpels ein Bier ausgeben und sie fragen, was sie glauben, wie wichtig ihm dieses oder jenes Merkmal ist.

2. Schritt: Sein fachliches Profil erstellen

Im nächsten Schritt bewertet Paul, inwieweit die ihm wichtigen Merkmale bei einem Start-up-Unternehmen gegeben sind. Das kann er auch ohne Start-up-Erfahrung beurteilen, und wenn er es richtig und selbstehrlich macht, wird er erkennen, ob und wo es Lücken zwischen seinem Präferenzprofil (»Das ist mir wichtig!«) und dem Zielprofil (»So ist es in einem Start-up!«) gibt. Das hilft Paul, die Wahrscheinlichkeit zu beurteilen, mit der er sich in einem Start-up wohlfühlen würde.

Das ist natürlich nur ein erster Baustein der Entscheidungsfindung. Er hat sein Persönlichkeitsprofil hinterfragt. Nun sollte er auch sein fachliches Profil hinterfragen. Sicherlich fehlt ihm Know-how, das ein Geschäftsführer benötigt. Er sollte einen Abend investieren, im Web nach Aufsätzen und Berichten über die typischen Aufgaben eines kaufmännischen Geschäftsführers suchen und diese lesen. Ferner gibt es bei der örtlichen IHK Fachleute, die ihm einen Überblick verschaffen können, und wäre Paul nicht bereit, diese zwei Stunden für einen Termin zu investieren, wäre auch das eine Selbstselektion.

Das Ergebnis: Paul hat nun neben seinem Persönlichkeitsprofil auch sein fachliches Profil hinterfragt und kann für beide die Lücken zum Anforderungsprofil des Start-up-Geschäftsführers erkennen.

3. Schritt: Die Auswirkungen einer Entscheidung bedenken

Kommen wir zum dritten Baustein: Paul sollte sich Gedanken über die Auswirkungen der zwei Optionen auf sein privates Umfeld machen. Fangen wir mit der Start-up-Chance an: Vermutlich wird er mehr und unregelmäßiger arbeiten als bisher. Insbesondere in den ersten zwei Jahren wird der Job im Mittelpunkt stehen. Er wird weniger Zeit für seine Kinder haben, weniger Zeit für Hobbys und Freunde. Er wird die Probleme seines neuen Berufs abends mit nach Hause nehmen. Niemand nimmt ihm seine geschäftlichen Sorgen ab, er kann keine Entscheidung nach oben delegieren. Es wird Höhen, aber auch Tiefen geben, kritische Zeiten, die seelisch belasten. Sollte er privat in das Start-up investieren, kommt die Angst vor dem Verlust dazu. Aber er wird sich auch im Glanz seiner Story sonnen dürfen: Sein neuer Job ist eine coole Geschichte. Er wird interessanter für andere. Dafür kann er sich nichts kaufen, aber es fühlt sich gut an, und selbstverständlich ist das ein Nutzen.

Auch die Option »Führungskraft in der Sparkasse« wirkt sich auf sein Privatleben aus. Es ist die Sicherheit, die im Vordergrund steht. Mehr Geld bei überschaubarer Belastung. Paul dürfte den Job, der ihm angeboten wird, kennen und bewerten können. Den Arbeitgeber, seine Sparkasse, kennt er. Er kennt seine Kolleginnen und Kollegen, die Firmenkultur, die Prozesse, ach, es ist alles so wunderbar berechenbar eingerichtet. Sollte er Unterhalt für Frau und Kinder aufbringen müssen, bietet die Sparkasse ihm Planungssicherheit. Die Beförderung gibt ihm zudem Bestätigung und vielleicht auch eine gewisse Anerkennung im Freundeskreis, wobei wir hier den Ball flach halten sollten: Paul ist mit 45 Jahren noch immer Sachbearbeiter, und auf eine »steile Karriere« kann er nicht verweisen.

4. Schritt: Die Perspektiven einer Fehlentscheidung bedenken

Der vierte Baustein ist die Möglichkeit, seine Entscheidung zu korrigieren, wenn sie sich als falsch herausstellen sollte – ein Ausdruck des Risikos. Bleibt Paul bei der Sparkasse und seine neue Aufgabe stellt sich als unbefriedigend heraus, wird er nicht auf den Zufall vertrauen können, dass er von einem zweiten Start-up angesprochen wird. Zugleich birgt das Angebot, Führungskraft in der Sparkasse zu werden, ein geringes Risiko des Scheiterns. Anders ist es, wenn das Start-up scheitert oder Paul mit der Aufgabe eines kaufmännischen Geschäftsführers nicht klarkommt: Wird er zur Sparkasse zurückkehren können? Hier bleibt nur, zu spekulieren. Allenfalls die Arbeitsmarktdaten helfen hier bei der Bewertung und es zeigt sich, dass Banken oder Sparkassen Paul mit Kusshand zurücknehmen würden. Banker mit eigener Start-up-Erfahrung sind gesucht! Das Angebot, ins Start-up-Unternehmen zu wechseln, ist also keine Einbahnstraße und birgt ein geringes Risiko.

Hier habe ich noch einen Extratipp für Paul: Es gibt eine Methode, die Folgen einer Fehlentscheidung abzuschätzen und sich schon im Vorfeld Gedanken über »Rettungsmaßnahmen« zu machen: die bereits erwähnte Pre-mortem-Methode von Gary Klein. Sie funktioniert bei allen komplexen Entscheidungen und ich hätte sie in jedes Kapitel einbauen können. Paul soll sich also seine Entscheidung vorstellen, z. B. jene, zum Start-up-Unternehmen zu wechseln. Nun soll er, sagen wir einmal, drei Jahre vorspulen und sich vorstellen, dass dieser Wechsel sich als Fehler herausgestellt hat; nicht als kleiner, peinlicher Fehler, sondern als totales Desaster! Was könnte falsch gelaufen sein? Paul sammelt nun die vorstellbaren Gründe des veritablen Scheiterns. Vermutlich wird er auf drei bis fünf kommen, das zeigen die Erfahrungen in ähnlichen Fällen. Gründe könnten heftige Streitigkeiten in der Geschäftsführung sein, Klagen gegen Paul wegen einer verschleppten Insolvenz, das grandiose Scheitern am Markt usw. Als Nächstes soll sich Paul überlegen, welche Schwachstellen es in seinem Plan gab und, der nächste Schritt ist klar, sich überlegen, ob er vorbeugen kann. Wenn er zu dem Schluss kommt, dass er sich gegen die Gründe, zu scheitern, »impfen« kann, sollte ihm das Sicherheit geben. Wenn er aber zu dem Schluss kommt, dass er keine Macht besitzt, ein Drama zu verhindern, wird er die Entscheidung als risikoreich empfinden. Probieren Sie die Pre-mortem-Methode einmal aus! Es ist ein aufschlussreiches Gedankenspiel.

Konnten wir Paul helfen? Ja. Wenn er die vier Bausteine nutzt, dürfte er jetzt ein gutes Bild von den Folgen seiner Entscheidung haben. Das hilft ihm noch nicht, die Risiken des Start-ups selbst einzuschätzen und z. B. zu entscheiden, ob er privat investieren sollte, aber die Rahmenbedingungen kann er nun beurteilen. Er sieht seine persönlichen und fachlichen Lücken, die Auswirkungen auf seine Lebensführung, die Möglichkeiten, umzukehren, und seine Macht, negative Entwicklungen abzuwehren. Ist das Bild eindeutig, darf er seiner Entscheidung vertrauen. Selbst dann, wenn er ein eindeutiges Ergebnis bewusst ignoriert und sich für die andere Option entscheidet, ist sein Blick klarer und er wird sich seiner Entscheidung bewusst sein. Und: All den spontanen Empfehlungen seines Umfelds, all den Sprüchen von »Lebenschance ergreifen«, »sei mutig!« oder »da weißt du, was du hast« kann er gelassen begegnen – er weiß Bescheid.

Was rät das Herz?

Soll ich oder soll ich nicht? Gehen? Bleiben? Wechseln? Hatten Sie diese Gedanken auch schon öfter? Bestimmt. Denn vor einer solchen Entscheidung steht im 21. Jahrhundert fast jeder Mensch einmal oder auch mehrfach während seines Berufslebens. Was waren das noch für Zeiten, als Arbeitnehmer 40 oder 50 Jahre lang ein und denselben Arbeitgeber hatten. Heutzutage unvorstellbar. Die Welt dreht sich deutlich schneller als früher und wir werden gezwungen, uns entsprechend schnell mitzudrehen. Manche nutzen den »Job-Bus« wie eine Sightseeing-Tour durch New York, hoppen on und off, bleiben hier eine Weile und schauen sich dort eine Zeit lang um, bis es nicht mehr gefällt und sie weiterziehen. Die Direktorin des Instituts für Beschäftigung und Employability in Ludwigshafen, Prof. Dr. Jutta Rump, meinte in einem Vortrag, dass wir schon noch loyal seien, aber unsere Loyalität – auch dem Arbeitgeber gegenüber – eine deutlich kürzere Halbwertszeit habe als früher. Doch obwohl der Wechsel der Arbeitsstelle in der Gesellschaft durchaus akzeptiert ist, tun sich besonders die jetzt 40- und 50-Jährigen oft schwer damit. Jüngeren fällt der Wechsel leichter, auch deswegen, weil sie noch nicht so viel zu verlieren haben. Aber wenn man zwei oder mehr Jahrzehnte im Job ist, hat man sich meist schon etwas »aufgebaut«: Gehalt, Prestige, Firmenwagen, aber auch Sozialleistungen wie zum Beispiel Kündigungsschutz. Das soll man nun alles aufgeben? Das will gut überlegt sein. Denken wir. Tage-, wochen-, ja manchmal sogar jahrelang wälzen wir das »Dafür« und »Dagegen« hin und her, schreiben Listen, befragen Freunde, Familienmitglieder und manchmal auch Coaches. Und bleiben doch oft wie gelähmt auf der Stelle stehen.

Woran liegt das? Es hat viel damit zu tun, dass wir die Argumente des Verstandes nicht mit den Argumenten des Bauches in Einklang bekommen. Denn gerade bei wichtigen Entscheidungen neigen wir dazu, den Kopf zu sehr einzuschalten. Bei einer repräsentativen Erhebung der GfK Marktforschung in Nürnberg geben 81 % der Befragten an, dass sie sich bei wirklich wichtigen Entscheidungen bewusst auf ihren

Verstand verlassen und nicht aus dem Bauch heraus entscheiden. Man will und muss die richtige Entscheidung treffen, weil so viel davon abhängt. Also geht man in den Kopf und sammelt hier die Fakten. Was spricht dafür und was dagegen? Und natürlich spricht eine Menge für ein sicheres Einkommen und einen guten Kündigungsschutz. Da hat der Kopf in der Tat ganz starke Argumente. Blöd nur, wenn der Kopf nach langem Hin und Her eine Entscheidung getroffen hat und der Bauch nicht mitzieht. Dann kommt es zu dieser Starre, die dazu führt, dass man einfach bleibt, wo man ist. Man kann sich nicht entscheiden – nicht dafür und nicht dagegen. Was meistens das Schlechteste ist, denn man hat mit dem Gedanken eines Wechsels ja nicht gespielt, weil man dort, wo man gerade ist, überschwänglich glücklich ist. Die schlechteste Entscheidung ist oft die, die man gar nicht trifft.

Unser Verstand hält uns gern am alten Platz. Denn das Alte ist bekannt und vertraut. Man kennt die Kollegen. Den Chef. Die Strukturen des Unternehmens. Vor allem aber die finanzielle Sicherheit. Und der Verstand belohnt altbekannte Muster. Für Gedanken, die wir häufig denken, muss weniger Energie aufgewendet werden, und das gefällt ihm. Hinter diesem Muster steckt das Hormon Dopamin. Es sorgt für ein Belohnungsgefühl, wenn wir etwas wiedererkennen. Und so muss rational nichts für die Alternative sprechen – wir wählen sie dennoch, weil sie uns vertraut ist. Leider unterscheidet der Verstand nicht zwischen positiven und negativen Gedanken und Gewohnheiten. Er belohnt grundsätzlich Althergebrachtes.

Ich bin immer wieder erstaunt, wie lange sich manche Menschen mit dem Thema Job- und/oder Berufswechsel auseinandersetzen und doch keine Entscheidung treffen. Eine gute Freundin ist seit 15 Jahren an ihrer Arbeitsstelle unglücklich – sie arbeitet Halbzeit, kommt mit ihren Vorgesetzten nicht gut zurecht, weil sie sich und ihre Arbeit nicht wertgeschätzt fühlt. Dennoch kündigt sie nicht, weil sie Angst davor hat, dann »gar nichts mehr zu haben«. Ihre Familie ist nicht auf das Geld, das sie verdient, angewiesen, aber dennoch lässt sie diesen Job, der sie meistens unglücklich macht, nicht los. Warum? Weil ihr Verstand ihr einflüstert, dass das alles sei, was sie habe. Was natürlich völliger Quatsch ist. Ich kenne nur wenige Menschen, die so viele Talente haben wie diese Frau. Aber dennoch wagt sie den Sprung nicht, weil sie nur auf die Argumente ihres Kopfes hört. Ich bin fest davon überzeugt, dass sie sich viele wundervolle Türen aufstoßen würde und ganz viel Freiraum für viel Schönes und Neues schaffen könnte, hörte sie endlich auf ihren Bauch. Der sagt ihr bereits seit Jahren ganz deutlich, dass sie an dieser Stelle nicht glücklich ist. Kaum vorzustellen, wie viel Glück sie in diesen letzten 1½ Jahrzehnten hätte anhäufen können.

Ich habe in meinem Leben aber auch Menschen kennengelernt, die den Schritt in ein neues berufliches Leben gewagt haben. Und kein Einziger sprach davon, dass es ein Fehler gewesen wäre. Im Gegenteil. Herbert Bonewitz, ein Kabarettist und Autor aus Mainz, war hauptberuflich Pressesprecher eines großen Unternehmens und stand nur nebenberuflich auf den Kabarettbühnen. Viele Jahre hat er beide Seiten bedient und konnte weder von der finanziellen Sicherheit noch von dem Spaß an der Tätigkeit als Kabarettist lassen. Doch irgendwann musste er sich entscheiden, weil es zu viel wurde. Herbert Bonewitz hat lange gebraucht, um sich ganz für die Selbstständigkeit zu entscheiden. In einer meiner Sendungen, in der er mein Gast war, meinte er: »Ich hätte den Schritt viel früher gehen sollen.« Und genau das höre ich immer wieder. Man hätte es viel früher wagen sollen. Man hätte viel eher springen sollen und dem Bauchgefühl vertrauen.

Und gehen wollen viele. Laut einer repräsentativen Studie des Beratungsunternehmens Gallup für das Jahr 2018 fühlen sich vier von fünf Mitarbeitern ihrem Unternehmen kaum oder gar nicht emotional verbunden. Unglaubliche 71 % der Befragten gaben an, nur noch Dienst nach Vorschrift zu machen. Und 14 % haben innerlich schon gekündigt. Fünf Millionen Menschen in Deutschland sind mit ihrer Stelle so unzufrieden, dass sie am liebsten sofort kündigen würden oder sich schon nach einem neuen Arbeitsplatz umschauen. Viele von denen kündigen am Ende doch nicht. Oft mit fatalen gesundheitlichen Folgen. Denn wer im Job über- oder unterfordert ist, wer ständig zu viel auf dem Schreibtisch hat oder zu wenig, wer beim Arbeiten keine Freude mehr verspürt, wenn sich stattdessen Frust und Ärger an vielen Ecken breitgemacht hat, wenn die Perspektive im Unternehmen fehlt, steht am Ende oft ein Burn-out oder ein Bore-out. Und erst wenn uns eine Krankheit dazu zwingt, ändern wir die Richtung.

Viel sinnvoller wäre es doch, nicht erst zu reagieren, wenn eine Krankheit uns am Weitermachen hindert, sondern sein Leben schon vorher selbst in die Hand zu nehmen.

Doch wie kommt man zu einer Entscheidung, wenn der Kopf das eine und der Bauch das andere will?

In sich hineinspüren

Schauen wir uns Paul an. Er hat die Qual der Wahl. Im alten Unternehmen bleiben und einen sicheren, wenn auch nicht allzu großen Karriereschritt machen? Oder noch einmal etwas ganz Neues ausprobieren? Wäre Paul 30 und kinderlos, würde er sich vermutlich mit Elan in die neue Aufgabe werfen. Aber Paul ist Mitte 40 und hat die Verantwortung für zwei Kinder. Auch wenn er diese nicht mehr jeden Tag sieht, will er für sie da sein – nicht nur in finanzieller Hinsicht. Aber Paul ist eben nicht nur Vater. Er ist in einem Alter, in dem er noch einmal etwas wagen könnte. Wenn nicht jetzt, wann dann? Zehn Jahre später wird es deutlich schwieriger. Die Situation kommt Ihnen vielleicht bekannt vor. Der Kopf hat viele starke Argumente dafür, aber auch dagegen. In manchen Momenten denkt man, na klar, ich mache es, ich schaffe das. Aber wenn man grübelnd nachts im Bett liegt, werden alle Bedenken riesengroß.

Das 10-10-10-Modell

Eine gute Möglichkeit, mehr Klarheit zu bekommen, was man eigentlich wirklich will (und nicht, was gut oder schlecht wäre), verspricht das 10-10-10-Modell der US-amerikanischen Autorin Suzy Welch. Dabei stellt man sich vor, wohin einen eine Entscheidung in 10 Minuten, in 10 Monaten und in 10 Jahren bringen könnte. »10 Minuten« machen bei einer so wichtigen Entscheidung wie einem Berufswechsel keinen Sinn, daher habe ich den ersten Schritt gegen »10 Wochen« ausgetauscht. Bei diesem Modell soll man sich sehr detailliert seine Zukunft vorstellen. Pessimisten neigen bei diesem Gedankenspiel dazu, den Worst Case aufzuzeichnen. Optimisten hingegen malen sich lieber den

Best Case aus. Ich schlage den »most probably« Case vor. Also den Fall, der aller Wahrscheinlichkeit nach eintreten wird.

Für Paul könnte das »10-10-10-Modell« folgendermaßen aussehen:

10 Wochen, nachdem er sich für die Gruppenleitung bei der Sparkasse entschieden und den Arbeitsvertrag unterschrieben hat, geht er weiterhin in dasselbe Büro und arbeitet mit denselben Kollegen – nun aber zum Teil als deren Vorgesetzter. Er kann sein Leben ohne großen Wechsel so weiterleben wie bisher. Er muss zwar gerade am Anfang mehr arbeiten und hat weniger Zeit für Privates. Seine Kinder kann er trotzdem weiterhin alle zwei Wochen am Wochenende sehen. Mit dem Karrieresprung verbessert sich auch sein Gehalt, was Paul bei jeder Gehaltsabrechnung sehr freut. Sein Verstand schüttet noch Dopamin aus, denn er belohnt, dass sich nicht allzu viel verändert hat, und sorgt so für Zufriedenheit.

10 Monate nach dem Wechsel zum Gruppenleiter haben sich keine weiteren größeren Veränderungen ergeben. Paul ist sicherer in seinem Job, muss aber immer noch mehr arbeiten als früher. Dafür ist aber auch sein Gehalt weiterhin besser, was Paul aber kaum noch wahrnimmt. Das Geld, das er nun mehr verdient, hat er in ein größeres Auto investiert. Damit kompensiert er den Ärger, dem er nun als Führungskraft häufiger ausgesetzt ist.

10 Jahre später hat sich beruflich nicht mehr viel getan. Für einen weiteren Karriereschritt fehlen ihm die fachlichen Qualifikationen. Herausforderungen im beruflichen Alltag gibt es für ihn kaum. Seine Kinder sind mit der Schule fertig, sodass er viel Zeit an den Abenden und an den Wochenenden zur Verfügung hat. Diese verbringt er meist mit Freunden. Paul ist nicht unzufrieden, aber besonders erfüllt ist sein Leben auch nicht.

Für die zweite Möglichkeit ist es schwieriger, den »most probably« Case darzustellen, denn hier gibt es – aller Voraussicht nach – sehr viel mehr Möglichkeiten, die eintreten könnten, im Guten wie im Schlechten.

10 Wochen nach seiner Entscheidung für das Start-up-Unternehmen arbeitet Paul noch bei der Sparkasse – verbringt die Abende aber

bereits mit Vorbereitungen für die neue Position. Er freut sich auf sein deutlich jüngeres Team, das ohne Hierarchien und Machtgehabe an die Arbeit geht. Er träumt von einem Arbeitsalltag ohne Anzug und Krawatte. Wenn er seinen Freunden von seiner neuen Herausforderung erzählt, zieht ein Lächeln über sein Gesicht. Paul fühlt sich jung und energiegeladen – trotz der Mehrarbeit.

10 Monate nach dem Berufswechsel arbeitet Paul deutlich mehr als 40 Stunden die Woche. Statt Anzug und Krawatte trägt er Jeans und Shirt. Die Stimmung im Team riecht nach Aufbruch. Man trifft sich auch regelmäßig an den Abenden, um an Ideen zu feilen. Finanziell hat sich Paul nicht verbessert, aber die Freude an der Arbeit wiegt es auf, dass er bei gleicher Bezahlung sehr viel mehr arbeitet. Freie Zeit für seine Kinder muss er in seinen Terminkalender eintragen. Dennoch fühlt er sich weiterhin lebendig und mitten im Leben. Er freut sich auf jeden neuen Arbeitstag.

10 Jahre nach dem Berufswechsel gibt es das Start-up nicht mehr. Denn laut Experten wird nur eines von zehn Start-ups richtig erfolgreich. Mehr als 80 % scheitern – und zwar bereits innerhalb von drei Jahren. Ein Drittel der Deutschen Start-up-Gründer hat – so der Deutsche Startup Monitor – bereits zuvor ein gegründetes Start-up eingestellt. Doch durch die Erfahrungen, die Paul in diesem Unternehmen gesammelt hat, hatte er ausreichend Mut für eine Selbstständigkeit, mit der er seit fünf Jahren sehr zufrieden ist.

Wichtig bei dem 10-10-10-Modell ist es, sich beide Möglichkeiten so detailliert und konkret wie möglich auszumalen. Am besten schreiben Sie sich Ihre Gedanken dazu auf, dann gehen sie nicht verloren. Fragen Sie sich, wie sich Ihre beruflichen Möglichkeiten im einen und im anderen Fall entwickeln könnten. Wie würde der Arbeitsalltag aussehen? Wie sähen Ihre Aufgaben aus? Welche Herausforderungen müssten Sie stemmen? Wie wäre das Miteinander am Arbeitsplatz? Mit welchem Gefühl gingen Sie täglich zur Arbeit? Lassen Sie Ihrer Fantasie freien Lauf, aber überprüfen Sie ab und zu, ob diese Fantasie tatsächlich dem »most probably« Case entsprechen könnte.

Das Bauchgefühl zum »most probably« Case überprüfen

Natürlich können wir die Zukunft nicht voraussagen. Natürlich kann sich für Paul in beiden Fällen alles ganz anders entwickeln. Es könnte sein, dass sich Paul für die Sicherheit bei der Sparkasse entscheidet, diese aber irgendwann Personal abbauen muss und Paul mit knapp 50 Jahren arbeitslos wird. Genauso kann es sein, dass Paul überraschend krank wird und dem Stress des Start-ups nicht mehr gewachsen ist.

Dennoch ist es sinnvoll, sich in den »most probably« Case der Zukunft hineinzudenken und nachzufühlen, wie der Körper in dem einen und in dem anderen Szenario reagiert. Werden die Knie weich und die Füße kalt oder steht man fest wie ein Felsen? Beginnt das Herz zu rasen? Fühlt sich das gut oder besorgniserregend an? Huscht ein Lächeln bei der einen oder anderen Vorstellung über die Lippen? Der Körper gibt gerne und oft eindeutige Signale, die wir nur aufnehmen müssen.

Bei so wichtigen Entscheidungen wie einem Berufswechsel sich mal siegessicher und stark und am anderen Tag klein und schwach zu fühlen, ist völlig normal. Die Mainzer Verlegerin Karin Schmidt-Friderichs hat den Prozess der Entscheidungsfindung in ihrem Facebook-Account sehr schön beschrieben: »Gestern war ein wichtiger Tag für mich und für uns. Ich habe mein Herz über eine Hürde und meinen Hut in einen Ring geworfen. In den letzten Wochen habe ich intensiv und verantwortungsvoll abgewogen, habe Chancen und Risiken, Pros und Kontras aufgelistet, Einwände geprüft und in mich hineingehört. Irgendwann muss frau sich entscheiden, und meine mir selbst gesetzte Frist war gestern.« Karin Schmidt-Friderichs wird für ein Ehrenamt kandidieren. Diese Entscheidung hat sie sich offensichtlich nicht einfach gemacht: »Wenn ich eine wichtige Entscheidung zu treffen habe, durchlaufe ich Phasen visionärer Hoffnung und Leichtigkeit, Euphorie und Optimismus und Phasen einer bleiernen Schwere. Ich habe dann Herzklopfen und Bauchweh. Zweifele und plane. Fühle mich abwechselnd wachstumswillig ärmelhochkrempelnd und klein und unsicher. Ich glaube, dass wir alle in unserem Leben oft an Weichen stehen, an denen wir uns entscheiden: ›weiter so‹ und ›gut ist‹ oder ›wachsen‹

und ›werden‹. Beides ist berechtigt. Beides ist richtig. Was ich nicht richtig finde, ist: sich nicht entscheiden. So tun, als gäbe es diese Weichen nicht. Dem Leben seinen Lauf lassen, anstatt es zu leben. Aktiv. Eigenverantwortlich.«

Um das Leben aktiv und eigenverantwortlich leben zu können, um gute Entscheidungen fällen zu können, braucht man auch eine gute Beziehung zu seinem Bauchgefühl. Wenn Sie sich in die Zukunftsszenarien Ihres 10-10-10-Modells einfühlen und darauf achten, wie Ihr Körper reagiert, werden Sie schnell wissen, woran Sie in Zukunft Freude haben werden. Vielleicht stellen Sie fest, dass sich der bisherige Job eigentlich immer noch richtig anfühlt, aber Feinjustierungen nötig sind. Dann entscheiden Sie sich ganz bewusst dafür und fangen Sie an, wieder mehr Farbe ins alte Spiel zu bringen. Indem Sie sich neue Herausforderungen suchen und mit Ihrem Vorgesetzten über Perspektiven reden. Machen Sie sich immer wieder bewusst, warum Sie sich für diesen Job entschieden haben, und legen Sie Ihr Augenmerk auf das Positive, das Ihnen dieser Arbeitgeber ermöglicht. Vielleicht bringt das Modell aber auch ans Tageslicht, dass Sie sich bei einem Wechsel deutlich glücklicher fühlen würden. Dann vertrauen Sie Ihrem Bauch und trauen Sie sich. Denn wie sagte der Kabarettist und Autor Herbert Bonewitz: »Ich hätte den Schritt schon viel früher gehen sollen.«

Herz oder Kopf?

Pauls Situation ist außergewöhnlich günstig. Er kann bleiben und eine bescheidene Karriere machen oder er kann wechseln und ein Abenteuer erleben. Ist er indifferent und kann sich zu keiner Entscheidung durchringen, ist auch das eine Entscheidung und er bleibt bei der Sparkasse. Auch nicht schlecht, oder?

Die Gefahr, die wir beide sehen, ist, dass sich Paul zu wenig mit den Folgen seiner Entscheidung auseinandersetzt. Wir schlagen unterschiedliche Vorgehensweisen vor, wie Paul sich mit seiner Zukunft auseinandersetzen könnte, wohl wissend, dass, egal wie gründlich er prognostiziert, diese noch genug Überraschungen bereithalten wird.

Diese Überraschungen sind aber asymmetrisch verteilt: Der Weg in der Sparkasse erscheint Paul klar, berechenbar und planbar. Er geht geringe Risiken ein, kann seinen Verpflichtungen (Kinder) zuverlässig nachkommen und bleibt in seiner Komfortzone. Der Sprung zum Start-up-Unternehmen bietet mehr Abenteuer, mehr Chancen, mehr Herausforderungen, aber auch mehr Risiken des Scheiterns.

Auf kognitiver Ebene (Kopf) ist Paul dringend zu raten, sich zu hinterfragen und zu prüfen, ob er ein Entrepreneur ist, der die Unwägbarkeiten eines Start-ups ertragen kann. Auf affektiver Ebene (Herz) sollte Paul in sich hineinspüren, inwieweit er tatsächlich von dem Wunsch beseelt ist, in seinem Leben »noch etwas zu reißen«. Eines steht fest: Chancen, seinen vorgezeichneten Pfad zu verlassen und seinem Leben eine neue Wendung zu geben, werden selten auf dem Silbertablett serviert. Paul ist in einer ungewöhnlich aussichtsreichen Position und wir wünschen ihm alles Gute.

8. Entscheidung

Sich vom (langjährigen) Partner trennen?

Anne (54) und Thomas (58) sind ein typisches Paar: Die Kinder sind aus dem Haus, beide sind berufstätig, alles ist wohlbestellt … und doch ist die Krise spürbar – zumindest für einen Teil: Thomas ist mit seinem Leben zufrieden, stolz auf seine Familie und freut sich mehr und mehr auf den wohlverdienten Ruhestand. Warum etwas verändern, wenn doch alles so schön geordnet ist? Doch Anne ist unruhig. Sie sucht sich selbst. Sie sucht einen Sinn in der dritten Lebensphase. Sie lernt neue Menschen nicht nur in ihrem Yoga-Kurs kennen und verbringt mehr und mehr Zeit ohne Thomas. Ihn erlebt sie als Bremsklotz.

Anne steht vor der vielleicht größten Entscheidung ihres Lebens: Gehen oder bleiben?

Was rät das Herz?

Viele Menschen glauben, je länger eine Beziehung dauert, desto leichter wird das Miteinander. Ich weiß aus eigener Erfahrung: Das Gegenteil ist der Fall. Je länger wir mit einem anderen Menschen verbunden sind, desto mehr glauben wir, die Meinungen und Gedanken des anderen zu kennen. Und da wir den anderen scheinbar in- und auswendig kennen, muss man nicht mehr miteinander reden und sich austauschen. Man weiß ja vorher schon, was er antworten wird. Doch auch mit Mitte 40 und Anfang 50 und selbst darüber hinaus noch entwickeln wir uns weiter, und wenn wir dann nicht im engen Austausch mit dem Partner/der Partnerin sind, dann bekommt der andere von den Entwicklungen nichts mit. Die Folge: Man entwickelt neue Vorlieben und Interessen und der Mensch, der einem am nächsten stehen sollte, ahnt nicht einmal etwas davon. Und irgendwann wacht man auf und stellt fest, dass man überhaupt keine Gemeinsamkeiten mehr hat. Viele Paare leben irgendwann einmal mehr nebeneinander als miteinander. Und dann kommt es selbst bei den Paaren zu Trennungen, bei denen man sich ganz, ganz sicher war, dass sie es bis »ans Ende« schaffen. In meinem Bekanntenkreis waren es in den vergangenen zwölf Monaten drei Paare, für die ich meine Hand, mein Haus und mein Vermögen ins Feuer gelegt hätte, dass bei denen niemals eine Trennung stattfinden wird. Von wegen. Das Leben hatte andere Pläne.

Und nun denkt also Anne darüber nach, ein neues Leben ohne Thomas zu beginnen. Was ist im Zusammenleben der beiden passiert, dass sie gedanklich schon weg ist und er sich höchst zufrieden im warmen Nest wähnt? Hier kann ich nur spekulieren, aber wenn ich mich im Kreis der getrennten Paare umschaue, dann sind es überall irgendwie dieselben Ursachen.

Die erste Entfremdung kommt oft schon mit den Kindern. Man ist so sehr mit Kindern und Job beschäftigt, dass die Kraft für den Partner fehlt. Ich weiß nicht, wie oft mein Mann und ich in all den Jahren um 18 Uhr unbedingt noch auf ein Glas Wein aus dem Haus wollten, um dann um 20 Uhr – nachdem die Kids versorgt und im Bett waren – nur noch halb tot auf die Couch zu sinken. Ausgehen? Miteinander reden? Ein bisschen Spaß zusammen haben? Gerne, aber nicht an diesem Abend. Vielleicht am nächsten ... Wobei am nächsten Abend meistens auch nicht mehr Energie vorhanden war. Wenn ein Paar die Phase »Wir erziehen unsere Kinder und basteln gleichzeitig an unseren Karrieren« ohne Trennung überstanden hat, besteht die Möglichkeit, die Beziehung wieder zu festigen, denn nun hat man wieder mehr Zeit und Energie füreinander. Leider verpassen viele diese Chance, weil sie, wie oben beschrieben, davon ausgehen, dass sie den anderen ja nun bestens kennen und schon wissen, was der so mag oder nicht. Und das ist oft der Irrtum, der am Ende zu getrennten Wegen führt.

Momentan scheint es auch fast schon beneidenswert zu sein, wenn sie sich nach einer langen Reihe von Jahren von ihm trennt. So erscheint es mir zumindest, nachdem ich allein in dieser Woche auf verschiedene Artikel in Zeitschriften und Tageszeitungen gestoßen bin mit Überschriften wie »Hurra, endlich Ex!« oder »Trennung bietet auch Chancen – wer zu lange in einer schlechten Beziehung bleibt, verpasst so manches Glück«. Daneben gibt es eine Reihe von Büchern, bei denen schon der Titel verspricht, dass Trennungen das einzig glücklich Machende sind: »Schluss jetzt – von der Freiheit sich zu trennen«, »Trennt euch!« oder »Glücklich getrennt«. In den Artikeln werden Experten zitiert, die Aussagen machen wie »Trennungen können sich lohnen« und die gegen das viel zu lange Aushalten in einer Beziehung plädieren. Im Serviceteil der Mainzer »Allgemeinen Zeitung« vom 6. Juni 2019 werden die Vorzüge einer Trennung beschrieben: »Man kann sich weiterentwickeln, sich um sich selbst kümmern. Das eigene Leben gerät wieder in den Fokus.« Echt jetzt? Ist Trennung das neue Yoga? Sind wir nach einer Trennung tatsächlich mit einem Schlag entspannter, glücklicher und selbstliebender?

Ja, es gibt bestimmt viele Beziehungen, bei denen ein Teil so leidet, dass eine Trennung sehr viel Sinn ergibt. In diesen Fällen könnte das Leben allein dadurch, dass einer geht, besser werden. In vielen, vielen anderen Fällen bezweifele ich das aber. Denn was wir gerne vergessen, ist die Tatsache, dass wir uns zwar von dem Partner, den wir als Klotz am Bein oder was auch immer empfinden, trennen können, aber uns selbst nehmen wir weiterhin mit. Mit uns selbst, mit unseren Unzulänglichkeiten, Wünschen, Bedürfnissen, Sozialisationen, Ängsten und Sorgen müssen wir weiterhin auskommen. Und wenn wir uns das nicht genauer anschauen, wird es einem auch nach einer Trennung nicht automatisch und schon gar nicht dauerhaft besser gehen. Deswegen plädiere ich dafür, erst einmal mit sich selbst ins Reine zu kommen, um sich über die wahren Ziele klar werden zu können, bevor man die Zweierbeziehung unter die Lupe nimmt. Ein lieber Freund von mir sagte einmal, dass – bei allem, was ihn ganz plötzlich bei seiner Frau nerve – er erst einmal überprüfe, was das mit ihm zu tun habe. Sprich: Seine Frau triggert nur etwas an, was aber nichts mit ihr zu tun hat, sondern mit ihm. Solche Situationen kennen wir sicherlich alle. Ich auch. Früher machte mich mein Mann häufiger mit kleinen Bemerkungen sehr zornig. Bis ich nach der Lektüre des Buches »Liebe Dich selbst und es ist egal, wen Du heiratest« von Beziehungscoach Eva-Maria Zurhorst feststellte, dass ich oft Ärger bei meinem Mann ausschüttete, den ich mir an ganz anderer Stelle geholt hatte. Nicht er nervte mich mit einer Bemerkung. Ich war zuvor schon von etwas ganz anderem genervt. Dort konnte oder wollte ich den Ärger aber nicht lassen, also bekam es mein Mann ab. Zurhorst ist der Meinung, dass die meisten Scheidungen überflüssig seien. So weit möchte ich nicht gehen, aber ich bin auch der Meinung, dass man viele Beziehungen retten könnte, wenn wir nicht immer versuchten, den anderen zu ändern, sondern wenn der erste Schritt die Selbstreflexion wäre.

Das Ziel erkennen: Alles neu oder neuer Anstrich?

Kommen wir zu Anne und ihren Gedanken, sich von Thomas zu trennen. Prof. Kühnapfel stellt an den Anfang seiner »Kosten-Nutzen-Rechnungen« gern die Ist-Situation. Das will ich an dieser Stelle einmal übernehmen. Wie ist die Ist-Situation für Anne? Als Mutter hat sie sich vermutlich mehr um die Kinder gekümmert als Thomas. Ein großer Teil ihres Lebensinhalts ist mit dem Auszug des Nachwuchses weg. Hier hat sich eine Lücke aufgetan, die gefüllt werden kann und muss. Anne hat auch bereits angefangen, diese zu füllen. Mit Yoga und neuen

Bekanntschaften. Und sie spürt, da kann noch mehr kommen. Sie ist offensichtlich offen für Neues. Und warum auch nicht? Es ist – jetzt, wo die Kinder aus dem Haus sind – Zeit, Energie und ausreichend Neugierde vorhanden.

Und wie sieht die Ist-Situation für Thomas aus? Seine Lücke, die sich nach dem Auszug der Kinder aufgetan hat, ist deutlich kleiner, denn er hat vermutlich all die Jahrzehnte »fulltime« gearbeitet und sich nur abends und am Wochenende um den Nachwuchs gekümmert. Diese gewonnene Zeit lässt sich sehr leicht füllen mit fernsehen, Zeitung lesen und im Internet surfen. Thomas freut sich vielleicht sogar über die Ruhe, die nun wieder eingekehrt ist.

Unterschiedlicher könnte die Ist-Situation für ein Paar also kaum sein. Er freut sich auf einen ruhigen Spaziergang, sie dagegen steht mit durchdrehenden Reifen daneben und ist bereit für ein neues Abenteuer. Dass sie ihn in dieser Situation als Bremsklotz erlebt und davon träumt, einfach auf und davon zu fahren, ist nachvollziehbar. Aber bevor Anne Gas gibt, sollte sie sich über ihr Ziel im Klaren werden: Will sie sich wirklich aufmachen in eine ganz neue Welt oder benötigt ihre bestehende Welt nur einen neuen Anstrich?

1. Schritt: Sich den Alltag ohne Partner vorstellen

Um das herauszufinden, sollte sich Anne im ersten Schritt diese neue Welt einmal ansehen, indem sie sich ganz genau ausmalt, wie ihr Leben in Zukunft ohne Thomas aussehen könnte. Vermutlich hat sie das auch längst getan – an den Abenden oder den Wochenenden, an denen sie Thomas ganz besonders als Bremsklotz empfand. Vielleicht hat sie sich in diesen Momenten hoffnungsvoll eine Zukunft gestaltet, in der sich alles viel leichter und lebendiger anfühlt, weil da keiner mehr auf der Couch sitzt und spitze Bemerkungen zu ihren Yogaübungen absondert. Sich die Zukunft in Krisenzeiten positiv auszumalen, gibt uns Hoffnung und Mut, ist daher also durchaus sinnvoll. Doch oft stellen wir uns die Zukunft sehr einseitig vor. Wir sehen nur die Momente, in denen wir uns selbst genug sind oder sowieso schon Alternativen haben. Aber was ist mit den vielen Minuten und Stunden im Alltag, die nicht durch Schönes gefüllt sind? Deswegen soll sich Anne nicht nur den schönen Samstagvormittag, an dem sie in Ruhe ohne Thomas frühstücken, auf dem Markt einkaufen und dann zum Yoga gehen kann, ausmalen. Sondern auch die anderen Zeiten. Wie fühlt es sich an, wenn

- sie abends nach einem miesen Tag im Büro nach Hause in eine leere Wohnung kommt,
- sie jeden Abend und jedes Wochenende ohne Thomas gestalten kann und muss,
- sie etwas Besonderes erlebt hat und Thomas nicht davon erzählen kann,
- Freunde aus ihrem Leben verschwinden (welche würden bleiben, welche gehen?),
- sie am Wochenende krank ist und all die lieben Freunde lieber eine Wandertour machen, als ihr ein Süppchen zu kochen,
- sie ihren ersten Geburtstag ohne die lieben Wünsche von Thomas feiert oder
- an Weihnachten die Kinder erst zum einen und dann zum anderen fahren?

Wenn Anne spüren sollte, dass ihr jede Sequenz – auch die grauen und schweren Stunden im Alltag – ohne Thomas leichter vorkommt als mit ihm, dann bleibt wohl nur die Trennung. Wenn Anne aber spürt, dass es doch noch Momente gibt, in denen sie das Zusammenleben mit Thomas schätzt, dann hat diese Beziehung bestimmt noch Potenzial.

2. Schritt: Unzufriedenheiten hinter dem offensichtlichen Problem finden

Ab diesem Punkt sollte Anne zweigleisig fahren. Denn wenn eine Beziehung schon länger schlecht läuft, ist nicht nur Beziehungsarbeit angesagt, sondern auch Arbeit an sich selbst. Das heißt, Anne sollte zunächst mal klären, ob die Beziehung allein ihr Problem ist oder ob es da nicht noch andere Bereiche gibt, die sie unzufrieden machen. Oft genug haben wir uns – wie oben schon angedeutet – Ärger und Unzufriedenheit an ganz anderer Stelle eingehandelt und projizieren diese lediglich auf den Partner. Doch der ist daran gar nicht schuld. Also sollte Anne einmal genau überprüfen, was noch in ihrem Leben nicht gut läuft.

- Wie ist ihr Schlaf? Wenn wir (z. B. durch Hormonumstellungen) schlecht schlafen, sind wir schnell gereizt und unzufrieden.
- Wie zufrieden ist sie ganz generell mit sich, ihrem Aussehen, ihrer Figur?
- Ist sie vielleicht enttäuscht von den Kindern, weil sich diese nach dem Auszug doch nicht so häufig melden, wie Anne sich erhofft hatte?
- Wie erfüllend ist der Job? Hatte sie dort vielleicht auf einen Karriereschritt gehofft, der ausblieb? Vielleicht war das sogar der Grund, dass sie mit Yoga angefangen hat, um sich an anderer Stelle Herausforderungen zu stellen und Erfolge zu feiern?

Es gibt viele Möglichkeiten, enttäuscht zu werden und unzufrieden zu sein. Und die leichteste Möglichkeit, mit den verletzten Gefühlen umzugehen, ist, den Partner dafür verantwortlich zu machen. Dann müssen wir selbst nämlich nichts tun, dann haben wir die Handlungsvollmacht abgegeben und können immer unzufriedener werden, weil der andere nichts macht. Wenn Anne also nicht einfach das Kind mit dem Bade ausschütten will, sprich die Trennung von Thomas herbeiführen will in dem (Irr-)Glauben, dass damit alles besser wird, sollte sie sich ganz ehrlich mit den einzelnen Aspekten ihres Lebens auseinandersetzen. Wenn sie herausgefunden hat, wo es Verletzungen und unerfüllte Erwartungen gab, sollte sie als Nächstes daran arbeiten, wie sie sich selbst glücklich machen kann. Also nicht darauf warten, dass der Partner einen glücklich macht. Wir selbst müssen es tun.

3. Schritt: Sich selbst glücklich machen

An dieser Stelle werden viele mutlos, weil sie sich selbst nicht zutrauen, sich glücklich zu machen, oder weil sie befürchten, nicht ausreichend Kraft und Stärke zu haben, um wirkliche Veränderungen herbeizuführen. Doch ich möchte jeden ermutigen, es einfach einmal auszuprobieren. Möglich ist es. So viel Kraft benötigt man nämlich gar nicht dafür. Stellen Sie sich einmal ein Mobile vor. Wenn Sie ein Teil antippen, geraten alle in Bewegung. Wenn Sie anfangen, sich zu verändern, wird es Auswirkungen auf alle haben. Wir müssen nur aufhören, darauf zu warten, dass es der Prinz oder die gute Fee macht. Wenn wir anfangen, für uns selbst einzustehen, unseren Wünschen Nachdruck zu verleihen und dabei auch in Kauf nehmen, dass wir dafür nicht von jedem geliebt werden, können wir uns selbst glücklich machen.

Wenn man aber in einer Partnerschaft vieles nicht macht, nur um dem anderen einen Gefallen zu tun, dann wird das Unterdrückte irgendwann wie ein Bumerang mit Groll zurückkommen. Verstehen Sie mich bitte nicht falsch: Hier geht es nicht darum, völlig egoistisch nur die eigenen Bedürfnisse zu erfüllen. Aber immer die eigenen Wünsche zu unterdrücken, bringt am Ende nur Verdruss. Anne sollte also über folgende Fragen nachdenken:

1. Was fehlt mir, um glücklich zu sein?
2. Welche Schritte muss ich gehen, um diese Ziele zu erreichen?
3. Was davon kann ich allein ohne meinen Partner machen?

Wenn in einer Beziehung jeder seinen Bereich hat, der ihn erfüllt, wird man die gemeinsame Zeit natürlich auch zufriedener gestalten können. Gerade wenn die Kinder bereits aus dem Haus sind, gibt es auch die zeitlichen Freiräume. Es geht in einer Partnerschaft nicht darum, möglichst viel Zeit miteinander zu verbringen, sondern möglichst viel gute Zeit. Und wenn ich erst mich selbst zufrieden mache, kann ich auch zum Glück des anderen beitragen.

4. Schritt: Mit dem Partner reden

Parallel zur Selbstreflexion kann bereits die Arbeit an der Beziehung beginnen. Thomas und Anne müssen reden. Aber nicht so, wie das viele Paare tun. Also nicht »Du tust *immer*« oder »Du machst *nie*«. Keine Du-Botschaften, keine Abrechnung, keine Abwertung, keine Kritik. Dafür Ich-Botschaften. Und klare Regeln. Einmal in der Woche nehmen sich die beiden eine Stunde Zeit. Es gibt kein Hin und Her, sondern erst redet der eine, dann der andere. Jeweils 15 Minuten. Wenn der eine spricht, hört der andere aufmerksam zu. Der, der spricht, bleibt bei sich und seinen Empfindungen. Er deutet und interpretiert nicht die Äußerungen des anderen, sondern erzählt nur darüber, wie er sich fühlt. Der Sprechende fühlt also in sich hinein und gewährt dem anderen damit einen Einblick in sein wahres Inneres. Nur dann kann man gemeinsam vorankommen. Geredet kann über alles werden, was die beiden gerade beschäftigt. Aber Vorsicht: Hier verliert man sich leicht in seichten Gesprächen über andere. Es geht schon um das, was den einen, den anderen oder beide beschäftigt. Ist nach 15 Minuten der andere dran, kann der auf das Gehörte reagieren, aber eben erst dann und nicht zwischendurch. Der Paartherapeut Michael Lukas Moeller hat diese Art des Zwiegesprächs bereits in den 1980er-Jahren entwickelt. Noch heute wird es in Paartherapien angewandt, denn durch die Zwiegespräche lernen Partner wieder, einander zuzuhören. Oft erkennen sie, dass es eben nicht die eine Wahrheit gibt, sondern vieles sehr individuell erlebt wird.

Für Thomas werden diese Zwiegespräche vermutlich herausfordernder als für Anne. Er hat Annes Veränderungen sicherlich bemerkt, sich aber bislang für die Vogel-Strauß-Taktik entschieden. Ich bin immer wieder erstaunt darüber, wie lange Menschen die Augen und Ohren verschließen können. Manche wachen tatsächlich erst auf, wenn der Partner mit gepackten Koffern im Flur steht. So kann ich nur hoffen, dass Thomas das Gesprächsangebot von Anne annimmt und sich als Teil des Mobiles mit in Bewegung setzen lässt. Das bedeutet nicht, dass Thomas nun auch Yoga machen soll, aber es bedeutet, dass Thomas auch seine Bremsen löst, um Anne bei der einen oder anderen Runde im neu zu gestaltenden Alltag begleiten zu können. Ich bin sicher, wenn sich Thomas auf die Reise einlässt, wird auch er Wünsche finden, die er sich noch erfüllen möchte und die für mehr Lebenszufriedenheit sorgen.

»Gehen oder bleiben?« ist eine schwerwiegendere Entscheidung als »Heiraten oder nicht?«, denn zum Zeitpunkt einer möglichen Trennung hat man sich schon eine ganze Menge Gemeinsames aufgebaut. Und auch wenn ich immer fürs Reparieren plädiere, so bin ich doch auch froh, dass die Zeiten, in denen Frauen aus wirtschaftlichen Gründen bleiben mussten, für viele vorbei sind. Wenn man sich in einer Beziehung nicht mehr guttut, wenn nur noch die sogenannten vier apokalyptischen Reiter (1. Der Partner wird generell verurteilt. 2. Nur der andere hat Schuld. 3. Der andere wird nicht mehr wertgeschätzt.

4. Innerlicher Rückzug.) eine Beziehung beherrschen, dann kann dort kaum noch etwas Blühendes gedeihen. Dann kann auch ich es nur noch mit dem Ausspruch des Philosophen Seneca halten: »Das Leben (respektive die Ehe, Anm. der Autorin) ist wie eine Rolle im Theater. Es kommt nicht darauf an, dass lange, sondern dass gut gespielt wird.«

Was rät der Kopf?

Die 8. und die 9. Entscheidung behandeln das gleiche Thema: die Gestaltung der Beziehung bei einer Veränderung der Rahmenbedingungen. Hier, bei Anne und Thomas, ist es der Übergang in die »dritte Lebensphase«, bei Isabelle in der 9. Entscheidung wird es die Neubewertung einer alten Freundschaft sein. Da sich die Themen gleichen und die Muster für eine Empfehlung, wie eine Entscheidung getroffen werden kann, die gleichen sind, werde ich hier in diesem Kapitel etwas ausführlicher sein und im nächsten knapper. Fangen wir an:

Warum führen wir eine Beziehung? Bei einer Paarbeziehung steht in jungen Jahren – jedenfalls für die meisten – der Aufbau einer Familie im Vordergrund. Es gibt ein klares Beziehungsziel: Nestbau, das Ausbalancieren von Berufs- und Privatleben und die Entscheidung für Kinder. Es ist eine äußerst dynamische Phase. Kein Jahr gleicht dem anderen. Die Veränderungsgeschwindigkeit ist hoch. Diese verringert sich, je älter man wird. Kontinuität gewinnt die Oberhand. Sind die Kinder erst einmal in der Schule, stellt sich für viele Jahre eine gewisse Regelmäßigkeit ein, ja, nennen wir es ruhig »Lebensroutine«. Vielleicht wird sie unterbrochen vom Umzug in eine fremde Stadt, erschüttert von einem Rückschlag, aber im Wesentlichen geht es auf vorgezeichnetem Pfad weiter. Auch für Anne und Thomas wird es so gewesen sein: Das Familienleben pendelte um die Alltagsroutine und die Kinder bildeten die Kreiselachse. Immerhin, Anne und Thomas haben etwas geschafft, was viele andere nicht schaffen: Sie sind noch ein Paar. Gemeinsam erleben sie nun, dass die Kinder ausziehen. Die Kreiselachse ist weg. Und nun?

Warum führen Anne und Thomas ihre Beziehung weiter? Aus Gewohnheit? Ja, das mag für viele bedauernswerte Paare das Motiv sein. Ein Ziel ist es nicht. Aus Angst vor dem, was nach einer Trennung käme? Vielleicht, es wäre verständlich. Beides sind jedoch Gründe, die nicht nach selbstbestimmter Lebensgestaltung klingen, sondern nach »Absichern mangels besserer Alternativen«. Darum möchte ich testweise einen alternativen Grund anbieten, einen, der zweifelsohne lebensbejahend und vorwärtsgewandt ist: Das Paar bleibt zusammen, weil für jeden Einzelnen das Leben in der Beziehung schöner ist als ohne die Beziehung. Anne macht das Leben mit Thomas glücklich und umgekehrt. Es ist schöner, erfüllender und von besserer »Qualität« als ein anderes Leben. *Das* sollte der Grund sein, eine Beziehung zu führen. Aber genau das zieht Anne in Zweifel. Thomas nicht.

Die Realität nicht mit einem Idealbild vergleichen

An dieser Stelle möchte ich mit Ihnen einen gedanklichen Schlenker machen. Es geht um die Bewertung einer Lebenssituation und um den Kardinalfehler, den wir oft dabei machen: Wann immer wir mit unserer Situation unzufrieden sind, z. B. weil der Job uns nervt, die Freundin herumzickt, die Nachbarn streitlustig sind oder der Bauch wächst, neigen wir dazu, diese reale und unbefriedigende Situation mit einer idealen zu vergleichen.

Der »Nirwana-Irrtum«

Der Wirtschaftswissenschaftler Harold Demsetz hat diesem Fehler sogar einen Namen gegeben, und wir können ihn wunderbar auf unser Problem übertragen: der Nirwana-Irrtum! Beim Vergleich verliert die Realität, das ist klar, denn nichts kann gegen das Vollkommene konkurrieren. Das Problem ist aber: Das Vollkommene gibt es nicht auf dieser Erde. Es ist Einbildung, Wunschdenken, Fiktion. Es wäre fairer, unsere unbefriedigende Lebenssituation mit anderen realistischen Situationen zu vergleichen, mit einer, die sich tatsächlich als Alternative anbietet, aber die ganz sicher auch nicht vollkommen wäre.

Demsetz hat dies anhand dreier einprägsamer Beispiele resp. Irrtümer erklärt:

»Das Gras ist überall grüner«:

Sind die Kirschen in Nachbars Garten wirklich süßer? Sie erscheinen uns so, aber vielleicht nur, weil sie für uns unerreichbar sind. Was wir nicht bekommen können, lockt uns, aber haben wir es dann, ist der Glanz dahin.

»Es gibt nichts umsonst«:

Im Englischen heißt dies plakativer: »There's no free lunch!« Nichts ist umsonst. An allem hängt ein Preisschild. Alles, aber auch wirklich alles müssen wir bezahlen. Selten ist Geld die Währung, oft ist Aufmerksamkeit, Zeit oder der Verzicht auf eine Alternative der Preis. Nichts ist umsonst, auch nicht die Liebe in der Partnerschaft. Auch sie muss bezahlt werden, und wenn Sie sich bei dieser Formulierung schütteln, ist mir das egal. Wahr ist es trotzdem, und Sie wissen das.

»Menschen könnten anders sein«:

Natürlich unterscheiden sich Menschen, aber die Vorstellung, dass Einzelne (z. B. Thomas) sich wesentlich verändern, ja ganz anders sein könnten, ist ein Fehler. Thomas ist charakterlich fertig modelliert. Er kann natürlich lernen, Verhaltensweisen ändern, Kanten schleifen und Kompromisse akzeptieren, aber seine charakterlichen Grundzüge sind fix. Ist er z. B. introvertiert, wird er keine Rampensau mehr werden.

Was bedeutet das für Anne? Es ist eine Warnung. Sie wird ihre unbefriedigende Situation im Kopf hin und her wälzen. Sie wird grübeln. Ihre Gedanken werden kreisen und unweigerlich wird sie sich vorstellen, wie das Leben ohne Thomas wäre. Das »innere Video« startet,

Szenarien erscheinen, Bilder blitzen auf. Die Warnung hier wäre: »Anne, bleib realistisch!« Das Leben mit Thomas mit einem Idealleben, das sie sich vorstellt, zu vergleichen, wäre unfair. Doch genauso unfair wäre es, sich Thomas anders zu wünschen, als er ist.

Nun habe ich die zweite Regel übersprungen. Das wäre ein Fehler! Denn es gibt nichts umsonst. Auch die Trennung von Thomas, eine Option für Anne, ist nicht umsonst. Sie kostet die Haushaltsaufspaltung, vor allem aber den Schmerz, die Reue, die Zweifel, die unweigerlich kommen werden. »Kosten« werden nicht nur in Geld bemessen! Selbst dann, wenn Anne sich nicht trennt, bezahlt sie einen Preis: Sie muss sich von ihren Vorstellungen verabschieden und dauerhaft mit der Frage leben, wie es wohl gekommen wäre, wenn sie konsequenter gehandelt hätte. Das sollte sie sein lassen! Nur allzu leicht trauern wir nicht genutzten Gelegenheiten nach und verklären sie ... Beachten Sie den ersten Irrtum! Wenn Ihnen das passiert und Sie sich diese wunderbare alternative Zukunft vorstellen, führen Sie sich vor Augen, dass es unmöglich ist, im Nachhinein eine realistische Einschätzung der Situation vorzunehmen, so wie sie sich im Augenblick unserer Entscheidung zeigte. Die Vergangenheit präsentiert sich verzerrt, unvollständig und auf das Einfache reduziert. Seien Sie vorsichtig damit, eine frühere Entscheidung zu bereuen, denn Sie sind kaum in der Lage, Ihre damaligen Motive zu memorieren. Außerdem haben Sie heute viel mehr Informationen als damals, denn das Rad der Zeit hat sich weitergedreht. Bereuen Sie nicht, lassen Sie den Gedanken fallen, leben Sie mit Ihren Entscheidungen und gestalten Sie mit Entscheidungen in der Gegenwart die Zukunft!

Wohin führte Anne die Berücksichtigung des »Nirwana-Irrtums«? Sie weiß nun, dass sie möglicherweise ihren Mangel überbewertet. Sie ahnt, dass sie ihre aktuellen Probleme kennt, aber die neuen, die nach der Trennung mit Thomas auftauchen, nicht, und sie versucht, sich die Zukunft nicht als Paradies auszumalen. Sie geht mit der Realität gnädiger um. Das ist nützlich, denn diese Gedanken erden Anne, und ich möchte an dieser Stelle betonen, dass es nicht darum geht, sich die Zukunft schlechtzureden. Der Nirwana-Irrtum kann leicht defätistisch gedeutet werden: »Ach, wenn die Zukunft sowieso schlecht ist, lasse ich lieber alles, wie es ist, und erleide mein Schicksal.« Ja, man kann alles übertreiben. Die Mitte ist der Weg: Selbstverständlich darf Anne träumen und sich ausmalen, wie eine Zukunft ohne Thomas wäre. Sie darf sich den Nutzen einer Trennung vorstellen, aber eben nicht, ohne auch an die Kosten zu denken. Die Anstöße von Demsetz helfen ihr dabei, so wie alle Methoden und Modelle, die ich in diesem Buch vorstelle, nichts anderes vermögen, als bei einer Entscheidung zu helfen.

Keinen unnützen Blick auf die gemeinsame Vergangenheit werfen

Der Nirwana-Irrtum richtet den Blick nach vorne. Er beschreibt Fehler, die wir bei der Bewertung der Zukunft machen. Doch auch der Blick in die Vergangenheit stellt Fallen, und so kommen wir zu einem zweiten gedanklichen Schlenker: den »versunkenen Kosten«. Hier handelt es sich um Kosten, die in der Vergangenheit angefallen sind, aber bei der Bewertung der Zukunft keine Rolle mehr spielen sollten. Anne hat in ihrem gemeinsamen Leben mit Thomas vieles erlebt, gemeinsame Urlaube, überstandene Krisen, durchlebte Krankheiten, Probleme mit den Kindern, sie hat Thomas' Fehltritte heruntergeschluckt oder sie ist wegen seiner Karriere umgezogen. All dies können wir als Kosten einer Partnerschaft begreifen. Aber es sind versunkene Kosten, denn außer den Erinnerungen an diese Ereignisse (und vielleicht einigen gewonnenen Erfahrungswerten) ist nur wenig geblieben, was in der Zukunft eine Rolle spielen könnte.

Die »versunkenen Kosten« ruhen lassen

Solche »versunkenen Kosten« verzerren unseren Blick auf die Zukunft. Anne trennt sich vielleicht darum nicht von Thomas, weil sie während seines Studiums mit ihm durch dick und dünn gegangen ist (das habe ich erfunden, um deutlich zu machen, worauf ich hinauswill). Das hat zusammengeschweißt, das hat verbunden, aber Anne überlegt, sich zu trennen, um in der Zukunft ein glücklicheres Leben zu führen. Inwiefern spielen die vergangenen Erlebnisse eine Rolle? Inwiefern beeinflussen sie Annes weiteren Weg, wenn sie sich trennt? Es sind die versunkenen

Kosten, die eine Trennung erheblich erschweren können, und damit ist ihre wesentliche Bedeutung beschrieben: Sie wirken wie eine Bremse. Anne mag sich nicht trennen, weil sie so viel mit Thomas erlebt hat. Sie empfände es wie einen Verrat an der Vergangenheit.

Wie soll Anne damit umgehen? In der Betriebswirtschaftslehre machen wir es uns einfach: Versunkene Kosten werden ignoriert. Aber hier ist es nicht so leicht, denn aus den Erlebnissen der Vergangenheit ist der Kitt zusammengerührt, der zwei Menschen zu einem Paar macht. Gemeinsame Erlebnisse, die schönen wie die schlechten, sind ein Fundament, das auch die Zukunft trägt. So fühlt es sich zumindest an. Doch Anne wird gut beraten sein, die Augen streng auf die Zukunft zu richten. Sie hat noch wunderbare, aktive Jahre vor sich, und wenn sie etwas aus der gemeinsamen Vergangenheit mit Thomas ins Kalkül für ihre Entscheidung einbeziehen sollte, dann ist es, dass sie Thomas, sein Verhalten usw. kennt; das gute wie das nervige. Thomas' Verhalten ist eine sichere Bank für sie.

Die Beziehung neu justieren

Nach diesen zwei Schlenkern komme ich wieder zurück zu der Frage, die ich oben gestellt hatte: »Mit welchem Ziel führen wir eine Beziehung?« Und auf meine Antwort: Damit jeder Einzelne ein glücklicheres Leben führt denn als Single.

Was ist überhaupt eine »Beziehung«, eine »Partnerschaft«? Bei diesem Thema empfehle ich einen Blick in die Bestseller der Sozialwissenschaftlerin Eva Illouz (»Warum Liebe weh tut« und »Warum Liebe endet«). Sie ist bemerkenswert nah dran an den Theorien zur Familienökonomie des Wirtschaftsnobelpreisträgers Gary Becker, womit ich ausdrücken möchte, dass unterschiedliche Sichtweisen auf das »Phänomen Beziehung« zu sehr ähnlichen Ergebnissen führen:

Partnerschaft ist ein Vertrag! Dieser regelt, wer welche Dinge einbringt (Kosten) und welchen Nutzen erhält. Im Idealfall profitieren beide davon, indem sie mehr Nutzen haben als Kosten. Nennen wir das »Synergieeffekt«. Der Vertrag kann formal (Verlobung, Hochzeit, Schwur) sein, aber immer gibt es bei Paarbeziehungen, ja sogar bei *allen* Arten zwischenmenschlicher Beziehungen, einen informellen Vertrag. Soziale Normen, stillschweigende Übereinkünfte, Versprechen und Verbote werden verabredet. Jeder Vertragspartner verpflichtet sich zu etwas und erwartet im Gegenzug, dass der andere auch etwas einbringt. Es gibt in diesem Vertrag ein »Handlungs- bzw. Erfüllungsziel«, Regelungen bezüglich Verpflichtungen und Rechte, Bedingungen und Nebenbedingungen, Regeln für Ausnahmen, Sanktionen bei Verstößen und zuweilen Regeln für den Ausstieg aus dem Vertrag. All das ist unkritisch. Auf alles, was geregelt ist, kann verwiesen werden. Das Problem sind die Lücken im Vertrag! Es ist das Ungeregelte, das nicht bedacht wurde oder das erst in der späteren Entwicklung des Zusammenseins wichtig wurde, zu Beginn aber irrelevant war.

Wenn sich Menschen in einer Paarbeziehung ändern oder sich der ursprüngliche Grund der Partnerschaft erledigt hat, z. B., weil die Kinder aus dem Haus sind, sollten sie auch ihren Vertrag verändern. Zwar könnten sie auch in Agonie verfallen, kapitulieren und ihr bisschen Restglück aus den täglichen fünfstündigen Fernsehmarathons saugen, was erschreckend viele Menschen tun, aber das gönne ich keinem. Sie könnten, die zweite Option, den Partnerschaftsvertrag kündigen und sich trennen. Oder sie könnten, Option Nummer drei, eine andere Form des Zusammenseins vereinbaren. Der Beziehungsvertrag wird überarbeitet. Solch eine Vereinbarung ist immer das Ergebnis eines Verhandlungsprozesses, und ja, ich benutze den Begriff »Verhandlung« bewusst; es ist nämlich eine – das Beziehungsarrangement wird neu »justiert«. Aber wie geht das?

1. Schritt: Das Ziel der Beziehung erkennen

Der erste Schritt ist, sich das Ziel der konkreten Beziehung bewusst zu machen, jeder für sich und dann gemeinsam. Hier, aus Annes Sicht: »Was will ich mit der Beziehung mit Thomas erreichen?« Achtung: Die Frage lautet nicht: »Warum bin ich mit Thomas zusammen?« Die Antworten wären nicht dieselben. Probieren Sie es aus! Sagen Sie jetzt, sofort, welches Ziel Sie mit Ihrer Partnerschaft verfolgen. Und wenn Ihnen das zu schwer ist, dann beantworten Sie wenigstens die Frage, warum Sie mit Ihrem Partner oder Ihrer Partnerin zusammen sind, aber ohne »weil ich ihn/sie liebe« zu sagen und ohne den »Generalgrund«

einer Paarbeziehung, nämlich das individuelle Lebensglück zu steigern, zu bemühen. Schreiben Sie Ihre Antwort auf und machen Sie sich einen Kaffee. Anschließend lesen Sie das, was Sie aufgeschrieben haben, noch einmal durch. Und? Ist der Grund, den Sie notiert hatten, so gut, dass Sie

1. Ihren Partner bzw. Ihre Partnerin noch einmal auswählen würden und
2. Sie sicher sind, mit ihm bzw. ihr auf dem richtigen Weg zum Ziel zu sein?

Oder ist er/sie austauschbar, weil Ihnen nicht mehr als eine Plattitüde eingefallen ist, irgendein abstrakter Bla-bla-Grund? Nun, Sie wären in bester Gesellschaft. Bei ca. 75 % all derer, die diesen Test machen, steht auf dem Papier irgendetwas Austauschbares, was nichts mit dem jeweiligen Partner zu tun hat, im besten Fall etwas mit »glücklich sein« oder so.

Nun, ich möchte Ihnen nicht Ihre Partnerschaft madig machen. Letztlich geht es mir darum, aufzuzeigen, wie wichtig es ist, eine Partnerschaft bewusst zu leben. Wenn Sie das nicht tun, wenn Sie sich dem Trott des Alltags ergeben, kommt früher oder später das dumpfe Gefühl, das entsteht, wenn man sein Leben verrinnen sieht wie Sand, der durch die Finger rieselt, und zwar spätestens dann, wenn die Kinder aus dem Haus sind. Dann kommt die Zeit, auf den Partner zu schauen – sonst ist ja auch keiner mehr da – und zu denken: »Ohne den wär's jetzt besser, dann könnte ich dies und das …« Und schon erliegen Sie den Nirwana-Irrtümern. Siehe oben! Seien Sie sich Ihres Lebens bewusst! Es ist der Ausgangspunkt lebensbestimmender Entscheidungen.

Zurück zu Anne. Ihr wird nicht klar sein, welches Ziel sie mit ihrer Partnerschaft verfolgt, jedenfalls dürfen wir das unterstellen. Sie spürt »Unruhe« und ihre erste Aufgabe wäre, sich zu überlegen, warum sie eine Partnerschaft, mit wem auch immer, führen möchte. Nicht wie, sondern warum! Dabei gehen wir davon aus, dass sie sich grundsätzlich ein weiteres Leben mit Thomas vorstellen kann, »sofern er sich ändert«. Wäre für sie der Drops gelutscht, wäre das Kapitel hier zu Ende.

2. Schritt: Die Erwartungen an die Beziehung erkennen

Unterstellen wir nun, dass Anne eine Antwort gefunden hat. Wie geht es weiter? Der nächste Schritt ist, dass sie sich überlegt, was sie von Thomas erwartet. Dazu muss sie wissen, was ihr wichtig ist, und zwar möglichst konkret: »Thomas soll aktiver sein« ist nicht nützlich, denn es bleibt unklar, wann diese Forderung erfüllt wäre. »Thomas soll mit mir Yoga-Kurse besuchen« wäre hingegen konkret. Nun wird Anne diese Erwartungen sortieren. Die wichtigsten zuoberst, die weniger wichtigen kommen danach. Das gelingt intuitiv. Was sie nun vor sich hat, ist die Liste ihrer Forderungen. Mit dieser geht sie in die »Beziehungsvertragsverhandlung«. Wenn Thomas sich gleichermaßen vorbereitet hat, können beide konstruktiv über ihre Beziehung sprechen und versuchen, ihre gemeinsame Zukunft als Paar zu gestalten. Das verlangt, dass Anne die Katze aus dem Sack lässt und Thomas klarmacht, dass für sie Trennung eine Option ist. Natürlich setzt das Thomas unter Druck und ich kann Anne nur bitten, ihm etwas Zeit zu lassen. Sie hat einen Vorsprung, denn sie denkt schon lange nach, aber ihm ist die Situation möglicherweise erst jetzt bewusst.

»Halt«, werden Sie rufen! »Wo bleibt denn da die Liebe?« Die Antwort ist leicht: Wäre die Liebe so stark, dass sie Brücken über alle Gräben bauen könnte, würde Anne nicht über eine Trennung nachdenken. Da sie das aber tut und unentschieden ist, muss die trennende Kraft der Alltagsumstände ungefähr so groß sein wie die Kraft, die die zwei noch zusammenhält und die sich aus Liebe, Gewohnheit, finanzieller Verflechtung und der Angst vor den Trennungsfolgen aller Art zusammensetzt.

3. Schritt: Zusammensetzen und verhandeln

Nun, die zwei verhandeln. Sie setzen sich zusammen, mehrmals, jeder artikuliert, was er möchte, was ihm in Zukunft wichtig ist, was er vom Partner erwartet. Vielleicht wird Thomas alles prima finden und er erwartet von Anne, dass sie akzeptiert, dass alles so bleibt, wie es ist, aber Anne wird von Thomas Veränderungen erwarten. Sie wird das weitere Zusammensein an Bedingungen knüpfen. Thomas hat nun die Chance, sich zu überlegen, ob er diese Bedingungen erfüllen kann und möchte. Es ist wie ein Preis, den er für die Partnerschaft mit Anne bezahlen muss, und er sollte sich gut überlegen, ob er diesen akzeptiert. Falsch wäre, würde er »klein beigeben« und sich allem fügen, nur um die Beziehung »zu retten«. Das würde sich rächen und die zwei stünden ein halbes Jahr später wieder vor dem gleichen Problem. Gerettet wäre nichts, es wäre lediglich gemeinsame Zeit gewonnen oder verloren, je nachdem, wie man es sieht.

Die Verhandlung kann noch mehr hervorbringen: Möglicherweise macht sie Anne klar, welchen »Nutzen« Thomas noch in ihrem Leben hat. Vielleicht schätzt sie, in Thomas einen Rückhalt zu haben, und sie spürt, dass sie ihn als Leuchtturm braucht, als Orientierungspunkt, der ihr hilft, nicht auf Klippen zu laufen. Vielleicht wird ihr klar, dass Thomas sie bei keiner ihrer Ideen behindert und sie ihn nicht etwa leid ist, sondern dass das Problem bei ihr liegt, sie sich ihres Weges nicht sicher ist und sie einen Guide sucht, der sie an die Hand nimmt und ins Abenteuerland entführt. Vielleicht zeigt ihr diese Verhandlung aber auch, dass sie Thomas schon verlassen hat, ohne es sich selbst einzugestehen. Dies würde sich z. B. darin zeigen, dass seine Zugeständnisse Anne nicht freuen, sondern ärgern. Dann sind Kompromisse nicht mehr gewünscht, sondern sie stören, weil sie die Gründe für eine Trennung nehmen.

Fassen wir zusammen: Anne stellt ihre Beziehung infrage. Sie wird sich bewusst machen müssen, warum, was ihr fehlt und was sie sich durch eine Änderung der Situation erhofft. Denkfehler und Verzerrungen sollte sie sich bewusst machen, die Nirwana-Irrtümer beim Blick in die Zukunft zum Beispiel, und sie sollte bewusst versunkene Kosten beim Blick in die Vergangenheit ignorieren. Anne braucht vielleicht etwas Hilfe, sich das Ziel einer Partnerschaft bewusst zu machen und ihre eigenen Wünsche und Erwartungen zu formulieren. Doch die letzten, die entscheidenden Schritte wird sie allein machen müssen: die Gespräche mit Thomas. Vielleicht gelingt es, die Partnerschaft fortzusetzen, nämlich dann, wenn die Zukunft mit Thomas attraktiver erscheint als ohne Thomas, vielleicht ist das Ende aber auch unausweichlich und dann geht es bewusst weiter.

Herz oder Kopf?

Partnerschaft ist kein Event. Partnerschaft ist eine gemeinsame Reise durch die Zeit. Gemeinsam heißt hier aber auch, dass drei Reisen zugleich stattfinden: die eines jeden Partners und die gemeinsame. Doch während die Reise mit sich selbst, also das eigene Leben an sich, manifest ist, ist die Partnerschaft als Schnittstelle zweier Leben verhandelbar. Das ist kein Luxus, es ist eine Verpflichtung, jedenfalls dann, wenn eine lange, glückliche und erfüllende Beziehung von beiden angestrebt wird. Dann ist die Selbstverständlichkeit des Zusammenseins etwas, was sorgsam gepflegt werden muss.

Erinnern wir uns: Nicht akute Störereignisse haben Anne und Thomas aus der Bahn geworfen. Die Distanz pirschte sich auf leisen Sohlen in den Alltag ihrer Partnerschaft.

Was ist zu tun? Wir beide beginnen in seltenem Einklang mit der Empfehlung der Selbstanalyse und wir beide ermuntern Anne zur Selbstprojektion. Mit verschiedenen »Techniken« soll sie sich über ihre Ziele, ihren empfundenen Mangel und die gewünschten Veränderungen im Klaren werden, ohne mit dem Finger auf Thomas zu zeigen. Sie soll und darf hierbei Egoistin sein, aber sie *muss* zu einer neuen Ehrlichkeit finden: Welches sind die Wurzeln der Probleme mit ihrer Partnerschaft?

Wir beide kommen am Ende zu der Empfehlung, dass sich Anne mit Thomas auseinandersetzen muss. Und umgekehrt! Thomas ist kein Opfer, dem bei fortgesetztem »Fehlverhalten« die Trennung angedroht wird, Thomas ist mitgestaltender Teil! Kommt er dieser Aufgabe nicht nach, wird er Anne vermutlich verlieren.

Wie die Gespräche zwischen Anne und Thomas gestaltet werden, ist möglicherweise weniger wichtig. Es finden sich in der einschlägigen Literatur zahlreiche Verfahren und Methoden. Ihr Ziel ist immer das gleiche und das haben auch wir versucht, in den Vordergrund zu rücken: Partnerschaft ist ein Prozess, der bewusst gestaltet werden muss, damit er dauerhaft erfüllend »funktioniert«.

Enge Freunde oder Verwandte aus dem Leben verbannen?

Isabelle (42) ist mit Carolin (42) seit ihrer Schulzeit befreundet. Sie haben alle Höhen und Tiefen des Lebens geteilt. Früher sahen sie sich täglich, seit die Kinder da sind, telefonieren sie hauptsächlich. Im Laufe der Jahre hat sich das Verhältnis verändert, denn Isabelle und Carolin haben sich verändert. Jede auf ihre Weise: Während Isabelle Karriere gemacht hat und ständig viele Bälle jongliert, hat Carolin viel Zeit und kann sich um sich selbst kümmern.

Isabelle hat das Gefühl, dass sie viel mehr für diese Freundschaft gibt, als sie zurückbekommt. Sie erträgt Carolins Egoismus immer schwerer. Aber lässt man eine solche Freundschaft fallen? All die Erlebnisse, die gemeinsame Zeit, die Geheimnisse, die zusammenschweißen? Darf sie ihre Beziehung lösen?

Was rät der Kopf?

Wie versprochen, fasse ich mich kurz, denn was ich benötige, um Isabelle dabei zu unterstützen, eine gut durchdachte Entscheidung zu treffen, habe ich am Beispiel von Anne und Thomas erläutert. Natürlich gibt es Unterschiede, und diese werde ich aufzeigen.

Freundschaften sind wertvoll. Frau Küll wird dies weiter unten herausarbeiten. »Wertvoll« heißt, dass der Nutzen einer Freundschaft die Kosten signifikant übersteigt. Der Nutzen besteht in all den wunderbaren gemeinsamen Erlebnissen, dem Gefühl, dass da jemand ist, dem man vertrauen kann und der einem zuhört, und in dem befriedigenden Bewusstsein, für einen anderen wichtig zu sein. Kosten gibt es auch (»There's no free lunch!«), aber ich spare mir die Auflistung.

Doch die Zeit schreitet voran, die Lebensumstände verändern sich. Es kommen Männer hinzu, Kinder, Aufgaben und Verpflichtungen. Die Aufmerksamkeit richtet sich auf anderes, die Zeit wird knapp, Prioritäten wollen neu sortiert werden. Kurzum: Carolins und Isabelles Beziehungsvertrag muss neu verhandelt werden. Das Erfüllungsziel hat sich verändert. Vom ursprünglichen Ziel »Wir wollen gemeinsam die Welt erobern!« ist nicht viel übrig und mindestens Isabelle ist sich bewusst, dass der Nettonutzen schmilzt wie ein Stracciatella-Eis in der Sonne.

Ein erster Unterschied zu Annes und Thomas' Situation ist, dass dieser Freundinnen-Beziehungsvertrag schon immer unklar war. Es gab zwar eine stillschweigende Übereinkunft, »Freundinnen zu sein« und »sich zu vertrauen«, doch lehrt uns die Lebenserfahrung, dass das Verständnis, was das alles beinhaltet und was es ausschließt, nur in jungen Jahren hinreichend das Gleiche ist, nämlich dann, wenn die individuellen Lebenserfahrungen und Lebensumstände sich ähneln. Später differenziert es sich aus, durch all die Erfahrungen, Verpflichtungen, Träume und Verletzungen getrieben. Ihnen werden nun Ausnahmen einfallen, etwa die Freundschaft zweier Menschen mit gänzlich verschiedenem Lebenshintergrund oder die Freundschaft, die ein Leben lang hielt. Aber um die geht es hier nicht. Es geht um ein Grundmuster, das Isabelle erlebt: das »Auseinanderleben« einer Beziehung.

Zurück zum Vertrag: Er war zu Beginn unklar, und darum ist eine spätere Neuverhandlung im Sinne der »Anpassung von Geregeltem« wenig sinnvoll. Welche Klauseln soll man auch besprechen, wenn sie nicht klar waren? Hier geht es vielmehr um einen neuen Vertrag, zumindest um einen »Reset«. Warum nicht? Was steht der Idee im Weg, dass Isabelle und Carolin ihre Freundschaft neu erfinden? Natürlich ist es möglich, eine Freundschaft neu zu beleben. Doch wird sie nicht die gleiche sein wie zuvor. Sie findet mit einem anderen Ziel statt, unter anderen Bedingungen, und sie wird beiden einen anderen Nettonutzen als zuvor liefern.

Was wäre zu tun?

Eine neue Ausrichtung verhandeln

Am Anfang steht, ach ja, Sie ahnen es bereits, die Betrachtung der eigenen Situation. Wie hat Isabelle ihr Leben eingerichtet? Welches Ziel würde sie verfolgen, wenn sie die Freundschaft mit Carolin wiederbelebt, wohlgemerkt unter Beachtung der aktuellen Situation und damit selbstverständlich auch der wahrgenommenen Veränderungen? Auch hier sind die Nirwana-Irrtümer zu vermeiden, vor allem der nachvollziehbare aber naive Wunsch, alles möge wieder so sein wie früher. Versunkene Kosten sind bewusst zu betrachten: Die gemeinsamen Erlebnisse sind Erinnerungen, aber haben nur insofern einen Wert für die Zukunft, als dass sie Geschichten sind, die man sich erzählt. Wertvoll für die Zukunft ist allein die Bindung, die daraus entstand, doch es bleibt offen, ob diese Bindung positiv oder negativ verbucht wird. Kann ein geteiltes Geheimnis nicht auch zur Belastung werden?

1. Schritt: Für sich ein Ziel formulieren

Im besten Fall kann Isabelle ein Ziel formulieren, das sie mit einer neu justierten Freundschaft mit Carolin verfolgen würde: Spaß haben zum Beispiel, und bitte, lassen Sie das einmal so stehen. Auch mir ist klar, dass es nur selten so einfach ist.

2. Schritt: Eigene Erwartungen formulieren

Wenn Isabelle nun ihr (Beziehungsvertrags-)Ziel bewusst ist, kommt der zweite Schritt, nämlich zu ergründen, was ihr dabei wichtig ist. Welche Erwartungen hat sie, an die Freundschaft und an Carolin? Hat sie diese nun gesammelt, kommt die Priorisierung. Was ist ihr am wichtigsten, was weniger wichtig? Worauf will sie bestehen, was wäre akzeptabel, wenn Carolin es nicht erfüllt?

3. Schritt: Den anderen damit konfrontieren

Mit diesem »Katalog« sollte sich Isabelle mit Carolin konfrontieren. Aber anders als bei einer Beziehungsverhandlung zwischen (Ehe-) Paaren werden die Gespräche informeller sein. Typisch wäre ein vorsichtiges Herantasten: Isabelle ergründet schrittweise, inwieweit Carolin bereit ist, die Freundschaft neu zu beleben. Aber gelingt das? An dieser Stelle fehlen mir Erfahrungswerte bzw. empirische Daten über den Erfolg der Wiederbelebung alter Freundschaften. Auch getestete »Rezepte« lassen sich keine finden. Ich habe auch keine Studien dazu gefunden, und so ist die Gefahr groß, dass ich meine Meinung wiedergebe. Meinungen sind wenig wert. Mein Rat: Hüten Sie sich vor Meinungen ohne Belege! Hüten Sie sich vor Empfehlungen, deren einziges Fundament persönliche Erfahrungen oder Beispiele sind! Und trauen Sie erst recht keiner Empfehlung, die auf Küchenschürzenpsychologie basiert! Worauf ich hinauswill, ist, dass es mir ohne Fachkenntnis kaum möglich ist, Isabelle eine Gesprächsstrategie zu empfehlen. Soll sie vorsichtig sein oder Carolin direkt mit ihrer Fragestellung konfrontieren? Ich weiß es nicht.

Aber eine Freundschaftswiederbelebungsgesprächsstrategie auszuarbeiten war ja auch nicht die Aufgabe. Die Frage war, ob Carolin eine Freundschaft aufkündigen darf oder nicht. Sachlich gesehen ist die Antwort ausgesprochen einfach: Natürlich darf sie das, wenn die Freundschaft erstens einen negativen Nettonutzen hat und zweitens die Prognose keine Verbesserung der Situation erkennen lässt. Aber um einer Verbesserung eine Chance zu geben, wird das Beziehungsvertrags- und Verhandlungsmodell empfohlen: Isabelle sollte die Freundschaft nicht aufgeben, ohne zu versuchen, sie neu zu justieren. Hier will ich eindeutig sein: Sie sollte den Aufwand nicht scheuen, zu versuchen, einen neuen Vertrag zu verhandeln und der Beziehung ein neues Ziel zu geben. Doch wenn dies nicht möglich ist, wenn Carolin kein Interesse daran zeigt, unter neuen Bedingungen diese Freundschaft zu führen, dann ergäbe sich wenig Sinn darin, den Niedergang einer einst wertvollen Beziehung zu befeuern und einen Schatten über die schönen Erinnerungen herbeizuleben. Dann ist der Schnitt besser, denn er belässt der gemeinsamen Zeit ihren Glanz.

Was rät das Herz?

Grundsätzlich sind Freundschaften etwas Wundervolles. Der wertvollste Schatz, den wir besitzen können. Es gibt viele wissenschaftliche Untersuchungen, die belegen, wie gut uns Freundschaften tun. Sie zählen zu den wichtigsten Glücksfaktoren überhaupt. Freunde machen nicht nur glücklich, sondern auch gesund. Wenn man seine Freunde regelmäßig trifft, sind das Wohlbefinden und das Vertrauen in das Umfeld größer. Außerdem wird das Stressempfinden reduziert. Und nicht nur das: Für eine Studie in Australien wurden zehn Jahre lang fast 1.500 Männer und Frauen, die älter als 70 Jahre waren, begleitet. Das Ergebnis: Gute Freunde verlängern das Leben. Die Lebenserwartung steigt um bis zu 22% (Geo Wissen 47/2018, S. 141–154). Gute Beziehungen vergrößern außerdem unseren Selbstwert und können Einfluss auf unseren beruflichen Erfolg haben. Denn Menschen erzielen in ihrem Job bessere Leistungen, je persönlicher sie mit Kollegen vernetzt sind.

Und in der Tat gibt es kaum etwas, das mehr beflügelt als ein netter Abend unter Freunden. Wenn man gemeinsam lacht und quatscht, übers Hölzchen zum Stöckchen kommt, sich verstanden, angenommen und geliebt fühlt, kein Ende findet und irgendwann viel zu spät, aber glückselig ins Bett fällt. Kein Shoppingtag, kein Wellnessaufenthalt, kein noch so gutes Essen im angesagtesten Restaurant kommt an dieses Gefühl heran.

Die wissenschaftlichen Erkenntnisse, wie gut uns Freunde tun, sind neu, das Wissen über die positive Wirkung von Freundschaften dagegen uralt. Schon im 17. Jahrhundert schrieb der englische Philosoph Francis Bacon: »Freunde verdoppeln die Freude und halbieren das Leid.«

Dabei hängt das Lebensglück grundsätzlich nicht von der Anzahl der Freunde ab, also die Gleichung »mehr Freunde = mehr Lebensglück« stimmt nicht automatisch. Aber in manchen Phasen des Lebens greift sie doch. Bei Menschen mittleren Alters reichen wenige, aber gute Freundschaften aus. Jüngere und ältere Menschen dagegen profitieren stärker von einem großen Freundeskreis. Bei Kindern und Teenagern sind viele Freunde ein Beweis dafür, wie gut sie in ihrem Umfeld integriert sind. Während Jüngere in Kindergarten und Schule schnell und leicht Freundschaften schließen, tun sich Ältere viel schwerer, neue Freundschaften einzugehen. Schon ab dem 25. Lebensjahr schließen wir weniger Freundschaften. Das mag daran liegen, dass wir mit zunehmenden Belastungen im Job und mit der eigenen Familie weniger flexibel sind. Es liegt aber auch daran, dass wir nach Schule, Ausbildung und Uni insgesamt weniger Menschen kennenlernen. Dabei schützen viele Freunde gerade Menschen im höheren Alter vor Einsamkeit und daraus resultierenden Krankheiten wie zum Beispiel Bluthochdruck.

Senioren stehen noch vor einer weiteren Herausforderung: Man lernt nicht nur schlechter Menschen kennen, oft gehen diese Freundschaften auch nicht mehr so tief. Je älter man wird, desto mehr scheut man sich davor, anderen tiefe Einblicke in die eigene Seele zu gewähren und alle Tiefpunkte des Lebens mitzuteilen. Deswegen sind über Jahrzehnte gewachsene Freundschaften von einer besonderen Qualität. Da hat man die Täler nicht nur miterlebt, sondern auch mitempfunden. Lange Freundschaften können noch viel mehr auf der Habenseite verbuchen: Man kennt die Eltern des anderen, die Geschwister, die früheren Partner. Langjährige Freunde sind in der Tat etwas Kostbares. Doch so, wie sich Menschen entwickeln und verändern, so verändern sich auch Beziehungen. Und nicht immer entwickeln sich Freunde im gleichen Tempo in die gleiche Richtung. So etwas passiert nicht von heute auf morgen. Man wacht also nicht irgendwann mal auf und stellt fest, dass man mit dem anderen überhaupt keine Gemeinsamkeiten mehr hat. Solche Veränderungen kommen schleichend. Der andere nervt häufiger mit dem, was er sagt und wie er sich benimmt. Man fühlt sich beim anderen mit seinen eigenen Sorgen nicht mehr aufgehoben und spürt eher Distanz als Verbundenheit. Etablierte Freundschaften können solche Zwischentiefs überwinden. Kritisch wird es aber dann, wenn die Ungleichheiten und Ungerechtigkeiten zu häufig vorkommen.

Herausfinden, ob die Waage der Freundschaft noch im Gleichgewicht steht

Isabelle scheint an diesem Punkt angekommen zu sein, an dem die Waage der Freundschaft nicht mehr im Gleichgewicht zu sein scheint. Sie hat das Gefühl, dauerhaft mehr zu investieren, mehr auf Carolin und ihre Eigenheiten einzugehen als umgekehrt, und das schon für eine sehr lange Zeit. Vermutlich denkt sie schon eine Weile darüber nach, ob Carolin noch eine wahre Freundin ist. Was wahre Freundschaft ausmacht, haben die Sozialpsychologen Michael Argyle und Monika Henderson von der Universität Oxford bereits in den 1980er-Jahren in ihrem Buch »The Anatomy of Relationships: And the Rules and Skills Needed to Handle Them Successfully« (Pelican) beschrieben. Ihrer Ansicht nach sind sechs Punkte wichtig, die man als »Leitplanken für Freundschaften« ansehen kann:

- Ein Freund steht auch in Abwesenheit des anderen für ihn ein.
- Ein Freund unterstützt den anderen emotional.
- Ein Freund bietet seine Hilfe an, wenn der andere sie braucht.
- Einem Freund kann man blind vertrauen.
- Ein Freund freut sich mit einem über Erfolge.
- Wenn man mit dem Freund zusammen ist, steigt das Glücksgefühl.

1. Möglichkeit: Eine belastende Freundschaft im Sande verlaufen lassen

Wenn Isabelle zu der Meinung kommt, dass Carolin eigentlich keine emotionale Stütze mehr ist und sie mehr als Belastung denn als Freude empfindet, könnte der Gedanke, sich von diesem »Ballast« befreien zu wollen, zunehmend wachsen. Doch all die Erlebnisse gemeinsamer guter Jahre sind in der Regel ein fester Klebstoff. Leichter wird es, wenn der Trennungswille unausgesprochen bei beiden Seiten vorhanden ist. Dann kann die Freundschaft einfach friedlich im Sande verlaufen. Ich hatte einmal einen Sommer lang eine wunderbare Freundschaft zu einer Kollegin. Sie hatte zu der Zeit keinen Freund, mein Mann arbeitete während der Woche in einer anderen Stadt, wir hatten beide viel Zeit, die wir gemeinsam verbrachten. Am Ende des Sommers wechselte ich den Arbeitgeber, ansonsten änderte sich nichts, aber wir haben uns nie wieder getroffen. Sie hat sich nicht mehr bei mir gemeldet und ich mich nicht mehr bei ihr. So kann eine Freundschaft wortlos, aber friedlich auseinandergehen. Das funktioniert allerdings wirklich nur dann reibungslos, wenn beide Seiten das Interesse verloren haben.

2. Möglichkeit, die keine ist: »Ghosting«

Wenn nur eine Seite spürt, dass sich der andere zum Energieräuber entwickelt hat, den man loswerden möchte, wird die Sache etwas komplizierter. Wie beendet man eine Freundschaft mit Anstand? Das Phänomen »Ghosting«, das heutzutage offensichtlich immer beliebter wird, ist meines Erachtens absolut keine Möglichkeit, die man in Erwägung ziehen sollte. Beim »Ghosting« verschwindet man einfach spurlos ohne Verabschiedung. Kontaktversuche des anderen ignoriert man komplett. Für den anderen ist es, als wäre er mit einem Geist befreundet gewesen. »Ghosting« ist nicht nur feige, sondern auch ein Zeichen von völliger sozialer Inkompetenz, denn der Zurückgebliebene bekommt keinerlei Erklärung für die Trennung. Das führt nicht selten dazu, dass der Verlassene die Schuld an der Trennung bei sich selbst sucht. Diverse Ängste, Befürchtungen und ein beschädigter Selbstwert können die Folgen sein.

3. Möglichkeit: Eine Freundschaft »ausgesprochen« beenden
Wenn man eine Freundschaft einseitig beenden will, hat der andere das Recht, die Gründe zu erfahren. Man muss sich also erklären – mündlich oder schriftlich. Wichtig wäre es hier, bei sich zu bleiben. Wenn wir streiten, dann senden wir gerne Du-Botschaften. »Du machst nie …« oder »Du machst immer …«. Erklären Sie stattdessen dem anderen, wie es in Ihnen aussieht, was Sie fühlen oder nicht mehr fühlen. Was Ihnen in der Freundschaft fehlt und was Sie sich gewünscht hätten. Damit legen Sie eine gute Basis für eine friedliche Trennung. Manchmal reicht im Übrigen auch eine Unterbrechung. Eine Pause ist weniger endgültig und kann leichter zurückgenommen werden, wenn man erkennt, dass einem der andere doch ganz schön fehlt.

Eine Freundschaftsbilanz ziehen

Bevor man ein solches Abschiedsgespräch führt, sollte man sich aber ganz sicher sein, dass man auf die Freundschaft keinen Wert mehr legt. Wenn man sich aber noch unsicher ist, so wie Isabelle, dann könnte es helfen, eine Freundschaftsbilanz zu ziehen. Vielleicht stellt man dabei fest, dass man gar keinen Schlussstrich unter diese Bilanz ziehen möchte. Dann kann man an Verbesserungen arbeiten. Vielleicht fällt die Bilanz aber auch anders aus. Dann hat man ein klares Bild vor Augen und gute Argumente an der Hand, warum man die alten Bande lösen möchte.

1. Schritt: Die letzten Jahre resümieren
Für eine Freundschaftsbilanz braucht Isabelle Zeit, einen Stift und einige Seiten Papier. Auf die erste Seite kommt die Überschrift »Unterm Strich ist meine Freundschaft mit Carolin in den letzten fünf Jahren so verlaufen«. Hier kann Isabelle aus ihrer Sicht alles aufschreiben, was in den letzten fünf Jahren passiert ist. Was die beiden gemeinsam Schönes erlebt haben, aber auch, welche Enttäuschungen Carolin ihr bereitet hat. Vermutlich werden Isabelle an diesem Wendepunkt der Freundschaft mehr negative Begegnungen mit Carolin einfallen. Deswegen sollte sie auch Zeit und Energie aufwenden, um sich an das zu erinnern, was schön war in diesen letzten fünf Jahren. Wenn wir

auf jemanden ärgerlich oder von jemandem enttäuscht sind, sind die negativen Erinnerungen viel präsenter. Deswegen sollte Isabelle auch in der Kiste mit den guten Erinnerungen kramen. Vielleicht findet sie so manches, was sie über all dem Ärger vergessen hat.

2. Schritt: Negative Veränderungen notieren

Auf das nächste Papier schreibt Isabelle die Überschrift »Das hat sich in der Freundschaft mit Carolin für mich verschlechtert«. Hier kann Isabelle ihr Gefühl, dass sie mehr investiert als Carolin, konkretisieren. Was genau investiert sie: Zeit, Aufmerksamkeit, Ratschläge, Emotionen? Was im Einzelnen fehlt ihr in der Freundschaft, das früher vorhanden war? Und welche Verhaltensweisen von Carolin nerven sie am meisten? Je konkreter Isabelle Beispiele aufführen kann, desto leichter wird sie später eine Entscheidung treffen können.

3. Schritt: Positive Veränderungen notieren

Das dritte Blatt Papier bekommt die Überschrift »Das hat sich in der Freundschaft mit Carolin für mich persönlich verbessert«. Hier fällt Isabelle vermutlich am wenigsten ein. Aber es ist nichts so schlecht, als dass nicht auch etwas Gutes dabei wäre. Mit etwas Nachdenken findet Isabelle bestimmt auch Verbesserungen. Vielleicht stellt sie an dieser Stelle fest, dass ihr die bereits eingetretene Distanz zu Carolin sogar guttut. Die vielfältigen Dramen, die Carolin gern inszeniert, belasten Isabelle jetzt weniger.

4. Schritt: Sich an die eigene Nase fassen

Im vierten Punkt soll sich Isabelle selbst in den Mittelpunkt stellen. Er hat die Überschrift »Das ist mein Anteil an dieser Entwicklung«. Wenn eine Freundschaft auseinanderdriftet oder kaputtgeht, ist nie nur einer daran schuld. »Der eine zerschlägt den Topf, der andere den Deckel« – diese Weisheit wird seit Generationen weitergegeben. Vielleicht ist Isabelle mit Job und Familie so ausgelastet, dass sie keine Nerven mehr für Carolins Dramen aufbringen kann und will. Vielleicht ist also Carolin nicht egoistischer geworden, sondern Isabelle fehlen durch die Doppelbelastung die Nerven. Vielleicht erkennt Isabelle hier auch, dass sie längst mit Carolin hätte reden müssen, wie sich die Freundschaft in ihren Augen entwickelt hat und wie sich diese Entwicklung für sie anfühlt.

5. Schritt: Die einzelnen Ergebnisse abwägen

Wenn Isabelle alle für sie wichtigen Punkte aufgeschrieben hat, könnte sie diese Papiere irgendwo aufhängen, zum Beispiel an den Innentüren ihres Kleiderschranks, um sich so einen besseren Überblick zu verschaffen. Vielleicht mag sie besonders schwerwiegende Gründe farblich markieren. Die positiven rot und die negativen gelb. Vermutlich braucht sie das aber gar nicht mehr, denn Isabelle wird schon im Schreibprozess merken, was ihr die Freundschaft zu Carolin noch bedeutet. Ob ihre Zuneigung und die gemeinsame Vergangenheit stark genug sind, um die entstandenen Verletzungen heilen zu lassen. Oder ob die Bande schon so ausgeleiert sind, dass nichts mehr zu retten ist.

Unabhängig davon, wie sich Isabelle entscheiden wird: Sie wird mit Carolin reden müssen. Sie wird ihr erklären müssen, dass sie entweder eine Unterbrechung braucht oder die beiden zusammen etwas unternehmen müssen, um die Freundschaft wieder zum Erblühen zu bringen. In beiden Fällen sind die einzelnen Punkte der Bilanz hilfreiche Grundlagen für das Gespräch.

Belastende Bande lösen

Doch was tun, wenn man Bilanz zieht und feststellt, man möchte die Freundschaft gern lösen, hat aber das Gefühl, der andere braucht einen? In familiären Beziehungen ist das oft so. Die Cousine, die sich immer nur dann meldet, wenn sie sich ausheulen möchte. Oder der Bruder, der nur vorbeikommt, wenn er dringend Geld braucht. Ich hatte einmal eine Klientin, die ihre jüngere Schwester sehr geliebt hat, aber unglaublich darunter litt, dass »die Kleine« immer an die falschen Männer geriet und zunehmend alkoholabhängig wurde. Immer wenn sie angetrunken war, rief sie meine Klientin an und heulte sich aus. Ratschläge und Vorschläge, wie sie ihr Leben in den Griff bekommen könnte, wollte sie nicht hören. Meine Klientin fühlte sich irgendwann wie ein seelischer Mülleimer, in den die Schwester alles kippte. Diese Telefonate belasteten das Leben meiner Klientin zunehmend, zumal sie das Gefühl hatte, überhaupt nichts bewirken zu können. Kann man, darf man solche Verbindungen kappen?

Ich bin der Meinung: Sie dürfen und Sie müssen sogar. Denn wenn Sie viel Energie in die Fürsorge zu anderen stecken, vernachlässigen Sie die Fürsorge zu sich selbst. Es gibt viele Gründe, für andere in großem Maße da zu sein. Oft denken wir, wir hätten keine Wahlmöglichkeit. Es sei unsere Pflicht, für den anderen da zu sein. Manchmal treiben uns Schuldgefühle, weil wir glauben, für die Gefühle anderer und deren Bedürfniserfüllung verantwortlich zu sein. Es kann auch die Angst dahinterstecken, nicht mehr länger Teil einer Gruppe zu sein. Oder wir haben es nie anders gelernt, als für andere da zu sein. Sehr häufig lassen wir Menschen, die uns nicht guttun, in unserem Leben, weil wir glauben, dass wir für das, was wir tun, geliebt werden. Dahinter steckt der Komplex, nicht für das geliebt werden zu können, was wir sind.

Auf die eigenen Bedürfnisse achten

Wer mit solchen falschen Verantwortlichkeiten und Konditionierungen Schluss machen möchte, sollte sich darüber klar werden, dass nicht nur die Bedürfnisse des anderen erfüllt werden müssen, sondern auch die eigenen.

Wenn also die jüngere Schwester meiner Klientin anruft, um sich im angetrunkenen Zustand auszuheulen, dann erfüllt sie ihr Bedürfnis nach Kontakt, Mitleid oder Bestätigung. Das Bedürfnis meiner Klientin nach Ruhe, Ordnung oder danach, nicht weiter belastet zu werden, wird hingegen nicht erfüllt. Wenn meine Klientin über einen längeren Zeitraum immer nur die Bedürfnisse der Schwester erfüllt, aber nie ihre eigenen, ist es nicht weiter verwunderlich, dass sich am Ende eine große Portion Frust anhäuft. Zumal meine Klientin nach diesen Telefonaten keinerlei Verbesserungen bei der Schwester feststellen kann.

Es ist wichtig, die Bedürfnisse des anderen zu sehen. Aber genauso wichtig ist es, die eigenen Bedürfnisse zu erkennen. Die Bedürfnisse des anderen haben ihre Berechtigung, aber erfüllen muss sie sich der andere selbst. Dafür sind Sie nicht zuständig. Ihre Aufgabe ist es, die eigenen Bedürfnisse zu erfüllen.

Meiner Klientin hat es geholfen, dass sie die Bedürfnisse der Schwester anerkennen konnte, aber ihrer Strategie nicht mehr folgen musste. Sie machte ihrer Schwester klar, dass sie künftig nur noch mit ihr telefoniere, wenn sie nüchtern sei. Andernfalls lege sie sofort auf. Mit dieser klaren Ansage konnte meine Klientin die Fürsorge für sich selbst sichern. Meiner Klientin ging es dadurch deutlich besser, auch wenn die Beziehung zu ihrer Schwester abkühlte.

Gute Freunde machen uns glücklich und verlängern unser Leben. Aber eben nur dann, wenn sie wirklich gute Freunde sind. Wenn wir uns auf sie verlassen können und sie jederzeit hinter uns stehen. Wenn das Geben und Nehmen grundsätzlich ausgeglichen ist. Wenn das nicht so ist, wenn sich Menschen zunehmend zum Energieräuber entwickeln, dann darf und soll man solche Bande lockern oder ganz lösen. Am Ende sollte aber immer ein klärendes Gespräch stehen. Das übrigens in so manchem Fall der Neubeginn einer wunderbaren Freundschaft war.

Herz oder Kopf?

Es war zu erwarten, dass wir – aus welcher Perspektive auch immer wir es sehen – Freundschaften als etwas Wertvolles erachten. Wir reden hier natürlich von der tiefen, intimen Freundschaft, die auf Vertrauen basiert; dem Vertrauen, dass der jeweils andere behutsam durch die bereitwillig geöffneten Fenster zur eigenen Seele hineinschaut, ohne zu richten, ohne anzuordnen. Solche Freundschaften sind einem »teuer«, denn sie müssen über einen langen Zeitraum »erarbeitet« werden. Vor allem verlangen sie einen ständigen Pflegeaufwand. Intime Freundschaften erhalten sich langfristig nur, wenn beide Seiten bereit sind, etwas zu geben, und sei es die Bereitschaft, das oben genannte Fenster offen zu halten und das Risiko des Verletztwerdens einzugehen.

Darum ist es auch legitim, diese Freundschaften an Wendepunkten neu zu bewerten. Lohnt es sich? Fühlt es sich noch richtig an?

Wir beide schlagen eine bewusste Bewertung der Situation vor. Diese beginnt immer mit der Betrachtung der aktuellen Situation. Auch die Vergangenheit ist von Bedeutung und damit der Wert des gemeinsam gegangenen Weges. Hier unterscheiden wir uns: Frau Küll misst den gemeinsamen Erlebnissen usw. viel mehr Wert bei als Herr Kühnapfel. Tatsächlich dürfte diese Uneinigkeit von geringer Bedeutung sein, solange wir uns bewusst sind, dass es bei der Bewertung einer Freundschaft nicht um eine Abrechnung mit der Vergangenheit geht, sondern um eine Entscheidung für die Zukunft. Die Frage für Isabelle ist, ob sie an der zukünftigen Freundschaft mit Carolin festhält.

Was bleibt, ist die Erkenntnis, dass wir beide zwar unterschiedliche Vokabeln nutzen und vielleicht auch den einen oder anderen Schwerpunkt anders setzen, letztlich aber beide Isabelle empfehlen, die Beziehung zu Caroline zu be-»wert«-en. Denn: Die Zeit, die uns täglich zwischen all den Verpflichtungen und Aufgaben des Alltags bleibt, ist zu »wert«-voll, um mit unbefriedigenden Kontakten verschwendet zu werden. Gehen Sie achtsam mit den 24 Stunden um, die Sie täglich zur Verfügung haben.

10. Entscheidung

Sich einen Traum erfüllen?

Bärbel (37) hat einen festen Partner, aber keine Kinder. Sie ist Personalreferentin an einer Universität, aber sie träumt von einer Selbstständigkeit. Denn sie hat auch ein Talent: Sie organisiert Feiern wie keine Zweite! In ihrem Bekanntenkreis ist sie es, die man um Rat fragt, wenn es gilt, eine Hochzeit, ein Jubiläum oder eine Geburtstagsparty zu organisieren. Warum es also nicht wagen?

Soll Bärbel ihren Traum verwirklichen, ein Geschäft für Partyartikel eröffnen und die Organisation von Feiern und Partys anbieten?

Was rät das Herz?

Am Ende eines Lebens bereuen die meisten Menschen nicht das, was sie getan haben, sondern das, was sie nicht getan haben. Von daher könnte man an dieser Stelle Bärbel kurz und bündig antworten: »Wage es und erfülle dir deinen Traum. Du wirst mit dem Geschäft und der Organisation von Feiern etwas tun, was dir viel Lebensfreude beschert.«

Doch so einfach ist die Sache dann doch nicht. Denn etwas als Hobby zu betreiben, das kein Geld einbringen muss, ist das eine. Aber es ist etwas ganz anderes, wenn man davon leben muss. Wenn man es jeden Tag machen muss. Wenn man es nicht nur für Freunde macht, sondern für Kunden, die man vielleicht nicht so gut kennt und eventuell auch einmal weniger sympathisch findet. Dann kann nämlich der Spaß an dem, was man bislang gerne getan hat, schnell schwinden.

Ähnlich ist es mit einer Selbstständigkeit. Davon träumen viele Menschen. Ein eigenes Café im schnuckeligen Münchner Vorort. Ein Fitnessstudio im Herzen von Köln. Oder warum nicht eine Tauchschule auf Hawaii. Mit einer Selbstständigkeit wäre man endlich sein eigener Herr und könnte sich verwirklichen. Was durchaus stimmt. Doch auch hier gibt es eine andere Seite, denn als Selbstständiger muss man tatsächlich selbst und ständig arbeiten. Geregelte Wochenenden und Urlaube gibt es zumindest die ersten Jahre meist nicht. Und es ist auch niemand mehr da, der einem jeden Monat ein festes Gehalt auf das Konto überweist. Zudem muss man sich – neben der eigentlichen Arbeit – in großem Maße selbst vermarkten. Denn von allein läuft heutzutage fast kein Geschäft.

Den richtigen Traum träumen

Diese Einwände lesen sich ein wenig so, als wollte ich Bärbel von ihrem Traum abraten. Weit gefehlt. Ich will nur sichergehen, dass Bärbel vom »Richtigen« träumt. Denn das tun die meisten nicht. Die Ergebnisse der Prognoseforschung von Daniel Gilbert, Psychologieprofessor an der Harvard-Universität, legt den Verdacht nahe, dass viele Menschen gar nicht wissen, was sie wirklich glücklich macht: »Die meisten Menschen glauben, die Hürde zum Lebensglück bestünde darin, dass sie nicht immer das bekommen, was sie sich wünschen, unsere Forschung aber zeigt, das eigentliche Problem ist, das Richtige zu wünschen.« (Annette Schäfer: Das Richtige wünschen. In: PSYCHOLOGIE HEUTE compact, 2009, Heft 22.) So träumen viele von einem großen Auto, einer Beförderung, mehr Geld, ja am besten von einem Lottogewinn – verbunden mit der großen Hoffnung, dass ihr Leben dann erfüllter, befriedigter, glücklicher sei.

Affective forecasting

Doch Untersuchungen zum sogenannten »affective forecasting«, der Vorhersage von Gefühlen bei zukünftigen Ereignissen, einem Zweig der Erforschung menschlicher Prognosefähigkeit, belegen etwas anderes. Demnach überschätzen – so Gilbert – Menschen systematisch Intensität und Dauer ihrer Gefühle beim Eintreffen bestimmter Ereignisse. Wir glauben also, genau zu wissen, wie wir auf Ereignisse – negative oder positive – emotional reagieren werden. Und liegen doch oft völlig daneben. Daniel Gilbert hat bei Hunderten von Versuchspersonen untersucht, wie sie auf ganz unterschiedliche emotionale Situationen reagieren – das Ergebnis war immer das gleiche: Sie überschätzten alle, wie lange und intensiv der emotionale Höhenflug sein würde. Und zwar unabhängig davon, ob es sich um private, berufliche, sportliche oder politische Ereignisse handelte.

Sie kennen das sicherlich auch: Sie haben sich das romantische Wochenende mit Ihrem Liebsten so schön vorgestellt, doch dann kam die Realität dazwischen: Am Abend in dem schicken Hotelrestaurant zu viel gegessen und getrunken (man musste ja nicht mehr fahren), dadurch schlecht geschlafen, am nächsten Morgen gerädert aufgewacht und der schöne Stadtbummel kratzte an den Nerven. Woher kommt es, dass wir uns Situationen so schön vorstellen und auch vieles dafür tun, dass sie genau so eintreffen, die aber dann der Wirklichkeit nicht standhalten?

Dafür gibt es ein paar plausible Erklärungen. Wir stellen uns zukünftige Situationen oft falsch vor, weil wir entweder noch keine Referenzerfahrungen gemacht haben oder unsere Referenzerfahrungen sich in der Erinnerung verändern. Nehmen wir noch einmal das Beispiel vom Lottogewinn. Ein solcher macht uns unabhängig vom Arbeitgeber und beschert uns ein sorgenfreies Luxusleben. Glauben wir. Keiner denkt daran, dass ein Lottogewinn auch Belastendes mit sich bringt: Das Geld will sinnvoll verwaltet werden, man hat es plötzlich mit anstrengenden Bittstellern zu tun und auch der Freundes- und Bekanntenkreis könnte sich dadurch verändern. Man blendet bei den Träumen vom Lottogewinn die möglichen negativen Folgen völlig aus. Oft täuscht uns auch die eigene Erinnerung. Von der Fernreise vor vielen Jahren bleiben vor allem der tolle Strand, die beeindruckenden Sonnenuntergänge und die entspannte Stimmung in Erinnerung. Die zermürbenden Tage mit Jetlag, die üble Hitze oder den Durchfall durchs Essen hat das Gehirn ausgeblendet.

Ein weiterer Grund, warum Realität und der »Traum von etwas« oft auseinanderklaffen, sind unsere Stimmungen. Je nachdem, wie es uns gerade geht, empfinden wir eine vorgestellte Situation ganz toll oder ganz furchtbar. Wer mit einem Magen-Darm-Virus im Bett liegt, findet die Vorstellung von einem romantischen Abendessen zu zweit vermutlich nicht sehr anregend. Der Wirtschaftswissenschaftler George Loewenstein von der Carnegie-Mellon-Universität, der ebenfalls Forschung im Bereich »affective forecasting« betreibt, spricht in diesem Zusammenhang von einem »empathy gap«, einer Einfühlungslücke. Dieser entsteht immer dann, wenn wir eine momentane Stimmung auf eine Situation in der Zukunft übertragen.

Das Ziel hinter dem Traum erkennen

Und dann ist es tatsächlich auch oft so, dass Menschen sich selbst und ihre Wünsche nicht gut genug kennen. Eine Freundin von mir, die seit Jahren als selbstständige Filmautorin tätig ist, erzählte mir gestern, sie hätte sich jetzt auf eine Stelle als Verlagsassistentin beworben. Sie wäre nach all den Jahren als Alleinkämpferin froh, wenn sie nun mit einem festen Team arbeiten könne und wenn ihr jemand sagte, was sie tun solle. In all den Jahren wäre sie immer der Motor und Antrieb gewesen, das reiche ihr jetzt. Was glauben Sie, wie glücklich würde meine Freundin als Assistentin werden? Ich kann ihren Wunsch durchaus nachvollziehen. Wenn man lange aktiv und sehr diszipliniert mit hohem Output gearbeitet hat, sehnt man sich nach Entspannung. Das bedeutet aber nicht, dass man mit einem Job, in dem man selbst nicht mehr Triebfeder sein muss, glücklicher wird. Man muss bei Träumen immer schauen, ob es wirklich um die Realisierung des Traumes geht oder ob ein anderer Grund dahintersteckt. Wer also ein Café auf Honolulu aufmachen will, dem geht es vielleicht eher um die Unabhängigkeit und das gute Wetter. Doch will man wirklich den ganzen Tag fremde Menschen bedienen? Wer Schafe in Irland hüten will, sehnt sich vermutlich nach mehr Ruhe. Doch will man wirklich den ganzen Tag bei Wind und Wetter auf die Tiere aufpassen? Mir sagte einmal eine Kollegin: »Achte auf deine Wünsche, sie könnten wahr werden.« Und genau so ist es. Die Tatsache allein, dass wir uns etwas wünschen, bedeutet bei Weitem nicht, dass wir dann auch glücklich werden, wenn das Gewünschte eingetreten ist. Das beweisen unter anderem die zahlreichen Lottogewinner, die durch das viele Geld nicht automatisch glücklicher wurden.

Beim Thema »Traum erfüllen« geht es also darum, das Glück an der richtigen Stelle zu suchen. Wir müssen unser persönliches Ziel hinter dem Traum erkennen. Was versprechen wir uns von einer Weltreise, von einem Umzug aufs Land oder von einem Sabbatical? Was verspricht sich Bärbel von ihrer Selbstständigkeit? Es ist wichtig, das Ziel hinter dem Ziel zu (er)kennen, denn wenn man das kennt, weiß man auch, ob sich die Anstrengungen, den Traum real werden zu lassen, auch lohnen. Ich selbst träume zum Beispiel auch immer mal wieder von einem Café in meinem Mainzer Stadtteil. Zu gerne male ich mir ganz genau die Einrichtung und die Menükarte aus. Warum ich trotzdem nie ein Café eröffnen werde? Weil mich nur der Vorgang reizt, ein Café einzurichten und zu initiieren, der eigentliche Betrieb interessiert mich gar nicht. So etwas muss man wissen, bevor man sich an die Realisierung seines Traumes macht.

Wie erkennt man nun die Ziele hinter dem Traum? Indem Sie sich damit beschäftigen. Solange der Traum nur in unserem Kopf steckt, können wir uns viele schöne Vorstellungen machen, die der Realität aber vielleicht gar nicht standhalten. Ich habe zum Beispiel fast zwei Jahrzehnte von einer Reise nach Tibet geträumt. In den letzten 17 Jahren wartete ich darauf, dass meine Kinder für diese Reise groß genug waren, um im vergangenen Jahr, nachdem sich mein Mann einer Herz-OP unterziehen musste, feststellen zu müssen, dass mein Mann diese Reise körperlich nicht mehr schaffen kann. Als ich das erkannte, beschloss ich, Tibet mit einer Reisegruppe zu erkunden. Also durchwühlte ich Kataloge und das Internet auf der Suche nach der passenden Tour. Doch nichts sagte mir richtig zu. Und dann erkannte ich, dass ich diese Fahrt immer mit meiner Familie machen wollte. Das war mein Traum. Allein oder mit fremden Menschen reizte mich dieser Urlaub überhaupt nicht mehr.

Die Disney-Strategie

Wenn Sie schon lange einen Traum haben, von dem Sie nicht wissen, ob er in die Welt gebracht werden kann und soll, dann probieren Sie einmal die Disney-Strategie aus. Das ist eine gute Methode, um Träume so richtig groß werden zu lassen, aber auch, um Träume auf ihre Realitätsnähe zu testen. Diese Kreativitätsstrategie geht auf Walt Disney zurück, den Erfinder von Mickey Mouse und dem Freizeitpark Disney World in Florida. Wenn er mit seinem Team ein neues Projekt entwickelte, soll er dafür drei Räume genutzt haben, um dem Träumer, dem Realisten und dem Kritiker buchstäblich Raum zu geben. Diese drei Perspektiven braucht man, um Visionen und Ziele entwickeln, kritisch beurteilen und praktisch realisieren zu können.

Bärbel kann für ihre Entscheidungsfindung diese Strategie wie folgt nutzen: Sie bestimmt drei Zimmer ihrer Wohnung als Raum für je eine Rolle. Alternativ kann sie auch drei Kissen in einem Zimmer verteilen. Für die unterschiedlichen Rollen setzt sie sich auf die jeweiligen Kissen. Ich bevorzuge die Zimmer, denn in ihnen kann man rumlaufen und ich habe beim Laufen deutlich mehr Ideen als beim Sitzen.

Als Erstes geht Bärbel in den Raum des Träumers. Hier kann sie ihren Traum laut formulieren: »Ich möchte mich mit der Organisation und Durchführung von Festen und einem Geschäft für Partyartikel selbstständig machen.« Hier kann sie ihren Traum ganz groß werden lassen, indem sie sich genau ausmalt, wie ihre Arbeit aussehen soll und welche Projekte sie realisieren möchte.

Als Nächstes geht es in den Raum oder auf das Kissen des Realisten. In dieser Rolle spricht sie nun aus, was sie braucht, um den Traum wirklich umsetzen zu können. Wichtig ist hier, dass der Realist formuliert, was er benötigt, um den Traum realisieren zu können, und *nicht*, was nicht gehen wird. Er ist also der Umsetzungsstratege. Hier könnte Bärbel feststellen, dass ein Businessplan nötig sein wird, um zu erkennen, wie viele Aufträge sie pro Jahr braucht und welches Honorar sie einnehmen muss, um davon leben zu können.

Als Dritter kommt der Kritiker ins Spiel. Bärbel wechselt also wieder das Zimmer bzw. das Kissen und bombardiert nun die Ideen des Realisten. In der Rolle des Kritikers kritisiert sie *nicht* die Ideen des Träumers, sondern die Einfälle des Realisten. Der Kritiker könnte hier anmerken, dass es nie und nimmer ausreichend Kundschaft geben wird, damit Bärbel davon leben kann.

Darauf reagiert der Träumer (in seinem Raum), indem er der Kritik etwas entgegenstellt. »Das kann nicht sein, denn es gibt bereits Menschen, die in der Branche mit Erfolg unterwegs sind. Außerdem wird meine Geschäftsidee etwas Besonderes sein, weil ich zusätzlich die außergewöhnliche Raumdekoration mit Luftballons anbiete.«

Zimmerwechsel zum Realisten, der betont, was Bärbel dafür benötigt, in diesem Fall könnte es sein, dass Investitionen zusätzlich nötig wären, was natürlich ein gefundenes Fressen für den Kritiker ist, der zu bedenken gibt, dass diese Luftballondekoration eine größere Investition sei – bei der zeitlichen Vorbereitung wie auch bei der Herausforderung des Transports.

An dieser Stelle geht es im Raum des Träumers von vorne los: Er vergrößert seinen Traum und setzt noch eins drauf.

Wichtig ist, dass man in der Rolle des Träumers wirklich groß träumt und den Traum nach jeder Kritik immer mehr erweitert. Die Einwände des Kritikers sind nicht dazu da, sich demotivieren zu lassen, sondern als Anregung, seinen Traum zu verbessern. Der Traum wird nach jeder Kritik erweitert, so lange, bis dem Kritiker die Puste ausgeht und ihm nichts mehr einfällt. Sie merken schon, dieses Rollenspiel verlangt einem einiges ab. Es ist gar nicht so einfach, den verschiedenen Rollen gerecht zu werden, denn bei vielen Menschen ist der Träumer ein getarnter Realist, der Realist ein getarnter Kritiker und viele Kritiker verhalten sich wie Realisten mit Verweisen auf die Vernunft. Dennoch ist die Disney-Strategie eine schöne Möglichkeit, den Traum daraufhin abzuklopfen, ob er der Realität standhält und ob man all das, was die Realität mich sich bringt, auch wirklich umsetzen möchte. Diese Methode können Sie auch mit Menschen, die es gut mit Ihnen und Ihrem Traum meinen, durchspielen. Dabei sollte jeder mal Träumer, Realist und Kritiker sein. Die Reihenfolge ist in jeder Runde wichtig, denn Träumer können sich gegen Kritiker schlecht wehren, weil der Traum die Realisierung noch nicht beinhaltet. Also nach dem Träumer kommt erst der Realist, dann der Kritiker, und der reagiert auch nur auf die Einwände des Realisten, nicht auf die Ideen des Träumers. Der Träumer wiederum reagiert nicht auf den Realisten, sondern nur auf den Kritiker, und zwar mit steter Traumerweiterung. Je nerviger ein Kritiker ist, desto konsequenter wird der Traum erweitert. Es geht dabei nicht darum, den Kritiker zum Aufgeben zu bringen. Er soll überzeugt werden.

Egal, ob sich Bärbel allein oder mit Freunden auf Erkenntnisreise macht, sie soll auf alle Fälle alle Träume und Einwände notieren, denn es werden viele gute Gedanken und Ideen dabei herauskommen. Das Ziel der Disney-Strategie ist es, etwas Großes möglich zu machen. Und einen Traum wahr werden zu lassen, ist immer etwas Großes.

Seitdem ich die Disney-Methode kenne und anwende, sind übrigens auch die Diskussionen mit meinem Mann fruchtbarer geworden. Ich habe nämlich ständig Träume und Projekte, die ich unbedingt umsetzen möchte. Mein Mann reagiert auf meine Träume immer als

Kritiker. Was mich als Träumer entsprechend verletzt. Seitdem ich weiß, dass ich den Realisten dazwischensetzen muss, sind unsere Diskussionen deutlich zielführender.

Machbare Träume ins Leben bringen

Jeder von uns beneidet die Menschen, die es geschafft haben, sich ihren Traum zu erfüllen. Wir beneiden sie deswegen, weil sie immer noch die Ausnahme sind. Viel zu viele lassen sich von viel zu vielen Gründen abhalten, ihren Traum ins Leben zu bringen. Oft wagen sie es erst dann, wenn sich das bisherige Leben völlig ausgelutscht anfühlt. Warten Sie nicht so lange. Verschieben Sie Ihre Herzenswünsche nicht immer wieder in die Zukunft. Sonst ist es irgendwann zu spät. Oft brauchen wir weniger dafür, als wir denken. Die Autorin Meike Winnemuth hat 2011 ihren Traum wahr gemacht und reiste um die Welt. Zuvor hatte sie bei »Wer wird Millionär« eine halbe Million Euro gewonnen. Vielleicht denken Sie jetzt: »Ja, mit so viel Geld würde ich auch sofort starten.« Meike Winnemuth hat aber am Ende nur sehr wenig von dem gewonnenen Geld benötigt, denn sie hat an vielen Orten weniger Geld gebraucht als zu Hause. Sie hätte also jederzeit losziehen können. Es lohnt nicht, auf einen Geldsegen zu warten. Denn vielleicht kommt der ja nie. Deswegen: Entdecken Sie die Ziele hinter Ihren Träumen und überprüfen Sie diese im Disney-Realitätscheck. Vielleicht stellen Sie dabei fest, dass der Traum gar nicht das ist, was Sie wirklich glücklich macht. Dann können Sie ihn mit gutem Gefühl beerdigen. Vielleicht spüren Sie aber klar und deutlich, dass die Selbstständigkeit, das Sabbatical oder der Umzug aufs Land genau das ist, was Sie sich wünschen, dann bringen Sie diesen Traum Schritt für Schritt ins Leben. Denn Sie wissen ja: Am Ende des Lebens bereuen wir meist nicht das, was wir getan haben. Sondern das, was wir nicht getan haben.

Was rät der Kopf?

Talente sind großartig. Sie sind im Leben das Salz in der Suppe. Sie geben Identität und füttern das Ego. Ein Talent zu haben, ist ein Geschenk, sofern man es nutzt. Bärbel möchte ihres nutzen und aus ihrem Talent ein Geschäft machen. Großartig! Was sollte falsch daran sein, außerordentliche Fähigkeiten zu versilbern?

Das Einzige, was hier stört, ist, dass Bärbels Entscheidung so weitreichend ist. Sie ist nachgerade existenziell und ich blende hier die Möglichkeit aus, dass ihr Partner reich und spendabel ist. Sie überlegt, eine Position im öffentlichen Dienst aufzugeben und sich selbstständig zu machen. Regelmäßige Arbeitszeit, regelmäßiges Einkommen, ein vergleichsweise sicheres Beschäftigungsverhältnis oder lieber doch das Abenteuer und die … sagen wir es ruhig: »Selbstverwirklichung«? Deren Preis ist die Aufgabe von Sicherheit. Der Preis des Verbleibs ist die Aufgabe eines Traums.

Den Preis des Traums konkret bestimmen

Versuchen wir doch einmal, diese Preise zu konkretisieren:

1. Schritt: Die Sicherheit bewerten

Wie viel ist Sicherheit wert? Es geht ja nicht nur um die Höhe des Einkommens, sondern auch um das Bewusstsein, dass nächsten Monat wieder Geld aufs Konto kommt; und übernächsten Monat wieder. Es geht aber auch um die strukturierten Arbeitszeiten und damit die planbare Freizeit. Es geht um Urlaub, viele Wochen im Jahr. Es geht um die Wochenenden, die Bärbel derzeit nach Gusto verleben kann, und um das alltägliche Umfeld am Arbeitsplatz, das so wohlbestellt ist. Die Prozesse, die Kollegen, die Chefin, die Kantine, der Kaffeeautomat, sogar das nervige Gezänk mit der Buchhaltung, all diese Routinen tragen zum Gefühl der Sicherheit bei. Ein Preisschild kann man diesem weiten Verständnis von Sicherheit nicht anhängen; ich wüsste jedenfalls nicht, was ich draufschreiben sollte. Auch bewertet jeder die einzelnen Komponenten anders. Ich selbst zum Beispiel bin Bärbels Weg gegangen und habe 1998 ein Unternehmen gegründet; samt privater Schulden in Millionenhöhe. Es ist gut gegangen, ich hatte Glück oder Geschick, so recht ist das nicht zu trennen. Aber Sie werden es vielleicht anders sehen und ein solches Szenario käme für Sie nicht infrage, eben weil Sie die in diesem Absatz aufgezählten Aspekte anders bewerten als ich ... oder eben Bärbel. Darum ist mein Rat, dass sie sich hinsetzt und überlegt, welche Sicherheit ihr jetziger Job ihr gibt.

2. Schritt: Die Selbstverwirklichung bewerten

Wie viel ist »Selbstverwirklichung« bzw. der Traum wert? Diese Frage ist noch viel schwerer zu beantworten, weil unser Blick verzerrt ist. Ein Traum kann sich zu einer Manie aufblähen, doch realisiert er sich, ist die Enttäuschung groß. »Gott bestraft seine Kinder, indem er ihre Wünsche erfüllt!« Wir können nicht realistisch träumen. Genau das macht sich Werbung zunutze: Es werden Bilder in unseren Köpfen erzeugt, nennen wir sie ruhig »Träume«, und aus diesen entstehen Begehrlichkeiten. Testen Sie es: Gehen Sie durch Ihre Wohnung und schauen Sie auf all die Dinge, die Sie unbedingt haben wollten, aber nach einer anfänglichen Begeisterung nicht mehr benutzen. Die Handtaschen (sie), Werkzeuge (er) und Küchengeräte (beide). Träume sind mächtig, denn sie trüben unseren Blick. Sie wecken Wünsche und entfalten dabei eine immense Impulskraft. Sollten wir das Träumen also lieber einstellen? Aber nein! Wie viel blasser wäre unser Leben ohne Träume. Träumen Sie, so viel Sie wollen. Auch Bärbel soll träumen. Aber beim letzten Schritt, der Umsetzung der Träume in die Realität, muss der Kopf eingeschaltet werden.

Zurück zu unserer Frage: Wie viel ist ein Traum wert? Auch hier können wir versuchen, die Verzichtskosten zu betrachten. Bärbel sollte sich notieren, was sie sich von ihrer Selbstständigkeit verspricht. Sie wird »Spaß an den Aufgaben/Projekten« nennen, das Gefühl, dass ihre Arbeit zu erkennbaren Ergebnissen führt, und sei es das Lächeln in den Gesichtern des Hochzeitspaares, die Verdienstmöglichkeiten usw. Vielleicht kommen ihr Fluchtgedanken und sie sieht den Nutzen einer Selbstständigkeit darin, aus ihren alten Routinen auszubrechen. Das wäre ein schlechtes Zeichen für ihre Motivation, denn hier schlägt der Nirwana-Irrtum zu, den ich oben beschrieben habe (denken Sie z. B. an die Kirschen in Nachbars Garten, die nie so süß schmecken wie erträumt).

Was haben wir bisher erreicht? Bärbel hat sich überlegt, welchen Preis/Wert/Nutzen Sicherheit einerseits und ihr Traum andererseits haben. Diese »Preise« sind die Kosten, die entstehen, wenn sie den jeweils anderen Weg einschlägt. Damit ist schon einmal viel geschafft, denn ihre Selbstanalyse wird konstruktiver.

3. Schritt: In Gesprächen die eigenen Fähigkeiten bewerten

Nun kommt der nächste Schritt. Wir verlassen die Metaebene und steigen ab in die Ebene der individuellen Fähigkeiten. Oben schrieb ich von der Gnade eines Talents. Allerdings reicht es für eine erfolgreiche Selbstständigkeit nicht aus, eine gute »Partyorganisiererin« zu sein. Ohne ins Detail gehen zu wollen, dürften die anderen Anforderungen offensichtlich sein: Vertriebsstärke, Zeitmanagement, Kostenmanagement, Buchführung, Liquiditätsmanagement, Verhandlungsgeschick, Kontakte zu Dienstleistern, aber auch Leidensfähigkeit (Resilienz), Gewissenhaftigkeit oder Sozialverträglichkeit. Kunden sind nicht immer nett, und Selbstständigkeit scheitert in überdurchschnittlichem Maße an der Unfähigkeit, Bücher zu führen. Was Bärbel braucht, ist ein Selbsttest. Den gibt es tatsächlich: Sie benötigt lediglich zwei Beratungsgespräche. Eines mit einem Vertreter ihrer örtlichen IHK und eines mit einer/einem Bekannten.

Erstes Gespräch: Selbstüberschätzung und Simplifizierung enttarnen

Im ersten Gespräch (IHK) kann sie sich erklären lassen, was sie alles können muss, um ein Geschäft erfolgreich aufzubauen, gleich, ob sie Wurst herstellen, Fliesen verlegen oder Luftballons verkaufen möchte. Sie wird sich prüfen und prüfen lassen. Und wenn das Ergebnis des Gesprächs ist, dass sie zu wenig über Geschäftsführung weiß, heißt das, dass sie an dieser Stelle Nachholbedarf hat. Vielleicht wartet sie mit ihrer Kündigung noch etwas und nutzt die Zeit, um sich mit kaufmännischen Themen zu beschäftigen. Hat sie keine Lust dazu, liegt der Verdacht nahe, dass sie auch später, nach einer Gründung, keine Lust dazu haben würde. Das wäre ein kritisches Signal. Aber Bärbel müsste es auch als solches erkennen. Das ist nicht selbstverständlich, denn sie wird wie wir alle an der Krankheit der Selbstüberschätzung und des Überoptimismus leiden. Ich habe sie in der 4. Entscheidung (»Kinder oder nicht?«) beschrieben. Dort war mir wichtig, herauszustellen, dass diese Arten von Verzerrungen allgegenwärtig sind. Sie sind gefährlich, weil wir uns ihrer nicht gewahr werden. Wir erkennen nicht, dass wir überoptimistisch sind, also mögliche Erfolge überbewerten und die Risiken unterschätzen.

In die gleiche Schublade gehört auch die Gefahr der Simplifizierung. Aufgaben, von denen wir nur die groben Züge verstehen, erscheinen uns leicht. Das reicht bis zu einer ausgewachsenen Hybris: Die richtige Aufstellung der Fußballnationalmannschaft ist doch offensichtlich, der Bau des Flughafens Berlin-Brandenburg ist ein Klacks und für die politischen Probleme unseres Lands gibt es einfache und schnelle Lösungen. Kurzum: Bärbel sollte gut hinhören, wenn ihr Gesprächspartner ihr versucht zu erklären, wie wichtig die finanzielle Führung ihres kleinen Start-ups ist. Er ist kein Erbsenzähler, er hat Erfahrung und hilft ihr, den Fehler der Simplifizierung zu vermeiden.

Und ein Letztes noch, dann mache ich diese Schublade aber auch zu: die Illusion, die aus kognitiver Leichtigkeit entsteht, vielleicht gepaart mit einer zünftigen Verfügbarkeitsheuristik. Bärbel hat schon erfolgreich Events organisiert, vielleicht auch große. Sie wird diese Erfolgsgeschichten als Referenzen gedanklich hin und her wälzen. Sie wird anderen von diesen Events erzählen, und je mehr eine Geschichte leicht und einfach zu verstehen ist, desto wahrer erscheint sie uns. Bärbel wird so zu einer Organisationsgöttin und es erscheint folgerichtig, dass sie damit ihr Geld verdienen sollte. Doch bleiben wichtige Aspekte außen vor, sie finden keinen Platz in den leichtfüßigen Geschichten, etwa die Anzahl an Arbeitsstunden, die Bärbel brauchte. Sie weiß es vielleicht selbst nicht, denn ihre bisherigen Arbeiten waren Gefälligkeiten für Freunde und Bekannte und da schreibt man keine Arbeitsstunden auf. Aber wenn sie dies gewerblich tut und damit ihr Brot verdienen möchte, wird sie eventuell feststellen, dass niemand den Aufwand, den sie tätigen muss, um an ihre früheren Erfolge anzuknüpfen, bezahlen will. Dann muss sie schneller werden, oberflächlicher, die Events werden austauschbarer. Time is money.

Zweites Gespräch: Das zukünftige Verhalten antizipieren
Dann führt Bärbel das zweite Gespräch. Es dient der Prognose ihres zukünftigen Verhaltens. Ich habe in der 1. Entscheidung zur Berufswahl Forschungen vorgestellt, die zeigen, dass Personen des intimeren Umfelds das eigene Verhalten besser voraussagen können als man selbst. Also fragen wir sie! »Glaubst du, dass ich eine gute Geschäftsführerin sein kann? Traust du mir zu, Kunden zu akquirieren? Kann ich den Ärger aushalten? Werde ich mich intensiv genug um die Bücher kümmern? Stehe ich Krisen durch? Kann ich hart genug verhandeln?« Wenn Bärbel ehrliche Gesprächspartner hat, wird sie ein differenziertes Bild ihres eigenen zukünftigen Verhaltens bekommen. Stimmt dieses mit ihrem Selbstbild überein, ist das gut. Sie ist realistisch und kann mögliche Mängel bewerten. Diese entsprechen dann den Risiken. Weicht das Bild aber von ihrem ab, sollten die Alarmsirenen angehen: Sie ist entweder zu selbstkritisch, was eher selten vorkommt, oder aber zu euphorisch. Sie träumt, aber im negativen Sinne. Merke, Bärbel: Ein »ich schaffe das schon« garantiert keine gewissenhafte Liquiditätsplanung!

Ziehen wir wieder ein Zwischenfazit: Bärbel hat sich zunächst mit dem Preis ihrer Träume und dem Preis der Sicherheit ihrer jetzigen Anstellung beschäftigt. Anschließend hat sie sich selbst infrage gestellt und ihre Fähigkeiten, erfolgreich ein Geschäft zu führen, überprüft. Nun kommt der vierte Schritt: Was gibt der Markt her und ist ihre Idee wirtschaftlich Erfolg versprechend?

4. Schritt: Den Markt bewerten

Diesen Punkt kann ich hier nicht vertiefen. Bärbel muss Kärrnerarbeit leisten, und das Ergebnis ist ein Geschäftsplan, in dem Marktdaten ebenso stehen wie eine Wettbewerbsanalyse, die Absatz- und damit auch Umsatzprognose, eine vorsichtige Kostenplanung auf Liquiditätsbasis (Umsätze sind keine Einzahlungen!) usw., und aus dem der Kapitalbedarf hervorgeht. Hinzu kommen die zu finanzierenden Kosten der allgemeinen Lebensführung, denn in der Anfangszeit wird Bärbel nicht genug verdienen. Vielleicht findet sie einen Weg, ihr Geschäft zu skalieren, also erst einmal klein anzufangen und größere Investitionen erst zu tätigen, wenn sie mehr Sicherheit hat und Erfahrungen sammeln konnte. Für all diese Gedanken gibt es Hilfe. Ich empfehle auch hier einmal mehr den Gang zur IHK, aber auch Banken und Sparkassen bieten Gründungsberatung an. Natürlich kann sie im Web surfen, aber ich bin hier skeptischer. Es gibt zu viel Schrott und tumbe Pseudoberatung. So gibt es z. B. haufenweise Kurztests, um sich selbst zu prüfen. Ein Beispiel gefällig? »Als Selbstständige sind Sie gewissen Unsicherheiten und Risiken ausgesetzt. Wie stehen Sie dazu?« Antwortmöglichkeiten: »Kein Grund zur Beunruhigung«, »Werde damit leben« und »Bin eher unsicher«. Das ist schlichtweg lächerlich!

Wir sind fast am Ende. Die vier Ebenen von Bärbels Idee haben wir uns angeschaut und Bärbel geholfen, sich mit ihnen zu beschäftigen. Das hat sie hoffentlich gewissenhaft getan, mit Notizen, Gesprächen und ausreichend Zeit. Was ihr nun bleibt, und dies kann ihr niemand abnehmen, ist die Bewertung. So kommt sie zu einem Resultat. Dieses wird ihr gefallen oder auch nicht. Sie kann sich nun für oder gegen ihre Analyse entscheiden. Sie kennt die Risiken.

Einen »Traum-Check« betreiben

Zuletzt habe ich noch ein paar Empfehlungen, wie Bärbel ihre Analyse verbessern bzw. ergänzen kann. Es ist eine Sammlung von Methoden, die ihr helfen, ihr Vorhaben von möglichst vielen Seiten zu betrachten.

Mit Pre-mortem das Scheitern analysieren

So eignet sich zum Beispiel die Pre-mortem-Methode von Gary Klein sehr gut dazu, die möglichen Schwachstellen ihres Vorhabens zu erkennen und zu überlegen, ob es gegen diese Gegenmittel gibt. Ich habe die Methode in der 3. Entscheidung beschrieben, darum hier nur ganz kurz das Wesentliche: Bärbel stellt sich vor, dass nach zwei Jahren ihr Event-Geschäft kläglich gescheitert ist. Es war ein Desaster. Sie überlegt nun, aus welchen Gründen es nicht funktionierte, und versucht, die Ursachen und schließlich Maßnahmen zum Gegensteuern zu finden. Idealerweise hat sie Freunde oder andere zur Seite, die ihr fachlich helfen, oder auch nur, damit sie nicht unangenehme Aspekte verdrängt. Die Pre-mortem-Methode ist auf den ersten Blick destruktiv, weil das Scheitern den Ausgangspunkt darstellt. Auf den zweiten Blick aber hilft sie, sich vor bedrohlichen Entwicklungen und Ereignissen zu schützen. Es ist wie eine Tetanusimpfung: Der Ausgangspunkt ist auch hier, sich eine widerliche Erkrankung vorzustellen, aber die Impfung ist der Schutz, damit diese erst gar nicht ausbricht.

Mit einer Mindmap den Traum strukturieren

Die nächste Methode, die ich Bärbel empfehlen möchte und die ich in diesem Buch noch nicht beschrieben habe, ist eine Mindmap (»Gedankenkarte«). Es ist eine Visualisierungstechnik, bei der wir, unterstützt durch ein Blatt Papier oder einen Computer, unsere Fülle an Gedanken zu einem Thema strukturieren können. Wann immer Bärbel ein Punkt einfällt, den sie auf dem Weg in ihre Selbstständigkeit berücksichtigen muss und den sie nicht vergessen möchte, trägt sie diesen in die Mindmap auf der zugehörigen Ebene ein. Hauptpunkte bilden die Knoten auf der ersten Ebene, Unterpunkte kommen auf die zweite und bilden zuweilen wiederum Knoten für eine dritte Ebene. Bärbel sollte diese Map immer dabeihaben, denn es werden ihr Dinge einfallen, die sich so wunderbar notieren lassen. Die Abbildung gibt eine Idee wieder, wie eine solche Mindmap aussehen könnte, zumindest ist es ein kleiner Ausschnitt.

Eine Alternative zur Mindmap wäre übrigens die schnöde alte Checkliste. Sie ist aber weniger gut geeignet, denn sie strukturiert nicht. Ihr Ergebnis wäre eine Liste von Dutzenden oder mehr Aufgaben. Das wird schnell unübersichtlich.

Teil einer Mindmap für Bärbels Event-Geschäft

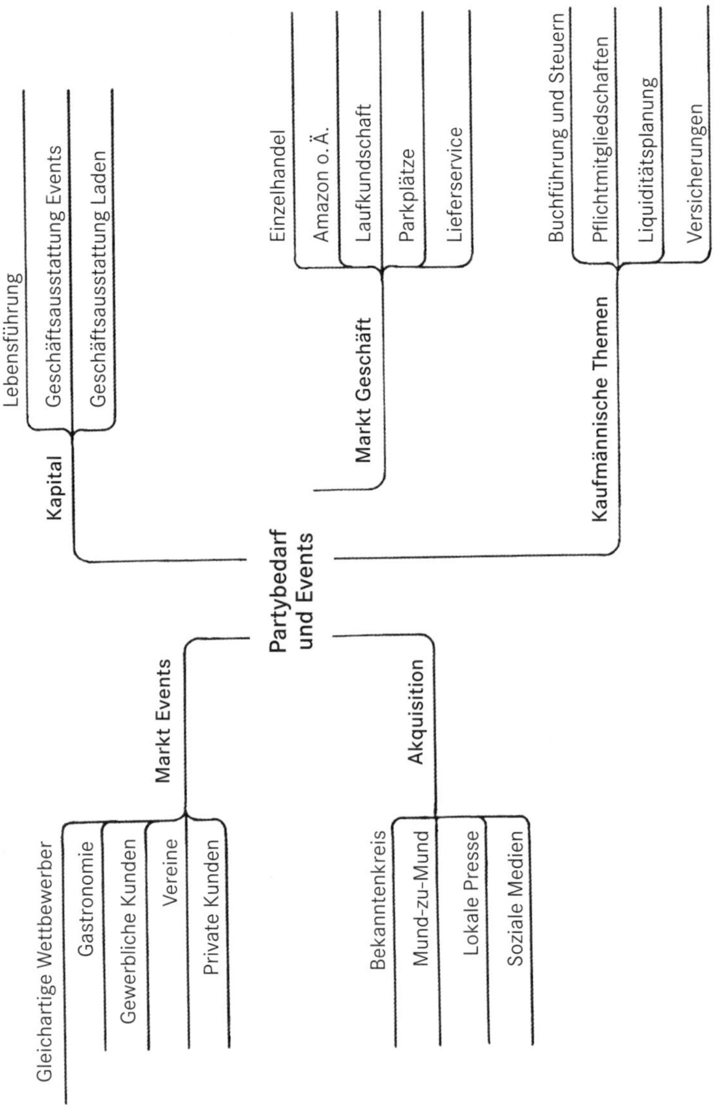

Mit der Nutzwertanalyse den Traum objektivieren

Eine letzte mögliche Hilfestellung wäre die Nutzwertanalyse. Diese habe ich in der 2. Entscheidung beschrieben. Bärbel vergleicht die zwei Wege, die sie einschlagen kann, und damit sie im Blick klar bleibt, zerlegt sie die Entscheidungsfrage in kleine Teile. Sie sucht nach Kriterien, welche den Nutzen der beiden Wege ausmachen. In einem ähnlichen, realen Fall kam ich einmal auf ungefähr 40 Kriterien, die ich in fünf Kategorien einteilte. Der Sinn einer solchen Nutzwertanalyse ist, durch die Fragmentierung einem Problem die verzerrende Wirkung emotionaler Beteiligung zu rauben. Hier ist das Problem, dass Bärbel das Event-Geschäft emotionaler sehen wird (es ist ihr Traum) als die jetzige Anstellung. Es ergibt sich eine Schiefe, die die Objektivität verzerrt. Die Nutzwertanalyse immunisiert dagegen. Das Ergebnis der Methode ist ein Score, also ein Punktwert, der den Nutzen eines jeden Weges beschreibt. Liegen die Punkte nahe beieinander, ist die Entscheidung indifferent. Ist der Unterschied signifikant, weiß Bärbel mehr, und je mehr sie weiß, desto kleiner wird das Risiko, dass sie die Entscheidung bereut. Achtung: Nicht das Geschäftsrisiko sinkt! Das können wir hier gar nicht bewerten, denn wir kennen weder den Markt noch das Wettbewerbsumfeld. Was wir hier in diesem Kapitel versuchen, ist, Bärbel ein gutes Gefühl für ihre Entscheidung zu geben. Und wenn sie sich für das Event-Geschäft entscheidet und scheitert, soll sie sich sicher sein, bewusst und gewissenhaft entschieden und nicht nur aus einer Laune heraus gehandelt zu haben. Es wird ihr leichter fallen, wieder aufzustehen.

Herz oder Kopf?

Wünschen wir uns das Richtige? Wissen wir, was wir wollen? Es ist leicht, sich etwas auszudenken und die leuchtenden Strahlen einer im Kopf immer toller werdenden Idee zu bewundern. Das eigene Leben wird dann immer kleiner, unattraktiver. Doch egal, ob wir mit dem Herzen oder dem Kopf diesem Traum nachgehen: Bevor wir ihn in die reale Welt entlassen, alte Brücken abbrechen und neue Wege beschreiten, sollten wir uns prüfen, ob wir mit den Folgen leben möchten. Das ist natürlich gefährlich: Je mehr wir uns mit unserem Traum analytisch beschäftigen, desto mehr verliert er an Glanz. Die Realität »killt« Träume, doch zugleich erdet sie.

Also: Bärbel darf träumen, doch sie sollte zugleich ihre Erwartungen an eine vermutliche Realität anpassen. Dafür gibt es Methoden, etwa die Disney-Strategie, die den Denkhüten von de Bono ähnlich ist, oder die Zerlegung des Entscheidungsproblems in diverse Ebenen (Traum, Fähigkeiten, Verhalten, Markt), vielleicht mittels einer Nutzwertanalyse.

Kann es das aber wirklich sein? Was bleibt denn noch von unseren Träumen, wenn wir sie auf die Sezierbank der sachlichen Überprüfung legen? Werden wir nicht Verräter an unserem Leben und stehen uns selbst dabei im Wege, Großes zu erreichen?

Ja, die Gefahr ist da, wir wollen sie auch nicht kleinreden. Aber sehen Sie es als Prüfung: Wenn Sie nach sachlichem Umgang mit den Folgen Ihrer Träume immer noch davon überzeugt sind, dass sich das Risiko lohnt, dann werden Sie mit einem guten Gefühl in das neue, unbekannte Land aufbrechen. Die Realität aber, hier in Form von Bärbels Wettbewerbern, dem Finanzamt, den Kunden oder den Banken, wird auf den strahlenden Glanz von Bärbels Traum keine Rücksicht nehmen. Darauf kann sie sich vorbereiten, nein, sie *muss* sich darauf vorbereiten.

Unser Fazit: Herz oder Kopf – wem darf ich vertrauen?

Anhand von zehn schwierigen Lebenssituationen haben wir versucht, mit dem Herzen und mit dem Kopf Entscheidungen zu unterstützen. Wir haben Techniken und Methoden gezeigt, wie unsere Protagonisten zu einer Lösung kommen können. Vieles war Ihnen bekannt, manches war für Sie selbstverständlich, einiges aber vielleicht auch überraschend und neu.

Sie haben feststellen können, dass sich die Kopf- und die Herzseite keineswegs immer so deutlich voneinander abgrenzen lassen wie erwartet. Doch wenn, werden Sie dazu geneigt haben, zu richten: Diese oder jene Antwort hat Ihnen »besser gefallen«. Aber das hat sie vermutlich, weil sie Ihren Ansichten und Ihrer vorgefassten Meinung entgegenkam. Wir nennen das »Bestätigungsverzerrung«. Die Übung, die wir Ihnen abverlangen, ist, offen insbesondere für den Ansatz zu sein, der Ihnen weniger gefällt. Sie werden lernen und Ihr Entscheidungsverhalten in kritischen Lebenssituationen verbessern, wenn es Ihnen gelingt, Ihr Problem von allen Seiten zu betrachten, und das heißt insbesondere auch von Seiten, die Ihnen eigentlich gar nicht zusagen. Kopflastige Menschen sollten ihrem Bauch Raum geben, Intuitive ihrem Kopf. Denn: Es gibt nicht den puren Herz- oder den puren Kopf-Menschen. Ersterer wäre ein Idiot, weil er nicht nachdenken würde, Letzterer ein Roboter, dem das menschliche Sein abginge. Jeder hat ein Herz, einen Bauch, und auch einen Kopf. Nutzen wir sie.

Wir, Sie als Leser und wir als Autoren, haben sicherlich gelernt, dass die meisten Lösungsansätze gar nicht so bipolar sind wie vermutet. Die Entscheidungsverfahren weisen Überlappungen auf, auch wenn sich das Vokabular zuweilen unterscheidet. Vielleicht ist das auch schon der Grund für so manche Missverständnisse: »Die Grenzen unserer Sprache sind die Grenzen unserer Welt.« (Heidegger) Passen wir also das nächste Mal gut auf, wenn wir die Herz- oder die Kopf-Menschen kritisieren, ob es nicht nur ein sprachliches Problem war.

Für den Abschluss, für den letzten Absatz in diesem Buch, haben wir nach einer Art Brücke gesucht, nach dem verbindenden Element, das versöhnlich die Kopf- und die Herzperspektive zusammenführt; denn sie gehören ja auch zusammen. Stattdessen und vielleicht etwas überraschend haben wir uns entschlossen, eine dritte Perspektive hervorzuheben und noch einmal zu betonen. Diese dritte Perspektive erscheint uns wie eine Generalempfehlung für alle Lebenslagen: Sprechen Sie mit anderen! Fragen Sie Freunde, Bekannte und manchmal auch Profis um Rat, bitten Sie sie um ihre Meinung oder auch nur darum, zuzuhören. Immer wieder zeigt sich, dass weder der Kopf noch das Herz die Ultima Ratio in schwierigen Lebenssituationen sind und oft auch die Verbindung von beidem nicht ausreicht, um eine kluge Entscheidung zu treffen. Lassen wir eine dritte Perspektive zu, die eines Menschen, dem wir vertrauen und der es gut mit uns meint. Dann erst wird das Bild vollständig, dann erst können wir sicher sein, sorgsam mit unseren Möglichkeiten umgegangen zu sein.

Dabei kann es auch nichts schaden, einmal die Menschen um Rat zu fragen, die nicht zum »inner circle« des eigenen Lebens gehören, die aus einem ganz anderen Umfeld kommen. Die fragt man normalerweise nicht so gerne, denn sie werden mit einer gewissen Wahrscheinlichkeit Argumente in die Waagschale werfen, die man nicht so gerne hört, weil sie die eigene Meinung nicht untermauern. Diese Argumente zu verarbeiten ist anstrengend, aber genau dieses Querdenken, dieser Perspektivenwechsel bringt uns weiter.

Menschen, die zu nah an uns dran sind, sind dagegen allzu häufig derselben Meinung wie wir selbst. Zuweilen verfolgen diese Menschen mit ihren Ratschlägen unbewusst ihre eigenen Ziele im Umgang mit uns. Vor diesen »Ratgebern« haben wir mehrfach im Buch gewarnt.

Also: Sprechen Sie mit Menschen, den bekannten wie den weniger gut bekannten, denn allein durchs Aussprechen entwirrt sich so manches Gedankenknäuel. Aber schauen Sie sich die Ratschläge und Impulse, die Sie erhalten, genau an, ob sie tatsächlich zu Ihrem Leben passen oder doch mehr zum Leben des Rat-Gebers.

Entscheidungen zu treffen, ist nicht immer leicht. Aber es ist die einzige Möglichkeit, das zu bekommen, wovon man geträumt hat.

Ihre Patricia Küll und Ihr Jörg B. Kühnapfel

Die Autoren

Patricia Küll, M. A., ist Moderatorin, Fernsehredakteurin, Buchautorin und diplomierte systemische Coach. Ihr Wirken zielt darauf ab, allen Menschen den Weg zu einem gelingenden Leben zu zeigen. Daher stehen in ihren Büchern, Vorträgen und Seminaren die Themen Selbstreflexion, Selbstwirksamkeit und Selbstliebe im Mittelpunkt. Getreu ihrem Motto: Selbst. Bewusst.Leben.

Jörg B. Kühnapfel ist Professor für General Management an der Hochschule Ludwigshafen. In zahlreichen Büchern und wissenschaftlichen Beiträgen hat er sich mit Managementthemen, aber auch mit Glücksmanagement und Alltagsprognostik befasst. Er ist zweifellos Verfechter der als »ökonomischer Imperialismus« bezeichneten Denkschule, die unterstellt, dass alles im Leben bilanzierbare Kosten und einen bilanzierbaren Nutzen hat.